绿色低碳建筑市场特征与发展机制

刘宏伟　宋云锋　著

科 学 出 版 社

北 京

内 容 简 介

“绿色发展”“低碳生活”逐渐成为时代关键词，“创新、协调、绿色、开放、共享”发展理念将是今后发展的主要方向，建筑业绿色低碳发展已成为行业发展风向标。本书阐述了绿色低碳建筑的发展现状，对有关法规政策进行解读，系统分析了绿色低碳建筑的外部经济性和市场特征，提出并分析了绿色低碳建筑发展激励机制，研究了能效标识对绿色低碳建筑发展的影响，给出了绿色低碳建筑市场化发展的政策体系建设建议。

本书适合作为建筑节能、低碳建筑材料、绿色建筑产业发展政策等方面的科研人员、大型施工企业、地产公司、设计咨询公司领导层及中高级管理人员、高等院校师生，以及对绿色低碳建筑有兴趣的读者的参考书，也可供政府行业主管部门领导和专业管理人员阅读参考。

图书在版编目(CIP)数据

绿色低碳建筑市场特征与发展机制 / 刘宏伟，宋云锋著. —北京：科学出版社，2021.1

ISBN 978-7-03-067607-8

Ⅰ. ①绿…　Ⅱ. ①刘…　②宋…　Ⅲ. ①生态建筑-建筑市场-研究-中国　Ⅳ. ①F426.9

中国版本图书馆CIP数据核字(2021)第001473号

责任编辑：刘翠娜　纪四稳 / 责任校对：王萌萌
责任印制：吴兆东 / 封面设计：蓝正设计

科学出版社 出版
北京东黄城根北街 16 号
邮政编码：100717
http://www.sciencep.com

北京中石油彩色印刷有限责任公司 印刷
科学出版社发行　各地新华书店经销

*

2021 年 1 月第　一　版　开本：720 × 1000　1/16
2023 年 3 月第三次印刷　印张：13 1/2
字数：300 000

定价：118.00 元

（如有印装质量问题，我社负责调换）

前　言

21 世纪以来，由于二氧化碳过度排放，出现气候变暖、雾霾和自然灾害频发等一系列问题，使得全世界对人类发展方式有了全新的认识。“绿色发展”“低碳生活”逐渐成为社会发展的关键词，绿色低碳发展成为全社会共识。2009 年哥本哈根世界气候大会上，我国向《联合国气候变化框架公约》(UNFCCC) 递交了碳排放量削减计划，承诺到 2020 年将单位国内生产总值的二氧化碳排放水平削减至 2005 年的 40%～45%。2014 年亚太经济合作组织(APEC) 北京峰会上，我国政府承诺 2030 年左右碳排放达到峰值，碳排放强度比 2005 年降低 45%左右，力争到 2030 年让“APEC 蓝”永久化。习近平总书记在党的十九大报告中指出，必须树立和践行绿水青山就是金山银山的理念，坚持节约资源和保护环境的基本国策，像对待生命一样对待生态环境，统筹山水林田湖草系统治理，实行最严格的生态环境保护制度，形成绿色发展方式和生活方式，坚定走生产发展、生活富裕、生态良好的文明发展道路，建设美丽中国，为人民创造良好生产生活环境，为全球生态安全作出贡献。2019 年，习近平总书记在《求是》杂志发表“深入理解新发展理念”重要文章[①]，对新发展理念的重大意义、丰富内涵和深邃道理进行了全面透彻阐述，强调了在新发展理念中，绿色发展是重要理念，更加明确了我国今后走生态优先、绿色低碳发展之路。2020 年 12 月 12 日，习近平在气候雄心峰会上发表题为《继往开来，开启全球应对气候变化新征程》的重要讲话，宣布到 2030 年，中国单位国内生产总值二氧化碳排放将比 2005 年下降 65%以上，非化石能源占一次能源消费比重将达到 25%左右，森林蓄积量将比 2005 年增加 60 亿 m^3，风电、太阳能发电总装机容量将达到 12 亿 kW 以上[②]。

2004 年，中央工作会议首次提出绿色建筑的概念，标志着我国建筑优化改造开始由节能建筑向绿色建筑深化。十几年来，相关法律法规不断推出，目前已初步形成较为完善的绿色建筑标准体系。为贯彻落实《国务院办公厅关于开展资源节约活动的通知》(国办发〔2004〕30 号) 文件精神，2005 年建设部发布《关于发展节能省地型住宅和公共建筑的指导意见》，目标是到 2020 年，我国住宅和公共建筑建造和使用的能源资源消耗水平要接近或达到现阶段中等发达国家的水平。

---

① 新华网. 深入理解新发展理念.(2019-05-16) [2020-05-20]. http://www.xinhuanet.com/politics/leaders/2019-05/16/c_1124500984.htm。

② 中国共产党新闻网. 习近平在气候雄心峰会上发表重要讲话.(2020-12-13) [2020-12-20]. http://cpc.people.com.cn/n1/2020/1213/c64094-31964462.html。

在此基础上，住房和城乡建设部或与其他单位联合陆续发布了《绿色建筑评价标准》《绿色建筑技术导则》《绿色施工导则》《民用建筑能耗统计报表制度》《中国绿色建筑行动纲要(草案)》《关于加快推动我国绿色建筑发展的实施意见》《绿色建筑行动方案》等标准和文件。2015 年中央城市工作会议以及 2016 年《中共中央国务院关于进一步加强城市规划建设管理工作的若干意见》指出，城市建设贯彻落实“创新、协调、绿色、开放、共享”的发展理念，按照“适用、经济、绿色、美观”的方针，推广绿色建筑和建材，实施城市节能工程，营造城市宜居环境，实现低碳可持续发展。这是当前和今后一段时期我国建筑产业发展的指导思想，也是绿色低碳建筑发展所遵循的原则。

低碳经济，是以低能耗、低污染、低排放为基础的经济发展方式，是人类社会继农业文明、工业文明之后的又一次重大进步。低碳的实质是提高能源利用效率和使用清洁能源、追求绿色发展的问题，其核心是能源技术创新、制度创新和发展观念的根本性转变。低碳经济的发展模式为节能减排、发展循环经济、构建和谐社会提供了操作性诠释，是落实五大发展理念、建设节约和环境友好型社会、建设美丽中国的综合创新与实践。

《住房城乡建设事业“十三五”规划纲要》指出，推进建筑节能和绿色建筑发展，是落实国家能源生产和消费革命战略的客观要求，是加快生态文明建设、走新型城镇化道路的重要体现，是推进节能减排和应对气候变化的有效手段，是创新驱动增强经济发展新动能的着力点，是全面建成小康社会，增加人民群众获得感的重要内容，对于建设节能低碳、绿色生态、集约高效的建筑用能体系，推动住房城乡建设领域供给侧结构性改革，实现绿色发展具有重要的现实意义和深远的战略意义。

住房和城乡建设部建筑节能与科技司在 2018 年工作要点中提到，要落实新发展理念，充分发挥科技创新的战略支撑作用，以绿色城市建设为导向，深入推进建筑能效提升和绿色建筑发展，提升全领域全过程绿色化水平，为推动绿色城市建设打下坚实基础。

绿色低碳建筑是指建筑在全生命周期内，以“低能耗、低污染、低排放”为基础，从建筑安全耐久、健康舒适、经济节约、生活便利、资源节约(节地、节能、节水、节材)和环境宜居等方面的综合性能考虑的建筑形式。因地制宜地推进绿色低碳建筑的发展，是可持续发展理念在建筑业中的最好实践，对我国资源节约、环境保护起重要的作用。由于我国绿色低碳建筑起步较晚，社会基础薄弱，公众的节能减排意识还不强，虽然国家和地方为推动低碳建筑的发展出台了一系列政策措施，但从实际情况来看，相关政策和措施还远未完善，特别是在政策设计上把绿色和低碳割裂开来，不利于建筑业的可持续发展。政策的系统性不强，标准体系不完善，执行力不足，使得市场参与主体的积极性和主动性不高，发展情况不容乐观。

研究绿色低碳建筑市场特征与发展机制，需要立足于建筑产业发展的现状，需要经济学和管理学以及其他相关学科的理论支持，本书从绿色低碳建筑特征分析、驱动因素入手，运用工程经济学理论、激励理论、机制设计理论等工具，开展绿色低碳建筑的激励机制和推动方式研究，为政府制定有利于市场自发形成绿色低碳建筑发展的政策提供理论依据。

本书主要包括以下几方面内容：

(1)对绿色低碳建筑在我国的发展情况进行概括总结。通过对绿色低碳建筑的社会、市场调研，结合国内外相关研究数据，对绿色低碳建筑的发展概况及存在的问题进行分析，依据生命周期理论，系统分析绿色低碳建筑在全生命周期各阶段的影响制约因素。

(2)绿色低碳建筑发展政府激励方法和依据分析。运用激励理论，界定经济激励的主体和客体，运用博弈理论，构建政府与绿色低碳建筑投资人之间的博弈特征，设计信息对称和信息不对称条件下绿色低碳建筑发展的激励机制，重点分析非对称条件下经济激励与投资人风险厌恶程度的关系，为经济激励提供理论决策依据。

(3)绿色低碳建筑的市场构成和经济性评价。分析绿色低碳建筑的市场构成和投资经济性，把碳排放交易模式引入绿色低碳建筑发展路径中，研究建筑碳交易的可行性，分析建筑碳交易的实施主体、实施机理和其中的经济行为，构建建筑碳交易体系。

(4)能效标识制度对绿色低碳建筑发展的作用分析。研究建筑能效标识制度对绿色低碳建筑发展的影响，分析建筑能效标识的本质属性、结构特征，建筑能效标识的内涵。研究建筑能效标识与碳交易关系及建筑能效标识实施可行性，分析能效标识的影响因素、运作机理，提出建筑能效标识的实施路径。

(5)政府政策组合对绿色低碳建筑发展路径的影响。分析绿色低碳建筑发展的政策作用和实施方法，给出政策体系实施建议和建设框架，提出绿色低碳建筑市场化发展路径。对当前绿色低碳建筑发展中法律法规方面存在的缺陷以及政府监管方面存在的问题进行分析，提出相应的建议和管理模式。

本书研究框架和研究过程中得到河海大学王卓甫教授的指导和帮助，江苏衡建项目管理有限公司、江苏德和绝热科技有限公司、住房和城乡建设部科技计划项目(2015-K4-023)为课题研究提供支撑，同时也得到了南京汉优节能科技有限公司、江苏金土木建设集团有限公司、江苏科宁建筑发展有限公司、盐城金坤节能科技有限公司等单位的大力支持和帮助。研究内容参考和吸收了国内外已有的研究成果，在此向有关单位和相关人员表示衷心的感谢。

绿色低碳建筑可持续健康发展是一个较新的研究课题，其绿色低碳属性和指标体系关系复杂，研究中结合研究者的学科优势，刘宏伟承担了理论部分的研究写作工作，宋云锋承担了政策法规和实践方面的整理工作。限于作者理论研究水平，书中难免存在思路、方法或观点方面的缺陷，真诚欢迎广大读者提出宝贵意见和建议，以便作者在后续的研究中加以改进和完善。

刘宏伟　宋云锋

2020 年 12 月

目　　录

第1章　绪　　论

1.1　绿色低碳建筑的发展历程

1.1.1　国内外绿色低碳建筑发展概述

人口增长、环境污染和能源短缺是当今和未来人类面临的三大问题。当前，“绿色发展”“低碳生活”逐渐成为时代关键词。陆钟武院士提出“穿越环境高山”理论，倡导绿色、可持续发展理念。人类的可持续发展涉及的范围广阔，大力倡导建设和消费绿色低碳建筑是可持续发展在建筑业中的具体表现。近年来，欧洲低碳建筑的发展使人们对未来建筑的发展方向充满了新的希望。“低碳”一词首度出现在2003年英国《我们能源的未来——创建一个低碳经济体》白皮书的“低碳经济”概念中，哥本哈根世界气候大会后，低碳经济已成为全世界瞩目的焦点，建筑领域也已成为碳减排的关键，因建筑领域碳排放在全社会总排放中占近50%，这一比例远高于交通运输业和工业领域。因此，在可持续发展的道路上，低碳建筑并不是建筑界的一个新名词，至少在日本建筑师看来，早在20年前就开始在建筑界践行，这是低碳建筑发展的启蒙。21世纪初，英国在世界上首次提出“低碳经济”，从那时起“低碳世界”“低碳技术”“低碳建筑”“低碳生活方式”等一系列新概念应运而生。低碳建筑已逐渐成为国际建筑界的主流趋势，低碳建筑的概念也应运而生。英国学者Phil Jones在*Low-carbon Building Design: European Experience*中指出，低碳建筑是在降低建筑产品能源需求和充分利用可再生、可重复利用能源的基础上所建立的建筑。

从1962年世界上第一本将环保作为主题的书《寂静的春天》的发表，到20世纪70年代石油危机爆发以来，发达国家一直持续关注环保能源的问题。在20世纪中叶至80年代，欧洲大约有一半左右的生态和环境破坏是由建筑和工程造成的。近30年来，欧洲发达国家在建筑低碳化和节能方面成果显著，成为全球绿色低碳建筑发展的典范。为实践建筑业可持续发展，欧洲国家对现代建筑的基本理念是实现“低能耗、高舒适度”的完美结合，最大限度地利用自然能源，尽量减少能源与资源浪费，并致力推广和实践低碳、绿色的可持续发展建筑。这些理念是建筑绿色和低碳化的核心要素，我国的绿色建筑特征与之内在相符。德国夏无酷暑，冬无严寒，尽管天气温和，但德国将近1/3的基础能源产品要被住宅供暖消耗掉。德国巴斯夫“3升房”就是为了寻求既节能又有利于环保的新的建筑技术方案，成为全球既有建筑节能改造的典范，具有极大的经济和环保价值。西班牙位于欧洲南部，属于地中海气候，该地区气候的特点是冬天温暖，夏天炎热，通风和空调设备是主要的能源消耗点。西班牙 Atika 住宅的建造采用了预制的模数化结构体系，运用斜屋顶技术、低能耗策略、全方位的太阳能系统、楼宇智能化管理体系以及模数化等低碳建筑技术，是一座欧洲最新的节能型住宅，是欧洲未来住宅的样本。英国为高纬度地区岛国，气候潮湿温和，夏季气温适中，但冬季漫长寒冷，采暖期有大约半年的时间。英国贝丁顿零碳社区针对这一特点，充分利用废物、阳光、空气和水，通过各种低碳技术措施减少建筑热损失及充分利用太阳热能，以实现不用传统采暖方式的目标。

对于建筑的绿色问题的理解，20 世纪 60 年代，美籍意大利建筑师保罗·索勒瑞把生态学和建筑学两词合并提出生态建筑学的新理念。1963 年，V·奥戈亚在《设计结合气候：建筑地方主义的生物气候研究》中提出建筑设计与地域、气候相协调的设计理论。1969 年美国风景建筑师伊安·麦克哈格在其著作《设计结合自然》一书中，提出人、建筑、自然和社会应协调发展并探索了建造生态建筑的有效途径与设计方法，标志着生态建筑理论的正式确立。20 世纪 70 年代，工业发达国家开始注重建筑节能的研究，太阳能、浅层地热、风能、节能围护结构等各种建筑节能技术应运而生。80 年代，节能建筑体系日趋完善，并在英国、德国、法国、加拿大等发达国家广为应用，节能建筑成为建筑发展的先导。在建筑节能取得快速发展的基础上，伴随着可持续发展理念的产生和健康住宅概念的提出，发达国家又把视野扩展到建筑全过程的资源节约，改善室内空气质量，提高居住舒适度、安全性等更广的领域。在此期间，各类有关绿色建筑的活动在世界各地风起云涌，如美国生态房、芝加哥太阳能大厦、迪拜垂直村落、里约热内卢的太阳能大厦、加拿大健康住宅、荷兰环保屋、丹麦和瑞典的健康建筑等。世界上很多国家在绿色建筑及生态建筑的设计、施工、材料和设备等各个环节，在节约资源、资源再利用和再循环、防止环境破坏等方面均有新进展。1990 年，英国率先制定了世界首个绿色建筑评估标准。1992 年，在巴西召开的联合国环境与发展大会使可持续发展的思想在世界范围内达成共识，并首次明确提出了绿色建筑概念，绿色建筑逐渐形成体系，并在不少国家实践推广，随之也出现了各种新建筑名称，如日本称为“环境共生建筑”，欧洲和北美国家也将绿色建筑称为“生态建筑”(ecological architecture)或可持续建筑(sustainable architecture)，也有的称之为“节能省地型建筑”。虽然这些定义从不同角度出发，但都是将建筑与环境相联系，指出绿色建筑为人类提供健康、舒适的生活空间的同时，应尽量减少对地球生态环境的影响和破坏、减少自然资源的消耗，强调从整体出发将建筑作为地球生态系统中的有机组成部分，实现人、自然、建筑的和谐发展。

1993 年，国际建筑师协会第十八次大会发表了《芝加哥宣言》，号召全世界建筑师把环境和社会的可持续性列入建筑师职业及其责任的核心。1999 年国际建筑师协会第二十届世界建筑师大会发布的《北京宪章》正式提出建立人居环境循环体系，不断提高环境质量，要求将可持续发展作为建筑师和工程师在21世纪中的工作准则。21世纪，绿色建筑迎来了它的蓬勃兴盛期，其内涵与外延得到了极大的丰富，如日本在绿色建筑方面提出了“建筑的节能与环境共存设计”与“环境共生住宅”的概念。继20世纪90年代英国、美国等国家之后，全球引发了对绿色建筑评估的热潮，相继出台了符合地域特点的绿色建筑评估体系，极大地规范和推动了绿色住宅的发展。为使绿色建筑的概念切实可操作，发达国家相继实施了适应不同国家特点的绿色建筑评估体系，定量描述了绿色建筑节能效果、对环境的影响以及经济性能等指标，为决策者和设计者提供依据，如英国建筑研究院环境评估方法(building research establishment environment assessment method，BREEAM)，美国绿色建筑委员会(USGBC)的能源及环境设计先导 (leadership in energy and environmental design，LEED)计划评估体系，日本的建筑物综合环境性能评价体系(comprehensive assessment system for building environmental efficiency，CASBEE)，加拿大发起、多国参与的绿色建筑挑战(green building challenge，GBC)运动以及在此体系基础上建立的绿色建筑评价工具(GBTOOL)等。在绿色建筑技术方面，国外发达国家通过制定严格的节能标准、设立很多试验机构(如美国的劳伦斯伯克利国家实验室)，对绿色建筑技术进行综合研究。

40多年来，绿色建筑由理念到实践，从个人研究行为上升到国家、国际层面，由建筑个体、单纯技术上升到体系层面和绿色城市，由建筑设计扩展到环境评估、区域规划等多个领域，各种新技术、新材料层出不穷，发达国家绿色建筑逐步形成了系统的评估方法，并在越来越多的国家实践推广，成为世界建筑发展的方向。

我国绿色建筑发展较晚，首先从建筑节能起步。20世纪80年代，我国开始提倡建筑节能，但是有关绿色建筑的系统研究还处于萌芽阶段，在许多相关的技术研究领域仍是空白。1986年《民用建筑节能设计标准(采暖居住建筑部分)》发布，建筑节能率目标是30%，1994年，该标准修订，将建筑节能率目标提升至50%，并制订了《建筑节能“九五”计划和2010年规划》。1999年《民用建筑节能管理规定》发布，并于2005年进行了修订，其间还分别出台了夏热冬冷地区和夏热冬暖地区建筑节能规划，把“绿色建筑”概念引入我国。随着建筑节能工作的深入推进，绿色建筑开始逐步被引入和应用。2004年9月，建设部全国“绿色建筑创新奖”评选启动，掀开了我国绿色建筑实质性发展序幕。2005年，建设部、科技部联合出台《绿色建筑技术导则》，提出因地制宜发展绿色建筑。2006年6月我国第一部绿色建筑评价标准《绿色建筑评价标准》(GB/T 50378—2006)(现已修订为GB/T 50378—2019)，第2.0.1条对绿色建筑的定义为：“在全寿命期内，节约资源、保护环境、减少污染，为人们提供健康、适用、高效的使用空间，最大限度地实现人与自然和谐共生的高质量建筑”。绿色建筑的定义从最初的“四节一环保”到实现建筑的安全耐久、健康舒适、生活便利、资源节约和环境宜居等方面的综合性能提高，以人、建筑和自然环境的协调发展为目标，在全生命周期内利用天然条件和人工手段创造舒适、健康和安全的居住环境，尽可能地控制和减少对自然环境的使用和破坏，充分体现向大自然索取和回报之间的平衡。2007年，我国启动“一百项绿色建筑示范工程与一百项低能耗建筑示范工程”(简称“双百工程”)，拉开全国绿色低碳建筑建设的序幕。2007年，建设部又出台了《绿色建筑评价技术细则》(试行)和《绿色建筑评价标识管理办法》(试行)，随后北京、天津、重庆和上海等20余个省市也相继出台了地方性绿色建筑相关标准，适合我国国情的绿色建筑评价体系逐步建立完善，我国绿色建筑开始在部分地区大面积推广。

2013年初，国务院发布《国务院办公厅关于转发发展改革委住房城乡建设部绿色建筑行动方案的通知》，明确提出：“十二五”期间，国内将完成新建绿色建筑10亿m^2；到2015年末，20%的城镇新建建筑达到绿色建筑标准要求。政府投资的国家机关、学校、医院、博物馆、科技馆、体育馆等建筑，直辖市、计划单列市及省会城市的保障性住房，以及单体建筑面积超过2万m^2的机场、车站、宾馆、饭店、商场、写字楼等大型公共建筑，自2014年起全面执行绿色建筑标准。积极引导商业房地产开发项目执行绿色建筑标准，鼓励房地产开发企业建设绿色住宅小区，引导消费者购买绿色住宅，切实推进绿色工业建筑建设。完善财政支持政策，继续支持绿色建筑及绿色生态城区建设等，对达到国家绿色建筑评价标准二星级及以上的建筑给予财政资金奖励。国家绿色建筑行动方案的发布，标志着绿色建筑正上升到国家战略高度。随后，北京、上海、江苏、深圳等10余个省市也制订了各自的绿色建筑行动实施方案。其中，深圳市制定的《深圳市绿色建筑促进办法》要求所有新建民用建筑全面执行绿色建筑标准。从此，全国性的大规模绿色建筑行动开始展开，我国绿色建筑发展从星星之火开始向全国蔓延。近年来，我国绿色建筑评价标识项目不但数量增长快，标识标准也在不断提高，江苏、广东、上海等三个沿海地区绿色建筑的数量遥遥领先。

随着我国绿色建筑包括目标体系、技术体系、政策体系、运行机制等在内的整体框架体系逐步建立完善，我国绿色建筑已具备了快速发展的条件，将迎来全面深入发展的新阶段。虽然近年来绿色低碳建筑推广取得了一定的成就，推广面积不断增加，但目前国内对绿色低碳建筑尚缺乏较为精准的定义，绿色建筑“非绿色化”问题严重，主要表现在设计绿色化，施工达不到绿色化标准；设计、施工达到“绿色化”，使用运营“非绿色化”等，也就是从项目策划时未能从建筑全生命周期即设计—原材料—施工—运营—管理—拆除再利用等视角考虑，使得很多绿色建筑达不到预期节能减排的标准和要求。国家统计局统计数据表明，我国每年住宅房屋竣工面积约 20 亿 m^2，其中商品住宅竣工面积不到总面积的一半(图 1.1)。截至 2016 年底，全国城镇新建建筑全面执行节能强制性标准，累计建成节能建筑面积超过 150 亿 m^2，节能建筑占比 47.2%，其中 2016 年城镇新增节能建筑面积 16.9 亿 m^2；全国城镇累计建设绿色建筑面积 12.5 亿 m^2，其中 2016 年城镇新增绿色建筑面积 5 亿 m^2，占城镇新建民用建筑比例超过 29%；全国城镇累计完成既有居住建筑节能改造面积超过 13 亿 m^2，其中 2016 年完成改造面积 8789 万 m^2；全国城镇太阳能建筑应用集热面积 4.76 亿 m^2，浅层地热能应用建筑面积 4.78 亿 m^2，太阳能光电装机容量 29420MW。全国各省(区、市和新疆生产建设兵团)2016 年完成公共建筑能源审计 2718 栋，能耗公示 6810 栋，对 2373 栋建筑的能耗情况进行监测，实施公共建筑节能改造面积 2760 万 m^2[1]。截至 2016 年底，我国现有存量建筑面积 430 亿 m^2，其中节能建筑仅 29.3 亿 m^2[2]，并且高达 95%的节能建筑并未达到真正的低碳节能标准[3]。全国建筑耗能一般占社会总耗能的 30%左右，再加上建筑材料生产过程的消耗，在社会总耗能中占比高达 47%～49%[4,5]，这一比例远远高于交通和工业等领域。从上述统计数据可以看出，建筑碳排放问题是一个需要得到政府和全社会重视的重要问题，对我国 2030 年节能减排战略目标的实现具有决定性作用。

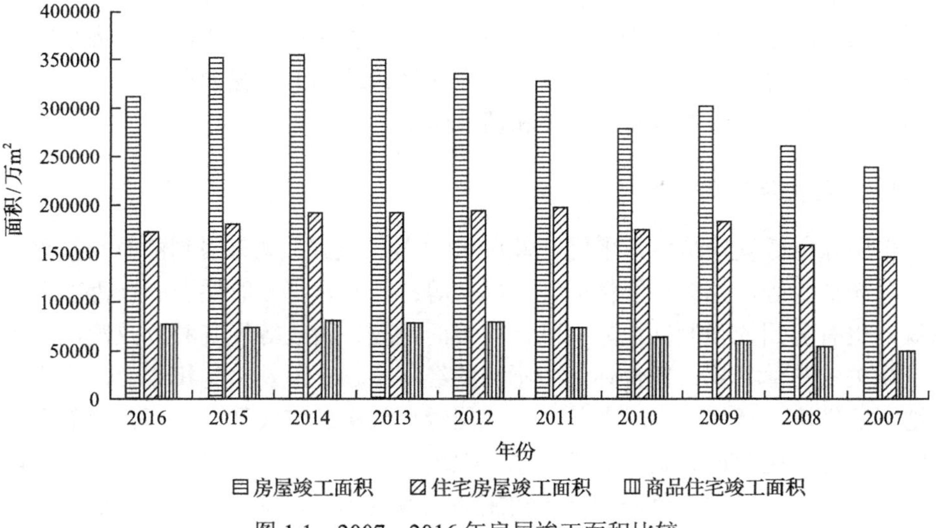

图 1.1　2007～2016 年房屋竣工面积比较

从国家统计局的统计数据及住房和城乡建设部《2016 年建筑业发展统计分析》来看，2016 年全国建筑业房屋竣工面积构成中，统计数据虽有差异(分别为 54.93%和 67.25%)，但住宅房屋竣工面积占最大比例，都超过 50%；厂房及建筑物竣工面积占 11.82%；商业及服务用房屋竣工面积、办公用房屋竣工面积分别占 7.18%和 5.57%；其他种类房屋竣工面积占比均在 5%以下(图 1.2)。统计数据说明了住宅建筑是绿色低碳建筑发展和节能减排的重要领域。

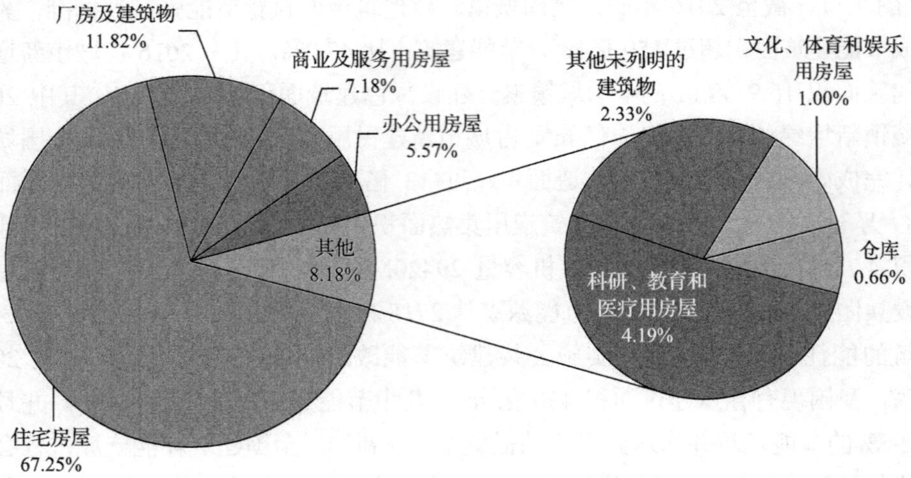

图 1.2　2016 年全国建筑业房屋竣工面积构成

1.1.2　国外发展绿色低碳建筑的法规政策

经过 20 多年的发展，很多发达国家和地区逐渐形成了有效推动绿色低碳建筑发展的法规政策，主要有强制性的能效标识、绿色建筑法律法规、经济激励政策以及行政监督等几个方面。政策制定建立在法律基础上，强调市场机制作用，在市场配置的基础上强调政府的干预和调节作用。

1. 绿色建筑法律法规

美国绿色低碳建筑体系采用“胡萝卜+大棒”模式，既有强制性的能源政策法案、总统法令等，也有自愿性的评价标准等；既有联邦政府层面的绿色建筑政策法规，也有各州的强制性地方标准。积极的财政、税收等经济激励政策，与绿色建筑相关的法律法规、评价体系中不同的经济激励手段及措施相结合，适应了不同地区的经济、环境、自然条件，使美国绿色低碳建筑发展取得了良好效果。采用的第三方机构验证和认证评价体系，保证了公正、公平，形成了政府、市场、第三方机构共同推进绿色低碳建筑实施的长效机制。日本一直坚持不懈地以法律法规、制度政策等引导全国的建筑节能工作与绿色低碳建筑推广。日本在现有的绿色低碳建筑相关的法律法规、政策制度基础上，不断推出新的政策法规，既有法律的强制性规定，又有大量相关的经济、金融政策与补贴制度，极大地吸引着投资者和业主，形成了较为完善的绿色低碳建筑发展政策体系。英国政府实行强制绿色低碳建筑制度。根据英国的相关规定，自 2008 年 6 月开始，对每幢公共建筑的节能情况划分等级并颁发展示能效证，博物馆、展览馆和政府办公大楼等大型建筑的能耗情况必须公开。英国政府动用行政力量，从政府办公建筑和其他公共建筑的强制性节能入手，有效地推动本国绿色低碳建筑的发展。此外，政府还以强制节能和经济等手段，将绿色建筑深入每个家庭的日常生活中。

2. 经济激励政策

经济激励政策是推动绿色低碳建筑发展的关键政策，特别是在推广的初始阶段，激励效果明显。各发达国家在绿色低碳建筑发展过程中都采取了一系列经济措施对开发绿色建筑以及高效节能产品进行激励。这些经济激励措施主要有节能基金、现金补贴(主要有贴息补助与直接补贴两种形式)、税收抵免、加速折旧制度等。美国绿色建筑资金主要来源于财政拨款、节能公益基金，进行税收减免、优惠贷款、加速折旧、州级绿色建筑税收优惠等，美国绝大部分住宅建筑采取的是分户供暖空调措施，房屋本身的节能水平与消费者的日常支出具有很大的关系。在美国，建筑节能是一个非常市场化的指标，美国把市场引导放在更为重要的位置，大量采取经济激励措施推动建筑节能及绿色低碳建筑的推广。英国推动绿色低碳建筑主要来源于节能基金，进行税收优惠、财政补贴、征收能源税。一方面对没有达到设计规范规定的环保要求的新建项目进行处罚，另一方面对积极使用绿色技术的建设项目给予优先权和一定的经济资助，包括减免土地增值税和发放低息贷款等，为了鼓励消费绿色低碳建筑，政府利用公共财政支持，制定了多种多样的经济激励政策，取得了良好的效果。德国绿色建筑资金主要来源于财政拨款、德国复兴信贷银行(KFW)基金，进行贷款优惠、税收优惠、财政补贴。德国法律的强制性比较强，所以德国政府和社会为了减少住宅及所有建筑物的能源消耗量，首先是使用法律的强制规定。但目前德国并未单独针对绿色建筑制定相关法律，而是主要依靠绿色建筑节能信息的传播和宣传、技术研究及发展，此外还采取了经济激励措施。日本绿色低碳建筑发展资金主要来源于财政预算、节能基金，途径主要是税收优惠、节能基金、财政补贴、加速折旧。日本政府为了鼓励对新能源的使用，推行住宅用太阳能发电补助金制度，另外在保证生态空间、有效利用能源、废弃物处理、材料的选择和规划方面日本都有一系列的政策和措施。

3. 建筑碳排放权交易制度

碳排放权交易的概念源于20世纪90年代经济学家提出的排污权交易概念，排污权交易是市场经济国家重要的环境经济政策，2011年10月国家发展和改革委员会印发《关于开展碳排放权交易试点工作的通知》，批准北京、上海、天津、重庆、湖北、广东和深圳等七省市开展碳交易试点工作。经过近6年的市场应用，

2017年国家启动全国性的碳排放权交易市场。虽然前期试点工作为全面开展此项工作奠定了好的基础，但依旧存在基础比较薄弱、交易体系不够开放、碳交易的公平性和交易范围等问题需要解决。同时，对于建筑碳排放交易问题，由于影响因素复杂，并未列入交易名录中。

随着我国工业化和城镇化进程加快，每年新建建筑面积都在20亿m^2，消耗大量的能源和资源，也是全社会排放大户，必须采用各种措施降低能耗，减少排放。从理论上来说，在建筑领域施行碳交易是利用市场机制来推动建筑业的节能减排。但是，由于建筑产品的特殊性，受气候区差异、产权属性、施工方法、材料使用、用能管理等多方面因素影响，建筑碳排放量测算过程和方法也存在一定的争议，使得建筑碳交易实施存在一定的困难。

建筑碳交易机制以碳排放额作为依据，按照市场经济方式运行的机制，从经济学角度来说，遵循了科斯定理。由于碳排放交易是个复杂的系统工程，需要从政策、管理体制和促进技术创新及产业结构调整等方面进行系统的分析和研究。我国地域辽阔，受多种因素影响，目前对于建筑碳排放权交易机制的研究还不成熟，有进一步研究的必要。

4. 能效标准和能效标识制度

能效标识是一种生态信息标签，能效标识的理论研究主要集中在生态标签与消费者、生产者以及政府相关性，生态标签与能源效率，生态标签与碳排放经济关系等方面。近年来，建筑能效标识逐渐受到国内外研究者和有关政府的重视。从政府视角来看，目前建立建筑能效标识体系的主要是发达国家，如英国SAP、SBEM、BREEAM标识标准体系，美国“能源之星”和绿色建筑认证体系，欧盟EPBD建筑能效指令，德国DENA建筑物能耗认证证书，加拿大ECH和EGNH建筑标识体系，芬兰的“能源评估”计划，俄罗斯的“能源护照”，澳大利亚的“绿之星”等。我国在建筑能效标识方面起步较晚，江亿等提出要建立中国住宅能耗标识体系，居住建筑能效标识得到政府和相关研究人员的重视。从2008年起，住房和城乡建设部相继实施了一系列能效测评标识指导性文件，表明建立建筑能效标识体系的紧迫性和必要性，同时也说明建筑能效标识体系对节能减排的重要意义。

建筑能效标识制度一方面作为强制性的最低能效标准成为新建建筑和新增设备市场准入的最低门槛，另一方面通过能效标识方法来鼓励绿色低碳建筑参与主体提供绿色低碳材料、节能设备和低能耗建筑，同时引导消费者购买这样的建筑产品。能效标准和标识方法既限制高能耗、低能效的建筑，激励低能耗、高能效的建筑占领市场，也为节能激励措施提供了定量和衡量指标标准。

1.1.3 我国发展绿色低碳建筑的意义

我国绿色低碳建筑发展相对较迟，但发展速度很快，特别是十八届五中全会提出创新、协调、绿色、开放、共享的“五大发展理念”，党的十九大报告中又指出，加快建立绿色生产和消费的法律制度及政策导向，建立健全绿色低碳循环发展的经济体系。构建市场导向的绿色技术创新体系，发展绿色金融，壮大节能环保产业、清洁生产产业、清洁能源产业。推进能源生产和消费革命，构建清洁低碳、安全高效的能源体系。推进资源全面节约和循环利用，实施国家节水行动，降低能耗、物耗，实现生产系统和生活系统循环链接。倡导简约适度、绿色低碳的生活方式，反对奢侈浪费和不合理消费，开展创建节约型机关、绿色家庭、绿色学校、绿色社区和绿色出行等行动，为建筑业绿色低碳发展指明了方向。

绿色低碳建筑发展是推进生态文明建设的重要体现。当前我国在城镇化快速发展的进程中暴露出了一些问题，其中包括城镇化建设以规模扩张为向导，城市规划和建筑业规划执行力不强，节能标准要求较低，环境资源消耗过大。近年来，国家认识到建筑领域存在的问题，提出把生态文明理念全面融入城镇化进程的思想，着力推进绿色、环保、低碳的发展，加快推进绿色低碳建筑的发展，进一步将这一新型建筑模式落实在城市发展中，按照资源节约、环境友好的要求来进行规划、建设和运营，进一步促进城镇发展从规模扩张向质量提升转型。这对于引导我国走新型的城镇化道路，大力落实生态文明建设要求有着至关重要的现实意义。

推进绿色低碳建筑发展是落实国家能源消费革命、能源安全和节能减排战略的重要举措。绿色低碳建筑能够提供更加舒适的生活环境是由其本身的性质和特点决定的。其内容不仅包括建筑本体，也包括建筑本体以及建筑外部环境生态功能系统。抑制不合理的建筑能源消费，推动能源消费革命，是我国建筑健康可持续发展的一项重要战略部署。当前我国的城镇化建设正处于飞速发展时期，每年新建工程量巨大，政府通过采取制度安排和合理激励政策，积极支持发展绿色低碳建筑，可以有效引导城乡建设走节能、绿色、高效、低碳的发展道路，使我国以较低的能源消耗来实现人民群众对美好生活向往的需求，从而有效减缓单位面积建筑能耗增长和排放量的降低。

除此之外，推动绿色低碳建筑发展是推进大气污染防治、应对气候变化的重要举措，通过转变建筑建造方式，走绿色建造和精益建造的道路，可有效改善建筑导致的环境破坏与污染状况。建设生态低碳城市、低碳生态社区、低碳绿色建筑，已经成为全球建筑领域应对挑战的主要策略。低碳建筑和绿色建筑相比，在内涵和目标上是基本一致的，但是侧重点不同。绿色低碳建筑更强调减少污染排放，切合节能减排应对全球气候变化的主题，已经成为我国建筑业转型升级的重要抓手，今后走节能减排和低碳发展的可持续道路，成为我国建筑业产业升级的必然趋势。

1.1.4　我国绿色低碳建筑发展现状及前景

我国正式启动绿色建筑发展规划已有 10 多年的时间，其间我国的绿色建筑从无到有、从少到多、从地方到全国、从单体向城区/城市规模化发展。2006 年，我国第一部绿色建筑评价标准《绿色建筑评价标准》(GB/T 50378—2006) 开始实施，2007 年启动“双百示范工程”项目，并出台《绿色建筑评价技术细则(试行)》和《绿色建筑评价标识管理办法》(试行)，特别是 2013 年《绿色建筑行动方案》发布以来，各级政府不断出台绿色建筑发展的激励政策，绿色建筑呈现跨越式发展态势，全国范围内获得绿色标识的建筑数量呈现井喷式增长态势，同时还涌现出一批绿色生态示范城区，绿色低碳建筑进入了新的发展阶段。

按照住房和城乡建设部统计数据，截至 2016 年底，全国城镇新建建筑全面执行节能强制性标准。“十三五”时期，我国建筑节能和绿色建筑发展以增强人民群众获得感为工作出发点，以提供建筑节能标准促进绿色建筑全面发展为主线，全面提升建筑能源利用效率，改善建筑居住环境品质，绿色低碳建筑发展会进入更加严苛、更加快速的发展道路。

1. 低能耗建筑推广

北京、江苏、河北、山东、新疆、黑龙江超低能耗建筑推广工作走在前列，北京出台《北京市推动超低能耗建筑发展行动计划(2016—2018 年)》，计划用 3 年时间建设完成 30 万 m^2 超低能耗建筑。江苏在绿色建筑发展方面走在全国的前列，自 2012 年开始，先后印发了《关于推进全省绿色建筑发展的通知》《江苏省绿色建筑行动实施方案》等政策文件。2015 年，江苏省颁布实施《江苏省绿色建筑发展条例》，在全国率先制定了绿色建筑发展地方性法规。在推进绿色建筑发展方面，一直保持全国领先地位，实施“绿色建筑+”工程，推动绿色建筑品质提升和高星级绿色建筑规模化发展。河北省在全国率先公布实施《被动式低能耗居住建筑节能设计标准》，编制完成《被动式超低能耗公共建筑节能设计标准》《被动式低能耗建筑施工及验收规程》等地方标准。目前，全国城镇新建民用建筑节能设计标准全部修订完成并颁布实施，城镇新建建筑执行节能强制性标准比例基本达到 100%，累计增加节能建筑 70 亿 m^2，节能建筑占城镇民用建筑面积比例超过 40%。特别是北京、天津、河北、山东、新疆等地已经在城镇新建居住建筑中实施节能 75%的强制性标准，率先实施高于国家的节能标准要求。

“十二五”期间，全国共确定 46 个可再生能源建筑应用示范市、100 个示范县和 8 个太阳能综合利用示范省，实施 398 个太阳能光电建筑应用示范项目。城镇太阳能光热应用面积超过30亿m^2，浅层地热能应用面积超过5亿m^2，可再生能源替代民用建筑常规能源消耗比例超过4%。“十三五”时期，城镇建筑中可再生能源替代率要达到6%的目标，城镇居住建筑中节能建筑所占比例要达到60%，太阳能光热建筑面积新增20亿m^2以上，太阳能光电建筑新增装机容量1000万kWh以上，新增浅层地热能建筑应用面积2亿m^2以上，探索空气热能建筑的应用。全面实施建筑全领域绿色倍增行动，逐步实现东部地区省级行政区域城镇新建建筑全面执行绿色建筑标准，中部地区省会城市及重点城市、西部地区省会城市新建建筑强制执行绿色建筑标准。继续推动政府投资保障性住房、公益性建筑以及大型公共建筑等重点建筑全面执行绿色建筑标准。积极推进绿色建筑评价标识。推动有条件的城市新区、功能园区开展绿色生态城区(街区、住区)建设示范，实现绿色建筑集中连片推广。

2. 绿色建筑强制推广

住房和城乡建设部《建筑节能与绿色建筑发展“十三五”规划》中指出国家能源生产和消费革命战略的客观要求，是加快生态文明建设、走新型城镇化道路的重要体现，是推进节能减排和应对气候变化的有效手段，是创新驱动增强经济发展新动能的着力点，是全面建成小康社会，增加人民群众获得感的重要内容，对于建设节能低碳、绿色生态、节约高效的建筑用能体系，推动住房城乡建设领域供给侧结构性改革，实现绿色发展具有重要的现实意义和深远的战略意义。推进建筑节能和绿色建筑发展，落实2020年我国新建绿色建筑占比超60%，城镇新建建筑能效水平比2015年提升20%。2020年，城镇新建建筑中绿色建筑面积比例超过50%，绿色建材应用比例超过40%，全国城镇既有居住建筑中节能建筑所占比例超过60%。特别指出，要加大绿色建筑标准强制执行力度。目前全国省会以上城市保障性住房、政府投资公益性建筑以及大型公共建筑开始全面执行绿色建筑标准。北京、天津、上海、重庆、江苏、浙江、山东等地进一步加大推动力度，已在城镇新建建筑中全面执行绿色建筑标准。

3. 绿色建筑评价标识

截至2016年底，全国累计有7235个建筑项目获得绿色建筑评价标识，建筑面积超过8亿m^2。其中，2016年获得绿色建筑评价标识的建筑项目3164个，建筑面积超过3亿m^2。但目前绿色建筑运行标识项目还相对较少，仅占建筑项目总量的5%左右，地域分布也不均衡，标识项目主要集中在江苏、广东、上海、山东等东部沿海地区。《绿色建筑评价标准》(GB/T 50378—2014)中将评价分为设计评价和运行评价，评价指标由节地与室外环境、节能与能源利用、节水与水资源利用、节材与材料资源利用、室内环境质量、施工管理、运营管理7个指标组成，每个指标100分。现有的绝大部分获得绿色建筑评价标识的为取前5项的设计评价标识。《绿色建筑评价标准》(GB/T 50378—2019)明确了绿色建筑评价应在建筑工程竣工后进行，在施工图设计完成后，可进行预评价。评价指标体系也修改成安全耐久、健康舒适、生活便利、资源节约、环境宜居5个方面，详见表1.1绿色建筑评价分值。这一修订对今后的绿色建筑进入更高水平具有重要意义。

表1.1 绿色建筑评价分值

项目	控制项基础分值	评价指标评分项满分值					提高与创新加分项满分值
		安全耐久	健康舒适	生活便利	资源节约	环境宜居	
预评价分值	400	100	100	70	200	100	100
评价分值	400	100	100	100	200	100	100

4. 法规体系建设

结合《中华人民共和国建筑法》《中华人民共和国节约能源法》《中华人民共和国可再生能源法》《中华人民共和国环境保护法》《民用建筑节能条例》《绿色建筑评价标准》《合同能源管理技术通则》等相关法律法规和标准的修订和完善，引导地方根据本地实际，出台建筑节能及绿色建筑地方法规。目前，全国所有省(区、市)都制定了绿色建筑和建筑节能相关的地方性法规。不断完善覆盖建筑节能与绿色建筑配套制度，落实法律法规确定的各项规定和要求。同时，根据建筑节能与绿色建筑发展需求，吸收国际先进标准，适时制(修)订我国绿色建筑相关标准，逐步形成完善的法规体系。

1.1.5 绿色低碳建筑发展中存在的问题

与发达国家相比，我国的绿色建筑发展时间较晚，无论是理念还是技术实践，与国际标准还有很大的差距。住房和城乡建设部相关数据表明，我国在绿色低碳建筑政策制度、评价标准、创新技术研究上都取得了一定的成果，但区域发展不平衡、总量规模占比还较小是客观存在的事实，主要存在的问题可以总结为以下几点。

1. 缺乏对绿色低碳建筑本质的认识

绿色低碳建筑的本质是什么？这个问题是一个复杂的系统问题，目前还没有一个统一的认识，发展绿色低碳建筑，除了国家相应的法律法规和地方出台的政策，还需要思考如何解决节能建筑不节能的深层次问题，需要全面考虑建筑节能减排对保证国家能源安全、实施可持续发展和节能减排战略的影响程度。目前对绿色低碳建筑理解上的差异和误解仍然存在，简单片面地理解绿色低碳建筑是很多高科技的集合和叠加，会大幅度增加投资，这是不合理，也是不科学的。国内外现有的研究表明，绿色低碳建筑不是高科技的堆砌，不是高成本投入建筑，需要对其内涵和本质有一定的认识，不能盲目发展，背离绿色低碳建筑的本质。

2. 绿色低碳建筑相关法律法规标准的系统性和连贯性还未形成

为了推进绿色低碳建筑的发展，国家以及地方出台了很多法律法规和评价标准，先后颁布了《中华人民共和国环境保护法》《中华人民共和国建筑法》《中华人民共和国固体废物污染环境防治法》《中华人民共和国可再生能源法》《中华人民共和国节约能源法》等与建筑节能和绿色低碳建筑相关的法律，并结合社会发展实际情况进行了修订。综合各相关法律，我国还未有专门针对绿色低碳建筑的法律条文。《中华人民共和国建筑法》《中华人民共和国节约能源法》是近几年来得以实施建筑节能的法律依据，虽都涉及建筑节能，主要是采用国家鼓励绿色、低碳建筑发展，但没有具体的约束条款和强制性条文。行政法规主要有《建设工程质量管理条例》《民用建筑工程节能质量监督管理办法》《民用建筑能效测评标识技术导则》(试行)、《民用建筑节能条例》《公共机构节能条例》。这些行政法规有针对建筑的节能、节水方面的规定，而且对于民用建筑，我国也有能效测评标识技术导则来规范，但相对绿色低碳建筑的“四节一环保”和低碳化还尚未有具体的规定，特别是在建筑寿命周期内的低碳化运营方面还缺乏法律依据。此外，现有的行政法规主要针对民用建筑的节能有相关规定，对于其他类型的建筑如工业建筑等的节能还未有可以依据的行政法规。现有的建筑节能相关的法律法规都未能考虑建筑全生命周期绿色低碳的保证措施和法律依据，更缺乏具体的处罚措施。

由于我国区域辽阔，气候间差异性很大，经济发展不平衡，这些客观因素要求绿色低碳建筑发展政策体系需要充分考虑各地区的差异，虽然住房和城乡建设部在上述法律法规的基础上，出台了《绿色建筑评价标准》《绿色建筑评价技术细则补充说明(规划设计部分)》《绿色建筑评价技术细则补充说明(运行使用部分)》等标准和细则，但这些标准和法律法规之间的连贯性和可执行性不高，各省(区、市)也需要结合自身的特点，制定相应的地方性法规，与国家法律法规相配套，使之系统性和连贯性。

3. 激励政策相对单调

制定绿色低碳建筑经济激励政策能够增强投资参与主体的积极性，良好的经济激励政策能以更低的社会成本来实现绿色低碳建筑的推广。目前我国已经制定的经济激励政策主要有税收优惠、财政补贴、贷款优惠、基金或专项资金。税收优惠包括固定资产投资方向调节税、企业所得税优惠、增值税优惠；财政补贴主要是对可再生能源建筑应用专项资金给予财政补贴；贷款优惠主要是对被列入节能项目，享受投资贷款贴息的优惠，各地方政府也纷纷出台相关贴息、优惠贷款政策，鼓励企业使用新型节能建筑材料；基金或专项资金主要是针对具有示范性的项目实施专项基金支持，如新型墙体专项基金、可再生能源建筑应用示范项目资金、国家机关办公建筑和大型公共建筑节能专项资金等。在国家政策激励基础上，各地方在绿色建筑激励方面的政策主要包括土地转让、土地规划、财政补贴、税收、信贷、容积率、城市配套费、审批、评奖、企业资质、科研、消费引导和其他方面。这些激励政策门类较全，但是在实施过程中采取的激励政策相对单调，且很多政策缺乏执行的约束力，部分政策形成了空有政府文件，没有具体落实措施的状况，尽管政府不断加大绿色低碳建筑的推广力度，但投资人在法律不强制、激励政策不全面、落实不到位、受众没要求的客观环境下，激励效果不明显。同时，单纯的经济激励只能短期刺激投资人，对于消费者来说，由于现有的客观事实，绿色低碳建筑价格较同类一般建筑要高，宣传的实际效果没有检验的标准，消费者不能明显感受到消费绿色低碳建筑的实际好处，绿色低碳建筑难以赢得市场。因此，需要建立基于市场的长效激励机制，形成良好的激励系统，充分调动绿色低碳建筑参与各方的积极性，是需要考虑的重要问题。

4. 绿色低碳技术选择存在误区

当前对于建筑的绿色低碳化，首先想到的是技术选择，各种对节能相关的技术堆砌和集中应用，缺乏系统性研究绿色低碳建筑的本源，过量无效地增加投资成本，抬高销售价格。而事实已证明这是一种不可持续的建设活动，绿色低碳建筑也并不一定意味着必须增加成本，那种为绿色而绿色，过分依赖材料、设备与技术系统而忽视建筑设计优化，如忽视自然通风、自然采光、主动和被动节能等有效措施，也是不合理和不科学的。

1.1.6　发展绿色低碳建筑的对策建议

国外对绿色低碳建筑的研究与实践相对较早，起初是从建筑节能起步的，在建筑节能取得进展的同时，可持续发展理念的产生和健康住宅概念被提出，又将其扩展到建筑全过程的资源节约、提高居住舒适度等领域，将原有节能建筑改造成绿色低碳建筑的活动越来越广泛。绿色低碳建筑由理念到实践，在发达国家逐步完善，渐成体系，成为世界主流建筑发展的方向。

发达国家法律法规体系健全、市场经济体制完善，主要通过法律和经济作为调控手段推动绿色低碳建筑的发展。政府通过制定和实施环境保护、建筑节能等方面的法律法规为绿色低碳建筑的发展提供法律保障，并通过提供财政支持和税收优惠、奖励、免税、快速审批、特别规划许可等措施大力推动和扶持绿色建筑的发展，促使绿色建筑被社会广泛关注和认可。推行绿色低碳建筑较为成功的美国、英国、日本等发达国家都有一套科学、完备、适合本国的绿色建筑评价体系，规范管理和指导绿色建筑的发展。例如，美国的《能源与环境设计导则》绿色建筑评价体系，政府通过一系列的制度强制，引导投资人申请绿色建筑认证。一些州与地方政府采取强制的方式要求政府投资以及超过一定面积的新建筑(包括私人建筑与政府投资建筑)符合绿色建筑标识的要求。同时对绿色建筑设计、建造者和业主减免、扣除税收，对获得绿色建筑评价标识的新建筑给予快速审批并降低审批费，还根据建筑获得评价标识的级别给予不同程度的奖励，很多好的做法值得我们借鉴学习。

1. 理念先行引领绿色低碳建筑发展

绿色低碳建筑代表了世界建筑未来的发展方向，推广绿色低碳建筑需要全社会观念与意识的提高，要向全社会宣传普及绿色低碳建筑的理念和基本知识，提高民众的接受度。住房和城乡建设部原副部长仇保兴曾强调过，并不是现代化的、高科技的就是绿色的，要突破这样的认识误区。事实证明把发展道路确定为中国式、普通老百姓式、适用技术式，绿色建筑才能健康发展。建筑节能和绿色建筑，不能只停留在专家、政府官员和一些大企业、大城市，应进入寻常百姓家，要让老百姓知道什么是绿色建筑，不是有鲜花绿草、喷泉水池、绿化做得好的楼盘就是“绿色建筑”。如果老百姓都能关注到建筑节能和绿色建筑，都注意到房屋的能耗、材料、对室内环境的影响、二氧化碳气体的减排，那么大家的共识就会形成绿色低碳建筑的市场需求，有了市场需求，绿色低碳建筑才能在全社会良性发展。因此，我们需要从理念上深刻认识绿色低碳建筑不等同于高科技、高成本建筑，不是高技术的堆砌物，投资人、设计者、建造者、消费者都要达成这样的共识。

2. 完善法规保障绿色低碳建筑发展

绿色低碳建筑要考虑宏观环境影响和节能减排总体战略目标，如全生命周期碳排放量、节水、建筑材料生产和运行时的能源消耗等控制措施需要完善的法律法规做保障，同时还要考虑到对投资人群体和消费者的吸引力，提高各参与人的积极性。相关法律法规完善中需要考虑对建筑节能、节地、节水、节材及环境友好做出补充要求，增加具体的奖惩条文，使得政策和法规的执行力和可操作性更强。要学习北京、天津、山东等省市的做法，加大强制执行新建建筑节能标准的力度，强化国有资金投资建筑的绿色低碳化，发挥政府示范作用，增强绿色低碳建筑的社会影响，起到更好的引领作用。

我国幅员辽阔，各地的气候条件、地理环境、自然资源、经济发展、生活水平与社会习俗都有巨大的差异。作为未来建筑发展方向的绿色低碳建筑与区域气候、经济条件等密切相关，需要在现有的《绿色建筑评价标准》(GB/T 50378—2019)基础上，加快绿色低碳建筑标准的编制，使标准能够覆盖不同的气候区及不同类型的建筑，不仅考虑绿色评价标准，更多考虑低碳标准和减排标准，使得执行过程中有据可依。

3. 激励政策促进绿色低碳建筑发展

绿色低碳建筑具有外部性特征，建立有效的激励政策是促进绿色低碳建筑发展的重要一环，在绿色低碳建筑的科学研究、标准制定和示范工程、可再生能源的利用、低碳建筑材料、设备产品研发等方面都需要政府有积极的激励政策和财政资金支持。政府应通过激励政策鼓励开发商使用绿色建材、绿色技术，鼓励采用节能设备和各种节能自愿的措施，加大在绿色建材、绿色技术的资金和技术上的投入，同时采用不同的税收优惠政策。对于开发商，可以对其采取营业税、城市维护建设税和教育费附加、土地增值税、城镇土地使用税和企业所得税等相应的优惠措施；对于建筑企业，可以在营业税和企业所得税方面对其采取一定的优惠措施；对于消费者，在房产税和契税上对其进行优惠。随着绿色低碳建筑产业发展，现有的激励政策需要根据产业发展的情况进行调整，除了财政补贴政策和税收优惠政策，其他如科技攻关专项基金、重大专项、贷款优惠、碳交易补贴各种政策也需要综合运用，努力做到政策的全面性和系统性。需要考虑建立市场机制和财政鼓励相结合的激励机制，提高相关行业、企业和消费者的积极性。

4. 适用技术推动绿色低碳建筑发展

绿色低碳建筑已有大批的国内外成熟技术，在绿色低碳建筑的技术选择上要根据具体情况，因地制宜，选择与创造适宜本土的绿色低碳建筑技术，同时要综合考虑技术的集成应用，避免技术的堆砌，过多增加建筑成本，走本土化绿色低碳建筑发展之路。大量建筑在建造过程中要结合本地实际情况，选择最适用的技术与产品，把适用技术合理地集成在建筑上，尤其是自然通风和天然照明技术要得到强化应用，结合地区特点，尽可能使用可再生能源系统，对于特别重要的关键技术，可以通过设立攻关科技项目的形式来推动技术进步[6]。

1.2 绿色低碳建筑有关法规及政策解读

1.2.1 法规及政策

1. 《中华人民共和国建筑法》

《中华人民共和国建筑法》于 1997 年 11 月 1 日第八届全国人民代表大会常

务委员会第二十八次会议通过。根据2011年4月22日第十一届全国人民代表大会常务委员会第二十次会议《关于修改〈中华人民共和国建筑法〉的决定》修正。根据2019年4月23日第十三届全国人民代表大会常务委员会第十次会议《关于修改〈中华人民共和国建筑法〉等八部法律的决定》第二次修正。《中华人民共和国建筑法》第一章总则第四条指出，国家扶持建筑业的发展，支持建筑科学技术研究，提高房屋建筑设计水平，鼓励节约能源和保护环境，提倡采用先进技术、先进设备、先进工艺、新型建筑材料和现代管理方式。从法理上讲，《中华人民共和国建筑法》是我国发展绿色低碳建筑的法律依据，但在法律条文上，主要是针对从事建筑活动的监管和约束，要求促进建筑业健康发展，条文采用的是鼓励节约能源和保护环境，从执行上来看，由于没有对绿色低碳建筑的强制性条款，执行难度较大，需要与其他相应的法律相配套才能实施。

2. 《中华人民共和国节约能源法》

《中华人民共和国节约能源法》于1997年11月1日第八届全国人民代表大会常务委员会第二十八次会议通过，2007年10月28日第十届全国人民代表大会常务委员会第三十次会议修订，根据2016年7月2日第十二届全国人民代表大会常务委员会第二十一次会议通过的《全国人民代表大会常务委员会关于修改〈中华人民共和国节约能源法〉等六部法律的决定》修改。根据2018年10月26日第十三届全国人民代表大会常务委员会第六次会议《关于修改〈中华人民共和国野生动物保护法〉等十五部法律的决定》第二次修正。《中华人民共和国节约能源法》实施20多年时间进行了三次修正，表明了国家对节约能源使用的高度重视。在该法的第三章第三节建筑节能规定中，第三十六条要求房地产开发企业在销售房屋时，应当向购买人明示所售房屋的节能措施、保温工程保修期等信息。第三十七条规定使用空调采暖、制冷的公共建筑应当实行室内温度控制制度。第四十条指出国家鼓励在新建建筑和既有建筑节能改造中使用新型墙体材料等节能建筑材料和节能设备，安装和使用太阳能等可再生能源利用系统。《中华人民共和国节约能源法》经过三次修正，其中第十四条规定建筑节能的国家标准、行业标准由国务院建设主管部门组织制定，并依照法定程序发布。省、自治区、直辖市人民政府建设主管部门可以根据本地实际情况，制定严于国家标准或者行业标准的地方建筑节能标准，并报国务院标准化主管部门和国务院建设主管部门备案。这一条款刚好解决《中华人民共和国建筑法》中未能明确的内容，操作性较强，但在节能建筑材料使用和可再生能源利用方面，法律条文上采用的还是“鼓励”一词，说明法律的执行需要相应的行政文件和政策支撑。

3. 《中华人民共和国可再生能源法》

《中华人民共和国可再生能源法》于2005年2月28日第十届全国人民代表大会常务委员会第十四次会议通过。《全国人民代表大会常务委员会关于修改〈中华人民共和国可再生能源法〉的决定》已由中华人民共和国第十一届全国人民代表大会常务委员会第十二次会议于2009年12月26日通过，自2010年4月1日起施行。该法第十七条指出国家鼓励单位和个人安装和使用太阳能热水系统、太阳能供热采暖和制冷系统、太阳能光伏发电系统等太阳能利用系统。《中华人民共和国可再生能源法》条文中明确规定，国务院建设行政主管部门会同国务院有关部门制定太阳能利用系统与建筑结合的技术经济政策和技术规范。房地产开发企业应当根据前款规定的技术规范，在建筑物的设计和施工中，为太阳能利用提供必备条件。对已建成的建筑物，住户可以在不影响其质量与安全的前提下安装符合技术规范和产品标准的太阳能利用系统。该法为建筑行业可再生能源利用指明了方向，具有很强的指导性，可实施程度高。

4. 《民用建筑节能条例》

《民用建筑节能条例》是中华人民共和国国务院令第530号，于2008年7月23日国务院第18次常务会议通过。《民用建筑节能条例》第一章总则的第一条就明确制定本条例是为了加强民用建筑节能管理，降低民用建筑使用过程中的能源消耗，提高能源利用效率。第四条指出国家鼓励和扶持在新建建筑和既有建筑节能改造中采用太阳能、地热能等可再生能源。第八条明确县级以上人民政府应当安排民用建筑节能资金，用于支持民用建筑节能的科学技术研究和标准制定、既有建筑围护结构和供热系统的节能改造、可再生能源的应用，以及民用建筑节能示范工程、节能项目的推广。政府引导金融机构对既有建筑节能改造、可再生能源的应用，以及民用建筑节能示范工程等项目提供支持。民用建筑节能项目依法享受税收优惠。第二章关于新建建筑节能的第十一条提出，国家推广使用民用建筑节能的新技术、新工艺、新材料和新设备，限制使用或者禁止使用能源消耗高的技术、工艺、材料和设备。第二十二条要求房地产开发企业销售商品房时，应当向购买人明示所售商品房的能源消耗指标、节能措施和保护要求、保温工程保修期等信息，并在商品房买卖合同和住宅质量保证书、住宅使用说明书中载明。第三十条指出国家机关办公建筑的节能改造费用，由县级以上人民政府纳入本级财政预算。居住建筑和教育、科学、文化、卫生、体育等公益事业使用的公共建筑节能改造费用，由政府、建筑所有权人共同负担。国家鼓励社会资金投资既有建筑节能改造。第三十二条要求县级以上地方人民政府节能工作主管部门应当会同同级建设主管部门确定本行政区域内公共建筑重点用电单位及其年度用电限额。该条例中很多条款在执行层面是指县级以上政府作为条例执行的落实主体，现有条例的实际执行情况和实施效果并不乐观。

5. 《绿色建筑评价标准》

住房和城乡建设部发布公告，由中国建筑研究科学院牵头修订的国家标准《绿色建筑评价标准》(GB/T 50378—2019)自2019年8月1日起正式实施。《绿色建筑评价标准》从最初的2006版，到2014版，再到现在实施的2019版，历经十多年的“3版2修”，修订之后的《绿色建筑评价标准》总体上达到国际领先水平。将原来的“节地、节能、节水、节材、室内环境、施工管理、运营管理”七大指标体系，更新为“安全耐久、健康舒适、生活便利、资源节约、环境宜居”五大指标体系，旨在落实十九大提出的社会主要矛盾的变化，提升建筑品质，提高百姓的获得感、幸福感。此外，《绿色建筑评价标准》还在重新设定评价阶段、新增绿色建筑等级、分层设置等级要求、优化计分评价方式、扩展绿色建筑内涵等方面进行了修改完善，特别是把原有的设计评价和运营评价修改成竣工后评价，能有效地把绿色施工技术落地实施。新《绿色建筑评价标准》秉承“以人为本，强调性能，提高质量”的技术路线，以“高水平、高定位、高质量”为修订原则，全面贯彻了绿色发展的理念，丰富了绿色建筑的内涵，重构了新时代条件下的绿色建筑评价指标体系，将对促进我国绿色建筑乃至推动城市的高质量发展，切实满足人民美好生活需求起到重要的作用。

6. 《关于加快推动我国绿色建筑发展的实施意见》

《关于加快推动我国绿色建筑发展的实施意见》(财政部、住房和城乡建设部)。按照《国务院关于印发“十二五”节能减排综合性工作方案的通知》(国发〔2011〕26 号)统一部署，为进一步深入推进建筑节能，加快发展绿色建筑，促进城乡建设模式转型升级，财政部、住房和城乡建设部两部委制定实施意见，明确将通过建立财政激励机制、健全标准规范及评价标识体系、推进相关科技进步和产业发展等多种手段，力争到2020年，绿色建筑占新建建筑比例超过30%。两部门在通知中明确，力争到2014年政府投资的公益性建筑和直辖市、计划单列市及省会城市的保障性住房全面执行绿色建筑标准，到2015年，新增绿色建筑面积10亿 m^2 以上。将按照绿色建筑星级的不同，实施有区别的财政支持政策，以单体建筑奖励为主，支持二星级以上的高星级绿色建筑发展，提高绿色建筑质量水平。《国务院关于印发“十二五”节能减排综合性工作方案的通知》确定2012年高星级绿色建筑财政奖励标准：对高星级绿色建筑给予财政奖励。对经过上述审核、备案及公示程序，且满足相关标准要求的二星级及以上的绿色建筑给予奖励。且明确了2012年奖励标准为：二星级绿色建筑45元/m^2(建筑面积，下同)，三星级绿色建筑 80 元/m^2。奖励标准将根据技术进步、成本变化等情况进行调整。《关于加快推动我国绿色建筑发展的实施意见》对近年来我国绿色建筑的推广，促进城乡建设模式转型升级起到一定的激励作用，但该实施意见对绿色建筑的奖励政策的延续性不够，也没有针对绿色建筑的发展情况有具体的针对措施。

7.《绿色建筑行动方案》

《国务院办公厅关于转发发展改革委住房城乡建设部绿色建筑行动方案的通知》(国办发〔2013〕1 号)中，《绿色建筑行动方案》基于 4 个基本原则：

(1)全面推进，突出重点。全面推进城乡建筑绿色发展，重点推动政府投资建筑、保障性住房以及大型公共建筑率先执行绿色建筑标准，推进北方采暖地区既有居住建筑节能改造。

(2)因地制宜，分类指导。结合各地区经济社会发展水平、资源禀赋、气候条件和建筑特点，建立健全绿色建筑标准体系、发展规划和技术路线，有针对性地制定有关政策措施。

(3)政府引导，市场推动。以政策、规划、标准等手段规范市场主体行为，综合运用价格、财税、金融等经济手段，发挥市场配置资源的基础性作用，营造有利于绿色建筑发展的市场环境，激发市场主体设计、建造、使用绿色建筑的内生动力。

(4)立足当前，着眼长远。树立建筑全生命周期理念，综合考虑投入产出效益，选择合理的规划、建设方案和技术措施，切实避免盲目的高投入和资源消耗。

《绿色建筑行动方案》中关于绿色建筑发展的保障措施主要有：

(1)加大政策激励，研究完善财政支持政策，继续支持绿色建筑及绿色生态城区建设、既有建筑节能改造、供热系统节能改造、可再生能源建筑应用等，研究制定支持绿色建材发展、建筑垃圾资源化利用、建筑工业化、基础能力建设等工作的政策措施。对达到国家绿色建筑评价标准二星级及以上的建筑给予财政资金奖励。财政部、税务总局要研究制定税收方面的优惠政策，鼓励房地产开发商建设绿色建筑，引导消费者购买绿色住宅。改进和完善对绿色建筑的金融服务，金融机构可对购买绿色住宅的消费者在购房贷款利率上给予适当优惠。国土资源部门要研究制定促进绿色建筑发展在土地转让方面的政策，住房城乡建设部门要研究制定容积率奖励方面的政策，在土地招拍挂出让规划条件中，要明确绿色建筑的建设用地比例。

(2)完善标准体系。住房城乡建设等部门要完善建筑节能标准，科学合理地提高标准要求。健全绿色建筑评价标准体系，加快制(修)订适合不同气候区、不同类型建筑的节能建筑和绿色建筑评价标准，2013 年完成《绿色建筑评价标准》的修订工作，完善住宅、办公楼、商场、宾馆的评价标准，出台学校、医院、机场、车站等公共建筑的评价标准。尽快制(修)订绿色建筑相关工程建设、运营管理、能源管理体系等标准，编制绿色建筑区域规划技术导则和标准体系。住房城乡建设、发展改革部门要研究制定基于实际用能状况，覆盖不同气候区、不同类型建筑的建筑能耗限额，要会同工业和信息化、质检等部门完善绿色建材标准体系，研究制定建筑装修材料有害物限量标准，编制建筑废弃物综合利用的相关标准规范。

(3)加强监督检查。将绿色建筑行动执行情况纳入国务院节能减排检查和建设领域检查内容，开展绿色建筑行动专项督查，严肃查处违规建设高耗能建筑、违反工程建设标准、建筑材料不达标、不按规定公示性能指标、违反供热计量价格和收费办法等行为。

《国务院办公厅关于转发发展改革委住房城乡建设部绿色建筑行动方案的通知》的指导性明确，经过几年的实施，政策激励和标准体系的建设也取得了较好的效果，但主要是从建设阶段和投资人角度考虑，未能从消费者的需求侧考虑政策激励。

8.《住房城乡建设部关于进一步规范绿色建筑评价管理工作的通知》(建科[2017]238号)

《住房城乡建设部关于进一步规范绿色建筑评价管理工作的通知》指出：建立绿色建筑评价标识属地管理制度。绿色建筑评价标识实行属地管理，各省、自治区、直辖市及计划单列市、新疆生产建设兵团住房城乡建设主管部门负责本行政区域内一星、二星、三星级绿色建筑评价标识工作的组织实施和监督管理。推行第三方评价。由具有评价能力和独立法人资格的第三方机构(以下简称评价机构)依据国家和地方发布的绿色建筑评价标准实施评价，出具技术评价报告，确定绿色建筑性能等级。各省级住房城乡建设主管部门要结合实际，制定公布本地区评价机构能力条件，供绿色建筑评价标识申请单位参考。规范评价标识管理方式。各地要依法依规组织开展绿色建筑评价标识管理，结合实际确定评价方式。由住房城乡建设主管部门组织开展绿色建筑评价标识工作的，采取政府购买服务等方式委托评价机构对绿色建筑性能等级进行评价，不得向绿色建筑评价标识申请单位收取或转嫁任何费用；由绿色建筑评价标识申请单位自主选择评价机构进行绿色建筑评价的，须遵守市场规则，通过合同约定具体评价内容、要求及费用等事项。

《住房城乡建设部关于进一步规范绿色建筑评价管理工作的通知》从落实国务院简政放权的要求，把绿色建筑评价标识的管理权限下放至地方，由地方住房城乡建设主管部门负责本行政区域内建筑能效标识的实施和监督，这有利于各地方结合自身的特点，制定适合本地区的建筑能效标识制度和监督管理办法，提高了建筑能效标识的效率，但从国家对建筑能效标识的总体目标以及全国性的建筑碳交易系统建立和实施，存在一定的障碍，属地管理不利于全国性的建筑碳交易市场建立，各地实施的能效标识等级缺乏统一性，不利于全国性的建筑能效标识体系建设。

9. 《“十三五”节能减排综合工作方案》

《国务院关于印发“十三五”节能减排综合工作方案的通知》(国发〔2016〕74 号)指出，坚持政府主导、企业主体、市场驱动、社会参与的工作格局。要切实发挥政府主导作用，综合运用经济、法律、技术和必要的行政手段，着力健全激励约束机制，落实地方各级人民政府对本行政区域节能减排负总责、政府主要领导是第一责任人的工作要求。各地方政府按照国家《“十三五”节能减排综合工作方案》的要求，制定本地区的工作方案和行业方案。

10. 《公共建筑能源审计导则》

《公共建筑能源审计导则》(住房和城乡建设部建筑节能与科技司，2016 年 11 月)，规定建筑能源审计主要是针对建筑围护结构、动力系统、暖通空调系统、可再生能源系统、水资源利用、建筑室内环境质量等进行监测、诊断和评价。建筑能源审计按照审计等级分为一级、二级、三级。为建筑能源审计明确了目标，指明了方向，便于建筑能源审计工作的落实，但该导则主要针对公共建筑，未能考虑民用居住建筑。

11. 《建筑节能与绿色建筑发展“十三五”规划》

《建筑节能与绿色建筑发展“十三五”规划》(住房和城乡建设部，2017 年 3 月)指出，从发展机遇看，党中央、国务院提出的推进能源生产与消费革命、走新型城镇化道路、全面建设生态文明、把绿色发展理念贯穿城乡规划建设管理全过程等发展战略，为建筑节能与绿色建筑发展指明了方向。规划具体目标是到 2020 年，城镇新建建筑能效水平比 2015 年提升 20%，部分地区及建筑门窗等关键部位建筑节能标准达到或接近国际现阶段先进水平。城镇新建建筑中绿色建筑面积比例超过 50%，绿色建材应用比例超过 40%。完成既有居住建筑节能改造面积 5 亿 m^2 以上，公共建筑节能改造 1 亿 m^2，全国城镇既有居住建筑中节能建筑所占比例超过 60%。城镇可再生能源替代民用建筑常规能源消耗比例超过 6%。经济发达地区及重点发展区域农村建筑节能取得突破，采用节能措施比例超过 10%。实施绿色建筑倍增计划。推动重点地区、重点城市及重点建筑类型全面执行绿色建筑标准，积极引导绿色建筑评价标识项目建设，力争使绿色建筑发展规模实现倍增，到 2020 年，全国城镇绿色建筑占新建建筑比例超过 50%，新增绿色建筑面积 20 亿 m^2 以上。实施绿色建筑质量提升行动。强化绿色建筑工程质量管理，逐步强化绿色建筑相关标准在设计、施工图审查、施工、竣工验收等环节的约束作用。加强对绿色建筑标识项目建设跟踪管理，加强对高星级绿色建筑和绿色建筑运行标识的引导，获得绿色建筑评价标识项目中，二星级及以上等级项目比例超过80%，获得运行标识项目比例超过30%。实施绿色建筑全产业链发展计划。到2020年，城镇新建建筑中绿色建材应用比例超过40%；城镇装配式建筑占新建建筑比例超过15%。重点举措是健全法律法规体系。结合《中华人民共和国建筑法》《中华人民共和国节约能源法》修订，将实践证明切实有效的制度、措施上升为法律制度。加强立法前瞻性研究，评估《民用建筑节能条例》实施效果，适时启动条例修订工作，推动绿色建筑发展相关立法工作。引导地方根据本地实际，出台建筑节能及绿色建筑地方法规。不断完善覆盖建筑工程全过程的建筑节能与绿色建筑配套制度，落实法律法规确定的各项规定和要求。强化依法行政，提高违法违规行为的惩戒力度。加强标准体系建设。根据建筑节能与绿色建筑发展需求，适时制修订相关设计、施工、验收、检测、评价、改造等工程建设标准。积极适应工程建设标准化改革要求，编制好建筑节能全文强制标准，优化完善推荐性标准，鼓励各地编制更严格的地方节能标准，积极培育发展团体标准，引导企业制定更高要求的企业标准，增加标准供给，形成新时期建筑节能与绿色建筑标准体系。加强标准国际合作，积极与国际先进标准对接，并将其加快转化为适合我国国情的国内标准。提高科技创新水平。认真落实国家中长期科学和技术发展规划纲要，依托“绿色建筑与建筑工业化”等重点专项，集中攻关一批建筑节能与绿色建筑关键技术产品，重点在超低能耗、近零能耗和分布式能源领域取得突破。积极推进建筑节能和绿色建筑重点实验室、工程技术中心建设。引导建筑节能与绿色建筑领域的“大众创业、万众创新”，实施建筑节能与绿色建筑技术引领工程。健全建筑节能和绿色建筑重点节能技术推广制度，组织实施科技示范工程，加快成熟技术和集成技术的工程化推广应用。开展绿色建筑产业集聚示范区建设，推进产业链整体发展，促进新技术、新产品的标准化、工程化、产业化。促进建筑节能和绿色建筑相关咨询、科研、规划、设计、施工、检测、评价、运行维护企业和机构的发展。增强建筑节能关键部品、产品、材料的检测能力。进一步加强建筑能效测评机构能力建设。健全建筑节能与绿色建筑统计体系，不断增强统计数据的准确性、适用性和可靠性。强化统计数据的分析应用，提升建筑节能和绿色建筑宏观决策和行业管理水平。建立并完善建筑能耗数据信息发布制度。加快推进建筑节能与绿色建筑数据资源服务，利用大数据、物联网、云计算等信息技术，整合政府数据、社会数据、互联网数据资源，实现数据信息的搜集、处理、传输、存储和数据库的现代化，深化大数据关联分析、融合利用，逐步建立并完善信息公开和共享机制，提高全社会节能意识，最大限度激发微观活力。《建筑节能与绿色建筑发展“十三五”规划》对今后五年我国绿色低碳建筑的发展提出了明确的任务目标和制度保障，具有很强的指导性。

1.2.2 地方标准与政策

表 1.2 列出了部分典型地方标准与政策评价。

表 1.2 部分典型地方标准与政策评价

省市	法规及政策	施行年份	评价
广东	《广东省民用建筑节能条例》	2011	要求省内各地制定本地区发展绿色建筑的激励政策。明确对地方城市的激励政策要求，有助于形成支持当地绿色建筑发展的良好局面
	《广东省绿色建筑评价标准》(DBJ/T 15-83—2011)	2011	
	《广东省绿色建筑评价标识管理办法》(试行)	2011	
	《广东省绿色建筑行动实施方案》	2013	
	《广东省“十三五”建筑节能与绿色建筑发展规划》	2017	
江苏	《江苏省建筑能效测评标识管理实施细则》	2011	通过立法、责任制强化对政府、企业和自然人进行约束，对绿色建筑行政管理人员权责利进行约束。提高设计水平和节能标准，强化过程监督和管理，将年度绿色建筑目标任务完成情况与绿色建筑财政扶持资金挂钩，建立奖惩机制
	《江苏省绿色建筑行动实施方案》	2013	
	《江苏省绿色建筑设计标准》(DGJ32/J 173—2014)	2014	
	《绿色建筑工程施工质量验收规范》(DGJ32/J 19—2015)	2015	
	《江苏省绿色建筑发展条例》	2015	
	《江苏省绿色建筑评价标识实施细则(暂行)》	2016	
	《江苏省“十三五”建筑节能与绿色建筑发展规划》	2017	
北京	《北京市绿色建筑评价标准》(DB11/T 825—2015)	2015	新建政府投资公益性建筑(政府投资的学校、医院、博物馆、科技馆、体育馆等满足社会公众公共需要的公益性建筑)和大型公共建筑(单体建筑面积超过 2 万 m^2 的机场、车站、宾馆、饭店、商场、写字楼等大型公共建筑)全面执行绿色建筑二星级及以上标准
	《绿色建筑工程验收规范》(DB11/T 1315—2015)	2016	
	《北京市民用建筑节能管理办法》(市政府令第 256 号)	2017	
重庆	《重庆市建筑节能条例》	2007	建立低碳建筑评价管理制度，将一星级绿色建筑的评价管理纳入现行建筑节能监管体系，大力促进绿色低碳建筑规模化发展，着力实施公共建筑节能管理工程，着力实施建筑节材发展工程。在绿色低碳建筑全过程有政策支持。
	《重庆市绿色建筑行动实施方案(2013—2020 年)》	2014	
	《重庆市建筑节能与绿色建筑“十三五”规划》	2016	
	《重庆市建筑能效(绿色建筑)测评与标识管理办法》	2017	对达到国家绿色建筑评价标准二星级及以上的建筑给予财政资金奖励。贯彻落实绿色建筑税收优惠政策，鼓励房地产开发商建设绿色建筑，引导消费者购买绿色住宅。改进和完善对绿色建筑的金融服务，金融机构可对购买绿色住宅的消费者在购房贷款利率上给予适当优惠。但没有确定执行标准
黑龙江	《黑龙江省节约能源条例》	2009	提高资源利用效率，实现节能减排约束性目标。强制性规定较多，激励性政策较少
	《黑龙江省绿色建筑行动实施方案》	2018	

1.3 绿色低碳建筑政府激励的作用

通过上述国家及部分地方政府对绿色低碳建筑发展政策的分析，当前我国绿色低碳建筑的发展势头迅猛，国家和地方出台多个支持和激励政策，但整体水平与欧美有关国家相比还存在一定的差距，特别是在政策的连续性、系统性和可执行性方面。随着国家对建筑节能减排的重视，出台一系列政策措施来推进绿色低碳建筑发展，各省(市、区)也根据自身特点，出台了各类多种相应的激励政策，如“双百”示范工程，可再生能源利用补贴政策，标星建筑补贴政策，金融、税收优惠等政策，确保建筑业节能减排战略目标的实现。

1.3.1 有利于绿色低碳建筑的可持续发展

福利经济学指出，除非外部经济效果与外部不经济效果正好相互抵消，否则，外部性的存在使得帕累托最优状态不可能达到，也不能达到个人和社会的最大福利[7]。由于绿色低碳建筑存在外部性问题，市场发展缓慢，市场机制不能有效发挥作用。按照外部性问题化解的基本原则，需要让外部问题内部化，即通过制度安排经济主体经济活动所产生的社会收益或社会成本，转为私人收益或私人成本。因此，按照外部性问题化解原理，政府应采取一定的经济手段，消除或减少外部性对成本收益的差别，以提高投资者、消费者及相关产业主体的积极性和主动性，实现绿色低碳建筑的良性循环。若政府缺乏对产生正外部性行为的激励，按照市场规律，将会导致市场失灵，不利于可持续发展。

我国当前绿色低碳建筑总量占比还非常小，随着新的《绿色建筑评价标准》的实施，评价方式的改变，绿色建筑在建造阶段的绿色化更加得到重视，绿色建筑质量品质也会得到更大的提高，市场的接受度会有一定程度的改善。但由于绿色低碳建筑具有外部性特征，产生外部社会效益显著，为了促进绿色低碳建筑良性健康发展，使得投资人愿意投资这样的建筑产品，消费者愿意消费这样的产品，政府需要从制度和政策方面加以约束和激励，为合理的正外部性行为进行补偿，经济激励和财政政策是比较直接的激励方式，特别是在绿色低碳建筑发展的初步阶段，激励效果明显，当前是绿色低碳建筑发展的关键时期，确保在“十四五”及以后更长的一段时期内，我国绿色低碳建筑发展具有可持续性。2016年，国家发展和改革委员会与住房和城乡建设部两部委联合印发了《城市适应气候变化行动方案》。《城市适应气候变化行动方案》指出，提高城市建筑适应气候变化能力，积极发展被动式超低能耗绿色建筑，到2020年，我国将建设30个适应气候变化试点城市，典型城市适应气候变化治理水平显著提高，绿色建筑推广比例达到50%。从目前情况来看，基本实现了预期目标，各地方政府积极出台相关政策，推动本地区的绿色低碳建筑发展，意味着绿色低碳建筑发展得到国家和地方的高度重视，将进入新一轮政策机遇期。为了达到建筑绿色低碳可持续发展和节能减排的既有目标，有效的激励政策和科学的行政监管体系建设显得非常重要。

1.3.2 有利于资源节约和节能减排战略实施

外部性理论为政府干预经济提供了一种强有力的依据，政府可以根据外部性的表现形式以及产生的社会影响程度来制定相应的经济政策，采用相应的经济手段，以消除外部性对成本和收益差别的影响，实现资源的最优配置。绿色低碳建筑具有正外部性、公共外部性等特征，不仅降低能耗，节约能源，还为社会可持续发展做出很大的贡献。城市中的土地、能源、水、材料等资源消耗及污水、垃圾等污染物排放，约 50%是由建筑产生的，抓住了绿色低碳建筑推广这个建筑标杆，也就抓住了建筑节能减排的关键。绿色建筑标准要求在全生命周期内最大限度节能、节地、节水、节材，保护环境和减少环境破坏。采取严格的绿色低碳措施、大力发展绿色低碳建筑，有利于在广大群众中牢固树立节约资源与保护环境的观念，加快建立建筑节能减排长效机制。由于使用低碳建筑材料，采用绿色施工方式，科学运营管理等技术和管理措施，能有效降低资源能源消耗和建筑全生命周期的碳排放。任何建筑在其全生命周期要消耗大量资源和能源，产生大量碳排放，政府通过采取合理的激励政策，在绿色低碳建筑推广过程中激励投资人、业主以及与绿色低碳建筑相关的参与人，这样可以通过市场行为，科学引导，提高参与主体的积极性和主动性，有效提高全社会绿色低碳建筑的数量和比例，有利于环境保护和节能减排，促进资源节约和节能减排战略实施。

1.3.3 有利于提高管理效率，降低监督成本

激励和约束在不同学科中的定义不同，在管理学中，激励就是激发鼓励，通过奖励或其他措施激发行为主体采取某种行为的内在积极性，诱导某种所期望的行为发生；约束就是制约和限制，不允许某种行为发生，一旦发生则对行为主体进行惩罚。在经济学中，激励与约束统称为“激励”，激励是正向的推动力，约束被认为是反向的激励，激励和约束是相辅相成的，两者缺一不可。

绿色低碳建筑由于其自身的特点，在完全市场经济条件下很难得到推广，按照公共经济学家马斯格雷夫的观点：“市场机制事实上无法单独发挥全部经济作用，在某些方面需要公共政策的指导和修正”，这一理论对政府应承担的工作提出了新的要求并指明了方向。市场机制本身的某些缺陷和外部环境的某些限制，使单纯的市场机制难以实现资源的有效配置。要使绿色低碳建筑推广取得既定目标和良好的效果，需要政府制定公共政策和激励措施。政府激励方式多种多样，需要具体问题具体分析，从政策执行效率和效果考虑，直接的经济补贴往往短期效

果明显，积极的财政政策和税收政策则会对绿色低碳建筑的长期可持续发展效果更明显。政府可以通过量化考核指标对绿色低碳建筑进行评级考核，例如，通过《绿色建筑评价标准》的星级指标进行约束，根据评价指标等级采取不同的激励方式，有利于降低监督成本，提高管理效率。

1.4 本章小结

绿色低碳可持续是建筑业发展的方向，也是节能减排战略实施的重要组成部分，是推进生态文明建设的重要体现。着力推进建筑全生命周期绿色、环保、低碳发展路径，转变传统的粗犷建造方式，大力推进绿色建材的发展，走绿色建造和精益建造的道路。与发达国家相比，我国的绿色低碳建筑发展相对较晚，但发展速度较快，虽然当前的政策制度、评价标准、创新技术研究上都取得了一定的成果，但区域发展不平衡，总量规模占比还较小，法律法规特别是政策体系还不健全等问题没有得到根本性解决，需要进行探索和研究。

随着国家绿色发展理念的贯彻实施，我国经济社会发展从传统发展价值向现代发展价值转换，现代发展价值强调人与自然的和谐共生。在今后很长一段时期内，绿色低碳建筑将迎来全面发展的新阶段，完善的法律法规和系统的政策体系有利于绿色低碳建筑的长期可持续发展，政府在推动绿色低碳建筑发展过程中激励政策尤为重要，良好的激励政策有利于绿色低碳建筑的可持续发展，有利于资源节约和节能减排战略实施，有利于提高建筑节能减排管理效率，降低监督成本。因此，在绿色低碳建筑发展进程中，政府需要根据实际情况，制定切实可行的激励政策，充分考虑到政策的普惠性和可执行性。

第 2 章 绿色低碳建筑外部经济性

人类的生活离不开衣食住行，从远古到现代，居住一直是人类非常重要的活动之一，建筑是人类居住的根本条件。远古时代的建筑只是为人类提供基本居住功能，而现代建筑不仅仅是为了居住，还有为人民生产和生活提供服务。建筑从方案策划设计开始，到建设运营使用，直至最后的拆除再利用，这整个过程中每个步骤都要有资源的利用与输出，也有各种废弃物的排放。随着我国经济社会发展，城市化进程的加快，各式各样的建筑如雨后春笋拔地而起，要耗费大量的能源和资源，为了节约资源，降低碳排放，需要认识绿色低碳建筑发展的内涵和本质，大力推进绿色低碳建筑发展，实现人与自然和谐共生，满足人们对美好生活向往的需要。

2.1 绿色低碳建筑的含义

《绿色建筑评价标准》(GB/T 50378—2019)对绿色建筑的定义是：绿色建筑指在建筑的全生命周期内，节约资源、保护环境、减少污染，为人们提供健康、舒适、高效的使用空间，最大限度地实现人与自然和谐共生的高质量建筑。绿色建筑技术注重低耗、高效、经济、环保、集成与优化，是人与自然、现在与未来之间的利益共享，是可持续发展的建设手段。“绿色建筑”的“绿色”，并不是指一般意义上的立体绿化、屋顶花园，而是代表一种概念或象征，指建筑对环境无害，能充分利用环境自然资源，并且在不破坏环境基本生态平衡条件下建造的一种建筑，所以说从本质上绿色建筑又可称为可持续发展建筑、生态建筑、回归自然建筑、节能环保建筑。

低碳建筑是指在建筑材料与设备制造、施工建造和建筑物运营的整个寿命周期内，减少化石能源，减少高能耗、高排放建筑材料使用，提高能效，本质上是降低二氧化碳排放量的可持续建筑。低碳建筑在建筑中导入全生命周期评价体系，通过建筑全生命周期对碳排放进行控制和有效管理。低碳建筑已逐渐成为国际建筑界的主流趋势，在这种趋势下低碳建筑必将成为中国建筑发展的主流之一。低碳建筑的界定主要分为两方面，一方面是低碳材料的生产和使用，另一方面是低碳建筑技术的有效集成。低碳建筑强调的是全生命周期的二氧化碳排放量的降低，不仅包括运行使用过程，也包括设计优化、材料生产、运输以及建造和拆除再利用等过程中各阶段的排放量控制。

2.1.1　绿色低碳建筑的界定

从绿色建筑和低碳建筑的定义可以知道，两者有很大的区别，综合绿色建筑和低碳建筑的定义，绿色低碳建筑应该是从建筑全生命周期考虑，通过采取主动和被动节能措施，最大限度地节约资源，利用可再生能源，减少一次能源消耗，与自然和谐的可持续建筑。

绿色低碳建筑可划归到“能源—建筑—环境”可持续发展一体化的系统范畴。可持续发展理论的形成经历了相当长的历史过程，20 世纪 50 年代到 60 年代，人们在经济增长、人口增长、资源消耗等所形成的环境压力下，对经济社会的发展模式产生怀疑。1962 年，美国生物学家蕾切尔 • 卡逊(Rachel Carson)发表的科普著作《寂静的春天》，在世界范围内引发了关于发展观念上的争论，随后可持续发展得到世界各国的重视，在 1992 年联合国环境与发展大会上可持续发展要领得到与会者的承认。

按照绿色低碳建筑的定义以及绿色建筑评价标准评价指标要求，符合绿色建筑标准必须在安全耐久、健康舒适、生活便利、资源节约、环境宜居以及提高与创新这 6 个指标项内符合相应要求。因此，绿色低碳建筑从属性上可以看成是在建筑全生命周期内最大限度地满足人们对美好生活向往的需要，属于建筑节能减排范畴，也是绿色建筑评价指标体系的重要组成部分。如果说绿色建筑是生态建筑的微观表达，那么低碳建筑就是绿色建筑的概念延伸。目前，绿色建筑注重建筑物在设计、建造中的绿色化，低碳建筑考虑建筑全生命周期内的碳排放量，包括建筑物生命周期结束后资源可持续再利用问题。从这个意义上讲，低碳建筑应当包含绿色建筑的内容，而绿色建筑真正意义上不能称为低碳建筑。

2.1.2　可持续发展与绿色低碳建筑

1980 年，世界自然保护联盟(INCN)起草的《世界自然资源保护大纲》中出现可持续发展的概念，提出把资源保护与经济发展结合起来的方针。1981 年，莱斯特 • R • 布朗在《建设一个可持续发展的社会》中阐明了可持续发展的社会属性[8]。1987 年，联合国世界环境与发展委员会(WCED)通过了《我们共同的未来》，在这个纲领性文件中，提出可持续发展是“既能满足当代人的需要，又不对后代人满足需要的能力构成危害的发展”，并论述了可持续发展的原则、要求、目标和策略，从而为可持续发展思想奠定了基础[9]。1992 年 6 月，联合国在里约热内卢召开的“环境与发展大会”，通过了以可持续发展为核心的《里约环境与发展宣言》《21 世纪议程》等文件。随后，我国政府编制了《中国 21 世纪人口、环境与发展白皮书》，首次把可持续发展战略纳入我国经济和社会发展的长远规划。可持续发展主要包括社会可持续发展、生态可持续发展、经济可持续发展，涉及自然、环境、社会、经济、科技、政治等诸多方面。从不同视角看，可持续发展定义广泛，其核心要素是发展，但要求在严格控制人口、提高人口素质和保护环境、资源永续利用的前提下进行经济和社会的发展。可持续发展具有以下几个方面的特征。

1. 可持续性

“持续性”一词首先是由生态学家提出来的，即“生态持续性”(ecological sustainability)。意在说明自然资源及其开发利用程序间的平衡，保护和加强环境系统的生产和更新能力。其含义为可持续发展是不超越环境，与环境和谐共生，有系统更新能力的发展。绿色低碳建筑的发展定位就是考虑建筑生命周期内的节能减排和可持续性。

2. 社会性

1991 年，由世界自然保护联盟、联合国环境规划署(UNEP)和世界自然基金会(WWF)共同发表《保护地球——可持续生存战略》(Caring for the Earth: A strategy for sustainable living)。可持续发展是在生存于不超出维持生态系统涵容能力的情况下，改善人类的生活品质的一种发展模式，具有显著的社会性特征。绿色低碳建筑是为了给人们提供一种舒适环保的生活环境，在其生命周期内尽量地与自然和谐共生，具有社会性。

3. 经济性

Barbier 在其著作《经济、自然资源：不足和发展》中，把可持续发展定义为“在保持自然资源的质量及其所提供服务的前提下，使经济发展的净利益增加到最大限度”。D.Pearce 认为可持续发展是今天的使用不应减少未来的实际收入，当发展能够保持当代人的福利增加时，也不会使后代的福利减少。绿色低碳建筑的外部性特征，特别是具有代际外部性特征，在提供当代人生活福利的同时，不减少后代的福利，具有代际经济性。

4. 科技性

Jamm Gustare Spath 认为可持续发展就是转向更清洁、更有效的技术，通过技术进步，尽可能接近“零排放”，通过工艺方法尽可能减少能源和其他自然资源的消耗，科学技术在可持续发展中具有重要作用。由绿色低碳建筑的界定可知，绿色低碳建筑是综合考虑“能源—建筑—环境”可持续发展一体化的系统，一体化中包含很多的科技性，如绿色低碳建筑材料研发、绿色低碳施工、低碳节能系统集成优化，能耗管理等都体现科技性特征。

绿色低碳建筑具有可持续发展的四个特征，首先是从可持续性视角，综合考虑建筑与环境的有机融合，改善人们的生活品质，是从建筑全生命周期考虑，减少一次能源消耗和碳排放，通过采取主动和被动节能技术措施，减少能源和资源的消耗。

2.2　绿色低碳建筑的外部性

2.2.1　外部性概念及特征

外部性理论是经济学术语。外部性又称外部成本、外部效应(externality effect)或溢出效应(spillover effect)。外部性可以分为正外部性(或称外部经济、正外部经济效应)和负外部性(或称外部不经济、负外部经济效应)。萨缪尔森和诺德豪斯对外部性的定义："外部性是指那些生产或消费对其他团体强征了不可补偿的成本或给予了无须补偿的收益的情形。"兰德尔对外部性的定义："当一个行动的某些效益或成本不在决策者的考虑范围内的时候所产生的一些低效率现象；也就是某些效益被给予，或某些成本被强加给没有参加这一决策的人。"两种不同的定义，本质上是一致的，即外部性是某个经济主体对另一个经济主体产生一种外部影响，而这种外部影响又不能通过市场价格进行买卖。

外部性是一个经济学概念，是一个复杂、动态的问题，是新古典经济学和新制度经济学的重点研究对象。按照外部性产生的影响，很多经济学家对外部性问题做过生动的比喻，如穆勒灯塔"普照之光"的正外部性特征；庇古所举的火车经过田野使火花飞溅到庄稼上造成农夫损失的负外部性例子；米勒关于养蜂人的到来增加果园产量，反过来果园的扩大又增加养蜂人收益的双向正外部性例子等[10]。外部性问题是普遍存在的，查尔斯曾列出外部性的 16 种表现，其中正外部性 8 种，负外部性 8 种[11]。

外部性的特征可以概括为三个方面，首先，外部性是经济活动中的一种溢出效应，在受害者看来，这种溢出效应不是自愿接受的，而是由对方强加给自己的，如环境污染对受害者来说就是一种溢出效应；然后，经济活动对他人的影响并不反映在市场机制的运行过程中，而是在市场运行机制之外，如果经济主体的活动引起了其他经济主体收益的增减变化，那么这一经济主体必须以价格形式向对方索要或支付货币，如果发生了外部性，那么就不会表现为价格形式的货币支付，因此外部性发生于市场运行制度之外；最后，外部性是伴随的效应而不是原本的效应或故意制造的效应，例如，工厂本身并不想释放浓烟，它只是生产过程中的伴随产物[12]。外部性的影响会造成私人成本和社会成本之间或私人收益和社会收益之间的不一致，这种成本和收益差别虽然会相互影响，却没有得到相应的补偿，因此容易造成"市场失灵"[13]。

2.2.2　外部性条件下的社会成本与私人成本的偏差[14]

外部性的实质在于社会成本与私人成本不一致，二者之间存在偏差。若不存在外部性，则私人成本就是生产或消费一种产品所发生的全部成本，私人成本也就是社会成本；若存在外部性问题，则社会成本不仅包含私人成本，而且还包含生产或消费行为对外部影响而产生的外部成本，可以用式(2-1)表示：

$$\mathrm{SC} - \mathrm{PC} = \pm\mathrm{EC} \tag{2-1}$$

其中，SC为社会成本；PC为私人成本；EC为外部成本。

当EC为正值时，说明存在负外部性，即SC＞PC；当EC为负值时，说明存在正外部性，表现为SC＜PC，即私人的经济行为不仅没有给社会造成额外的成本，还给社会带来某些额外的收益。

为了进一步分析私人的经济行为对社会造成的额外影响，可以用边际社会成本、边际私人成本和边际外部成本这三者的关系表示边际外部性，用式(2-2)表示：

$$\mathrm{MSC} - \mathrm{MPC} = \pm\mathrm{MEC} \tag{2-2}$$

其中，MSC为边际社会成本；MPC为边际私人成本；MEC为边际外部成本。

负外部性问题是社会公众普遍关心的问题，如污染、噪声等问题就是典型的负外部性问题。如企业排污问题，生产一单位产品不仅会发生MPC，而且其排污行为会带来MEC，即MSC－MPC＝±MEC，可以用图2.1表示。

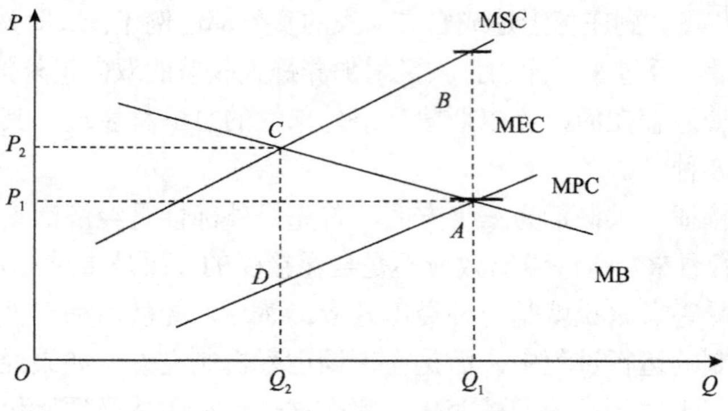

图2.1　负外部性特征图

由于存在负外部性，MSC曲线位于MPC曲线的上方。由于两条曲线的斜率不同，每个生产单位上的MPC是不同的。企业为了实现效益最大化，按照自身的边际成本与边际收益（MB曲线）相等的原则决定产量Q_1和价格P_1，但在产量为Q_1时，MPC为AQ_1（或P_1），而MSC为BQ_1，其差额BA就是MEC。由于在P_1没有反映产量为Q_1时的MEC，从社会角度而言，P_1的成本价格过低必然造成产量过大，导致资源配置的低效率。因此，以社会效率为出发点，就应当按 MSC 与 MB 的交点决定产量 Q_2 和价格 P_2，正好使价格 P_2 既包括了 MPC（DQ_2），又包括了 MEC（CD）。解决负外部性问题的最好办法是使外部性问题向内部转化，可以通过强制性法律、行政手段或经济手段达到这一目的。

对于正外部性的情况，如节能减排、植树造林等问题，就是上述的典型产生正外部性事例，这是政府积极支持和倡导的。从经济学的角度分析，这类问题不但不会给社会带来外部成本，而且能给社会带来正外部收益，这种收益可以看成一种负的外部成本。如果对此进行边际分析，这就是企业每增加一生产单位产品，除了发生 MPC，还能为社会带来边际收益（–MEC）。同样可以用图 2.2 表示。

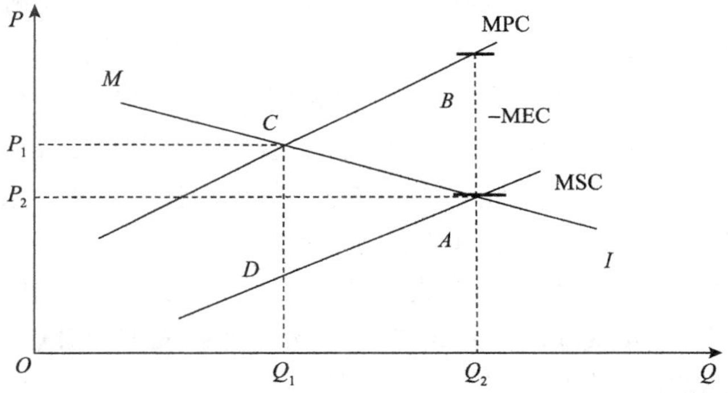

图 2.2　正外部性特征图

与图 2.1 比较，在图 2.2 中 MPC 曲线与 MSC 曲线的相对位置发生了变换，由于正外部性的存在，MSC 曲线位于 MPC 曲线的下方，由于这两条曲线的斜率不同，在每个生产单位产品上的 –MEC 是不同的。

2.2.3　绿色低碳建筑的外部特征

福利经济学指出，除非外部经济效果与外部不经济效果正好相互抵消，否则，外部性的存在使得帕累托最优状态不可能达到，从而也不能达到个人和社会的最大福利。外部性概念最初源于新古典经济学的代表人物马歇尔 1890 年发表的《经济学原理》一书。庇古首次用现代经济学的理论和方法从福利经济学的角度系统地研究了外部性问题，在马歇尔提出的“外部经济”概念基础上扩充了“外部不经济”的概念和内容，引入“私人边际成本”和“社会边际成本”、“私人边际收益”和“社会边际收益”的概念[15]。道格拉斯 · 诺斯认为，个人收益或成本与社会收益或成本之间的差异，意味着有第三方或者更多方在没有许可的情况下获得或承担一些收益或者成本，这就是外部性[7]。这些概念和福利经济学理论为分析绿色低碳建筑的外部性问题提供了方法和理论依据。

外部性理论为政府干预经济提供了一种强有力的依据，政府可以根据外部性的表现形式以及产生的社会影响程度来制定相应的经济政策，采用相应的经济手段，以消除外部性对成本和收益差别的影响，实现资源的最优配置。绿色低碳建筑推广的主要目的是减少一次能源的消耗，降低环境污染程度，推进全社会的节能减排和建筑节能事业的可持续发展，这与环境治理具有相似的特点，都具有外部性特征，具体表现在以下几个方面。

1. 正外部经济性特征

按照经济学的定义，由于采用相应的绿色低碳技术，一个经济主体(投资者)的经济活动对另一个经济主体(政府)的社会收益所产生有益的影响，减少了一次能源的消耗和碳排放，降低了环境的压力，减少了政府环境治理成本。依据绿色低碳建筑产生的外部性，若社会不向绿色低碳投资人(消费者)支付其所付出的私人成本，这时投资者的节能行为所带来的社会收益大于节能主体的个人收益，按照上述外部性特征分析，说明此行为产生了正的外部性。对政府来说，投资者或消费者由于在减少一次能源消耗和降低环境污染方面对社会做出了贡献，若在没有政府相关补贴和支付条件下，私人收益小于社会收益，边际私人成本(MPC)大于边际社会成本(MSC)，依照式(2-2)，边际外部成本(MEC)大于 0，这就产生了正的外部性，因此绿色低碳建筑能给社会带来正的收益，具有正的外部性特征。

2. 区际外部性特征

外部性从空间上可以划分为区内外部性和区际外部性。区内外部性是指外部性的影响仅在本区域内，不对其他区域产生影响。区际外部性是指外部性不仅对本区域产生影响，而且还对其他区域产生影响。绿色低碳不仅节约一次能源消耗，而且能减少能源消耗过程中的碳排放，施工过程中采用绿色施工方法，应用绿色建筑材料，降低环境污染程度，这不仅对本区域内的节能减排和经济社会可持续发展有益，而且对区域外的环境改善也起到一定的作用，所以绿色低碳建筑的外部性具有区际外部性的特征。

3. 代际外部性特征

按照现行《建筑结构可靠度设计统一标准》(GB 50068—2018)以及《民用建筑设计统一标准》(GB 50352—2019)的规定，除临时建筑，普通建筑和构筑物设计使用年限为 50 年，纪念性建筑和特别重要的建筑结构设计使用年限为 100 年。因此，可以认为，一般永久建筑的使用寿命按照设计年限基本都在 50 年以上，绿色低碳建筑产生的外部经济，会伴随建筑全生命周期，而且整个周期节约的能源、减少的碳排放，可以间接惠及子孙后代，促进可持续性发展，因此绿色低碳建筑表现出代际外部性特征。

4. 公共外部性特征

按照外部性影响的特征，外部性可划分为私人外部性和公共外部性。绿色低碳建筑所产生的外部经济在其影响范围内会使社会收益增加，除了建筑业主自身从节能中获益，同样由于节约资源和减少碳排放，也使得社会收益增加，因此绿色低碳建筑的外部性具有公共外部性特征。

2.2.4 外部性对绿色低碳建筑发展的影响

由于绿色低碳建筑存在外部性特征，在发展过程中会受到外部性的影响。近年来，全国各地在国家建筑节能法律法规强制要求下，认真贯彻落实“创新、协调、绿色、开放、共享”的发展理念，按照“适用、经济、绿色、美观”的建设方针推进各地建筑业绿色转型发展，但已有的统计数据表明，与每年新建建筑的总量相比，达到星级标准的绿色建筑占比较少，市场机制在推动绿色低碳建筑发展中未能有效发挥作用。当前，由于绿色低碳建筑的发展还处于起步阶段，投资成本根据节能率和能效水平以及减排能力分析，比同类一般建筑每平方米增量投资增加 50～150 元。按照上述解决外部性问题的基本原则，需要让外部问题内部化，即通过制度安排，将经济主体经济活动所产生的社会收益或社会成本，转为私人收益或私人成本。绿色低碳建筑能给社会带来正的外部性影响，因此按照外部性问题化解原理，政府应采取一定的经济手段，消除或减少外部性对成本收益的差别，以提高投资者、消费者及相关产业主体的积极性和主动性，实现绿色低碳建筑产业的良性循环。若政府对产生正外部性的行为缺乏激励，按照市场规律，将会导致市场失灵，最终使得绿色低碳建筑推广不能达到预期效果。解决绿色低碳建筑产生的外部性问题，除了利用政府制定的法律法规等强制手段进行直接干预，还应依据外部性问题的化解原理，采取积极的经济激励措施，使市场主体有一定的积极性和主动性。由于绿色低碳建筑具有 4 种外部性特征，政府在绿色低碳建筑推广过程中采取激励政策会更加有益。

2.2.5 绿色低碳建筑外部性问题化解

按照外部性问题的化解原理，绿色低碳建筑外部性特征可以通过政府制定的政策进行化解，图 2.3 中对绿色低碳建筑与同类一般建筑进行了比较，横坐标上的每一点到左边 A 点的距离代表将要建造的一般建筑量，到右边 B 点的距离代表要建造的绿色低碳建筑的数量，假设总建筑数量为 AB；曲线 MR_1 及 MSR_1 分别为消费绿色低碳建筑的边际私人收益和社会收益曲线，MR_2 及 MSR_2 分别为消费一般建筑的边际私人收益和社会收益曲线。假如不考虑外部性特征，绿色低碳建筑和一般建筑在市场机制作用下达到均衡，即 $MR_1 = MR_2$ 的交点 E。在此交点，绿色低碳建筑的均衡量为 Q_2B，一般建筑的均衡量为 Q_2A。在考虑外部性的情况下，绿色低碳建筑和一般建筑的社会最优配置均衡点应为 $MSR_1 = MSR_2$ 的交点 F。在此交点处，绿色低碳建筑的均衡量为 Q_1B，一般建筑的均衡量为 Q_1A，在均衡点 Q_1 上，绿色低碳建筑的私人边际收益为 P_1，而一般建筑的私人边际收益为 P_2，且在市场自发配置与社会最优配置的绿色低碳建筑之间形成了差额 Q_1Q_2。尽管在社会最优配置下，一般建筑的量应该控制在 Q_1 点(数量为 Q_1A)，但在这种情况下会导致一般建筑使用的私人边际收益与绿色低碳建筑使用的私人边际收益之间产生价格差。对消费者来说，由于外部收益不能内部化，将导致 Q_1 点向 Q_2 点移动，即数量为 Q_1Q_2 的绿色低碳建筑趋向于转为一般建筑，这样，绿色低碳建筑发展就会受到制约，发展受阻，市场不能良性发展，最终导致社会投资人不愿意投资绿色低碳建筑。

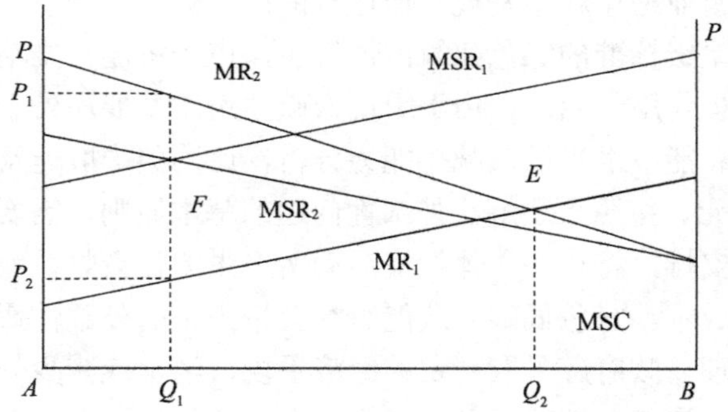

图 2.3　绿色低碳建筑外部性特征分析图

依照外部性问题解决的基本方法和原则，政府可以采取相应措施使绿色低碳建筑的外部性问题内部化。由于绿色低碳建筑的上述 4 种外部性特征，涉及经济利益，无法通过“自愿协商”的谈判方式化解，但可以通过采取经济手段，如采取政府补贴、税收优惠等经济激励政策或通过立法，利用法律的强制性将绿色低碳建筑所带来的社会收益转为私人收益，降低边际私人成本，实现外部问题内部化，可以通过以下方式化解。

图 2.4 中，假设由私人成本 MC 决定的投资者供给曲线为 S，由私人收益 MR 决定的市场需求曲线为 D_1，由投资绿色低碳建筑所产生的社会收益 MR 决定的市场需求曲线为 D_2。假设政府不采取任何措施，投资者和用户都追求个人利益最大化，由私人收益 MR 决定的用户市场需求曲线 D_1 与由投资者的供给曲线 S 的交点 E_1 所决定的均衡建设量与价格分别为 Q_1、P_1，此时，消费者剩余为 $\triangle P_1E_1L_1$ 所代表的面积，生产者剩余为 $\triangle P_1E_1O$ 所代表的面积，社会收益为消费者剩余与生产

者剩余之和，即$\triangle L_1E_1O$所代表的面积；若政府采取有效措施，则由投资绿色低碳建筑所产生的社会收益 MR 决定的社会收益曲线D_2与投资者的供给曲线S的交点E_2所对应的均衡建设量与价格分别为Q_2、P_2，达到社会所要求的最优水平。此时，消费者剩余为$\triangle P_2E_2L_2$所代表的面积，生产者剩余为$\triangle P_2E_2O$所代表的面积，社会收益为$\triangle E_2L_2O$所代表的面积。与政府不采取任何措施时相比，社会收益的改善程度为图形$L_1L_2E_2E_1$，图形$P_1P_2E_2E_1$表示受政府税收和补贴政策影响而使投资者与消费者所承担的代价或获得的收益，无论政府是采取税收政策还是补贴政策，社会收益是相同的，只是社会收益在投资者与用户之间的分配不同而已。

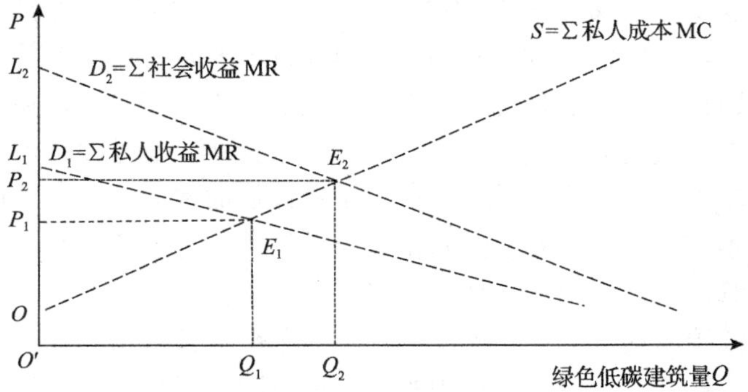

图 2.4　政策对绿色低碳建筑外部性的化解原理图

2.3　绿色低碳建筑的经济性

2.3.1　基于成本-效益经济性评价

成本-效益分析(cost benefit analysis，CBA)方法的概念首次出现在 19 世纪法国经济学家朱乐斯·帕帕特的著作中，被定义为“社会的改良”。其后，这一概念被意大利经济学家帕累托重新界定，到 1940 年，美国经济学家尼古拉斯·卡尔德和约翰·希克斯对前人的理论加以提炼，形成了“成本-效益”分析的理论基础，即卡尔德-希克斯准则。成本-效益分析法是一种经济决策方法，根据投入产出原理，设定特定的指标体系，按照统一的标准，运用科学的效益计价方法，在工程建设和环境规划等领域广泛应用，是环境评估和工程项目可行性评价中的重要决策工具。成本依据采取的不同手段进行划分，可以包括时间成本、人工成本、交易成本、资金成本等，计算中可以把各种成本统一以经济价格为度量单位。成本-效益分析绿色低碳建筑的经济性主要是依据经济学的价值理论来评估政策、建设项目投资的成本和效益。在具有外部性特征的项目中，除了考虑私人成本和效益，同时还要考虑外在成本(和效益)内在化问题，这样才能提供科学合理的评价方法，为解决外部性问题提供理论依据。外部性的经济成因及内涵在经济学中有大量研究，包括早期西奇威克及马歇尔的研究以及后期的庇古的研究。庇古学说把外部性问题用经济学成本来表述，提出以对污染者实施税收来补偿受损失者的“庇古税”，也就是通过税收来调节的一种方法。外部性也是早期福利经济学重要的核心研究课题，成本-效益分析理论由帕累托提出“帕累托最优”，并经希克斯及嘉多等进一步深化并提出“嘉多-希克斯补偿验证标准”。

皮尔斯对成本-效益分析理论用于分析具有外部性特征的产业做了三个假定：第一，效益是指使人类福利增加，而成本是指使人类福利减少；第二，对于某一项政策或某一项目，从成本-效益角度来评估，其“社会效益”必然要比其“社会成本”高；第三，“社会”一般指所有大众(小众的和)。成本-效益分析对象的地理边界可以是国家，也可以是比国家更宽的范围。皮尔斯指出，在评估政策或项目时，使用成本-效益分析要考虑三方面合成计量原则：一是要把不同社会阶层团体、国家的成本和效益合成总量计算；二是在评估成本效益时，可以考虑把社会弱势群体的成本和效益以不同权重修正再合成计算；三是要在某一段时间内把成本效益合成计算，最常用的方法是计算其净现值[16]。

虽然绿色低碳建筑日益受到重视，但引入成本-效益分析方法来评价绿色低碳建筑的投资经济性还比较少，也很困难，主要原因是绿色低碳建筑能带来环境改善、降低碳排放等社会收益，产生外部性的经济现象，但根据皮尔斯的假设，单个项目很难确定其社会成本与社会收益，同样，也不容易分析其产生的社会收益。当前应用成本-效益分析方法来评估绿色低碳建筑所产生的社会收益问题还处于宏观层面，对不同类型绿色低碳建筑的社会收益问题研究还不足，应该在以下几个方面进行分析：

(1)需要对绿色低碳建筑进行社会成本和收益的量化分析，而当前社会成本和收益量化还没有统一的指标体系，2009 年，民用建筑能效测评标识制度开始试行，2012 年发布《建筑能效标识技术标准》，但目前大量标识建筑的实际能耗测定并未得到重视，第三方测评机构的测评报告社会接受和认可度不高。这些因素导致社会成本和收益的量化分析科学依据不足。

(2)绿色低碳建筑的法规体系和政策需要完善。从经济学角度分析，政府需要完善绿色低碳建筑的相关法律法规，考虑制定系统的政策体系，引导投资人积极投资绿色低碳建筑，广大消费者有消费这样产品的意愿，不仅能促进建筑产业的转型和可持续发展，同时能达到社会整体收益的最大化，做到二者之间的均衡。

(3)制定绿色低碳建筑节能减排的量化收益标准。政府需要考虑采用科学可行的衡量标准，如采取对单位排放量的经济价格进行量化，可以使隐藏成本表面化，最终实现外部问题内部化，使得外部效应能获得相应的收益。

一般商品生产企业的收益是根据其实现的利润来评价的，而绿色低碳建筑除具有一般商品的特征，还产生经济外部性，不仅要评价其经济收益，同时还应从可持续发展角度，考虑环境成本与收益，利用价值增量指标、福利效果指标和循环经济指标对社会收益的贡献程度进行评价，也就是说，社会收益是评价绿色低碳建筑经济性的一个重要指标。成本-效益分析方法是在完全市场环境条件下从投资者角度分析投资的营利性问题，但投资绿色低碳建筑除了节能的经济效益，其社会效益和环境效益是社会收益评价的最主要目的，在上述假设条件不成立的情况下，该方法是不适用于绿色低碳建筑社会收益的经济性评价的，只能分析绿色低碳建筑增量成本的投资回收期和投资经济效益。对于投资者而言，其愿意从营利性角度分析投资绿色低碳建筑的经济效益，而对于政府而言，其更多的是考虑绿色低碳建筑所带来的社会效益和环境效益，两者之间的矛盾必须由政府通过评价社会效益和环境效益的经济性量化来有效配置政府的收益。但实际上，由于我国地域辽阔，所处区域环境、地理特征等各不相同，绿色低碳建筑的类型较多，除了国家制定的标准，各地都制定不低于国家标准的相应标准，评价标准很难统一，不同类型的绿色低碳建筑的投资增量成本和投资效益的表现形式也不尽相同，带来的社会收益和环境收益也不尽相同，因此在国家层面上，需要建立相应的评价标准，各地在国家标准基础上，按照各地自身的情况制定地方标准。

2.3.2　考虑碳减排的经济性分析

科斯认为在处理外部性问题上庇古理论是不适用的，市场失灵是与产权紧密相连的，社会最优化的实现依赖于产权的分配与界定[17]。根据科斯的理论，很多经济学家和研究者提议建立碳排放市场，用市场机制评价环境资源的价值，使其外部效用向内部转化。

1. 碳交易理论依据

1) 外部性理论

经济学界对外部性没有具体的界定，主要从两个方面对外部性进行定义，一是从外部性的产生主体来定义，二是从外部性的接受主体来定义。

萨缪尔森的定义属于第一种定义形式，外部性是指生产或消费对其他团体强征了不可补偿的成本或给予了无须补偿的收益。兰德尔对外部性的定义为第二种形式，外部性是用来表示当一个行动的某些效益或成本不在决策者的考虑范围内的时候所产生的一些低效率现象，也就是某些效益被给予，或某些成本被强加给没有参加这一决策的人。用数学语言来表述，外部效应就是某经济主体的福利函数的自变量中包含了他人的行为，而该经济主体又没有向他人提供报酬或索取补偿。可以用式(2-3)来表示：

$$F_j = F_j(X_{1j}, X_{2j}, \cdots, X_{nj}, X_{mk}),\ j \neq k \tag{2-3}$$

其中，j 和 k 是指不同的个人；F_j 表示 j 的福利函数；$X_i(i=1,2,\cdots,n,m)$ 是指经济活动。式(2-3)表明，只要某个经济主体 F_j 的福利受到其所控制的经济活动 X_i 的影响，同时也受到另外一个人 k 所控制的某一经济活动 X_m 的影响，就存在外部效应。

上述两种对外部性的定义，视角不同，表达方式不一样，但本质上都是表示某个经济主体对另一个经济主体产生一种外部影响，而这种外部影响又不能通过市场价格进行买卖。

2) 产权理论

1958 年科斯写了一篇名为《联邦通讯协议》的论文"The federal communications commission"。他在这篇文章中明确指出，只要产权不明确，由外在性带来的公害是不可避免的，只有明确产权，才能消除或降低这种外在性所带来的伤害。1960 年，科斯在《社会成本问题》一文中运用交易成本理论分析了法律制度对资源配置的影响，提出了一种通过市场机制解决外部性问题的新的思路和方法，指出完善的产权制度，对人口、资源、环境、经济、协调与持续发展具有极其重要的意义，在其理论的指导下，很多国家先后实现了污染物排放权或排放指标的交易。

3) 排污权交易理论

1960 年，科斯提出排污权交易理论概论。1968 年，美国戴尔斯在《污染、财富和价格》中对排污权交易进行了阐述。随后美国在《空气清洁法案》中，对排污权做出立法性规定，并将其应用于实践中，取得了很好的效果。2002 年初，德国法律规定实施碳排放权交易制度，目前已形成较全面的法律体系和管理制度。当前，国际碳排污权交易市场有欧洲气候交易所、德国的欧洲能源交易所、法国的未来电力交易所，此外日本、加拿大、俄罗斯、澳大利亚等国也建立了排污权交易市场。我国排污权交易制度起源于 1988 年的排污权许可证制度，1993 年国家环境保护局开始探索大气排污权交易政策的实施，1999 年中国开展运用市场机制减少污染物排放，20 多年的实践表明，排污权交易制度能有效控制环境污染和保护环境。

2. 考虑刚性碳排放指标的减排成本-收益分析

政府在制定绿色低碳建筑发展目标时，首要目标是需要完成国家层面上的节能减排刚性指标。我国政府做出的减排目标是 2030 年单位国内生产总值(GDP)碳排放将比 2005 年减少 60%～65%。建筑、房地产业作为对 GDP 贡献较大的行业，必须满足政府制定的减排刚性指标，而对于每年新增 20 亿 m^2 以上的新建筑，传统的强制性节能管理方式很难达到碳排放减少 65%的预期目标，需要在技术和管理创新上寻找突破口。方案设计、绿色施工、绿色建材、能效标识制度、合同能源管理等就是具体表现形式。因此，政府在制定相关政策时，必须在刚性指标要求下去分析绿色低碳建筑的减排成本和收益问题。对于不同的绿色低碳建筑，都可以利用成本-效益决策准则来分析其相对效果指标或绝对效果指标[18]，可以用式(2-4)表示相对效果指标，用式(2-5)表示绝对效果指标。

相对效果指标为

$$\frac{B}{C}=\frac{\sum_{t=0}^{n}B_t(1+i)^{-t}}{\sum_{t=0}^{n}C_t(1+i)^{-t}}>1 \tag{2-4}$$

绝对效果指标为

$$B-C=\sum_{t=0}^{n}B_t(1+i)^{-t}-\sum_{t=0}^{n}C_t(1+i)^{-t}>0 \tag{2-5}$$

若考虑碳排放的刚性指标，并考虑到为减排采取的各类措施的成本增量，则相对效果指标可修正为

$$\frac{B'}{C'}=\frac{\sum_{t=0}^{n}B_t'(1+i)^{-t}}{\sum_{t=0}^{n}C_t'(1+i)^{-t}}>1 \tag{2-6}$$

其中，B_t 为项目第 t 年的净收益；C_t 为项目第 t 年的净支出；B/C 为项目相对经济效果即“益本比”；B' 为符合碳排放刚性指标的社会收益；C' 为符合碳排放刚性指标的成本增量；B_t' 为符合碳排放刚性指标的项目第 t 年的社会收益；C_t' 为符合碳排放刚性指标的项目第 t 年的成本增量；i 为基准收益率。

考虑碳排放刚性指标的成本-效益相对效果指标修正模型对评价绿色低碳建筑节能减排所产生的经济性具有重要意义。若在建立针对绿色低碳建筑投资经济性的成本-效益分析模型时，在原有的基本决策准则基础上加以修正，根据不同类型，不同标星等级的建筑，确定不同的刚性碳排放指标。若把刚性排放指标确定的社会收益 B' 按照不同建筑类型设定为常数，则依据式(2-6)可以推算要达到此指标的经济成本增量 C' 值。成本-效益分析方法经过修正，投资者在了解政府实施碳排放刚性指标有关政策前提下，分析绿色低碳建筑的投资成本与产生的社会收益，政府同时也可以依据修正的成本-效益分析方法，测算获得的社会收益，按照社会收益的获取路径来进行分配，可以提高社会收益分配的优化效果。

2.4 本 章 小 结

绿色低碳建筑是从建筑全生命周期考虑，通过采取主动和被动节能措施，在安全耐久、健康舒适、生活便利、资源节约、环境宜居等方面满足人们对美好生活向往的需要，实现人与自然和谐的可持续建筑。通过对绿色低碳建筑外部性特征分析，指出绿色低碳建筑具有正外部经济性、区际外部性、代际外部性、公共外部性特征。政府除了要制定法律法规等强制手段进行直接干预，还应按照外部性问题化解原理，采取一定的经济激励手段，消除或减少外部性对成本的影响，以提高相关产业主体的积极性和主动性。若政府对产生正外部性的行为缺乏激励，按照市场规律，将会导致市场失灵。

绿色低碳建筑经济性评价不仅要评价其经济收益，同时还应从可持续发展角度考虑环境成本与收益，社会收益是评价绿色低碳建筑经济性的一个重要指标，因此成本-效益分析方法不适用于绿色低碳建筑社会收益的经济性评价，只能分析绿色低碳建筑增量成本的投资回收期和投资经济效益。若在建立针对绿色低碳建筑投资经济性的成本-效益分析模型时，对基本决策准则进行修正，根据不同建筑类型，不同星级标准，确定不同的碳排放指标，可以建立考虑碳排放刚性指标的成本-效益相对效果指标修正模型来评价绿色低碳建筑的经济性。

第 3 章　绿色低碳建筑的市场特征

2004 年 9 月建设部“全国绿色建筑创新奖”的启动标志着中国的绿色建筑进入了全面发展阶段。经过十多年的探索与发展，我国绿色建筑法律法规标准体系日趋完善、技术逐渐成熟、公众认知度和普及率日益提高。在政府及社会的协同推进下，大力倡导投资和消费绿色低碳建筑，推进可持续发展已成为业内各方共识，一股绿色低碳建筑兴起之风正席卷神州大地，新一轮的绿色转型发展高潮已经来临。但我们需要冷静思考当前我国绿色低碳建筑发展环境，不容忽视发展水平和质量仍不高、总量规模占比仍然偏少、地区发展不平衡、机制不完善等方面的问题，绿色低碳建筑发展之路任重而道远。

3.1　绿色低碳建筑的市场构成

我国有具备绿色低碳建筑发展的有利资源条件，经过十多年的推广，发展态势良好，占比将逐步增加。按照文献[19]中对我国建筑节能市场的划分和对建筑节能市场各主体的分类，可以借鉴应用到绿色低碳建筑市场中来，将参与绿色低碳建筑的各类主体按照其在生产过程中的角色大致分为四类主体：业主(消费者)、投资者、设备材料供应商、服务商。

上述划分的绿色低碳建筑市场四类主体之间从产品、服务的流向或资金的流向进行分析，进一步可以把绿色低碳建筑主体归纳为三种市场，即绿色低碳建筑供应市场、绿色低碳设备材料供应市场、绿色低碳建筑服务市场。

(1) 绿色低碳建筑供应市场。绿色低碳建筑供应市场主要是指提供绿色低碳建筑的开发商或公共建筑的投资人。开发商提供绿色低碳建筑到销售市场，供市场选择，开发商为供应方；公共建筑投资人，提供绿色低碳节能建筑，使用者为业主本身或租赁方。

(2) 绿色低碳设备材料供应市场。绿色低碳建筑发展离不开相应的设备、低碳材料投入，这个市场可以分成两类，一类是供应方或销售商，另一类是绿色低碳建筑的投资方。

(3) 绿色低碳建筑服务市场。服务市场的供应方为提供节能服务管理的公司或者第三方评估中介公司等，购买方为该建筑的业主或使用者。服务市场通过“合同能源管理”或者第三方评价方式，提供能源节约管理和设备维护等专业技术及咨询服务。

除了上述划分的三类市场，实际上，绿色低碳建筑中还存在一些辅助性市场，如融资市场、绿色低碳技术市场、绿色低碳相关的专门人才市场等。这些辅助性市场对推进绿色低碳建筑的发展和技术进步起着重要的支撑和促进作用，是政策制定中不可缺少的重要组成部分。

通过对上述绿色低碳建筑市场构成中主体市场和辅助市场的分析，可以用图 3.1 来表示各市场之间的关系。

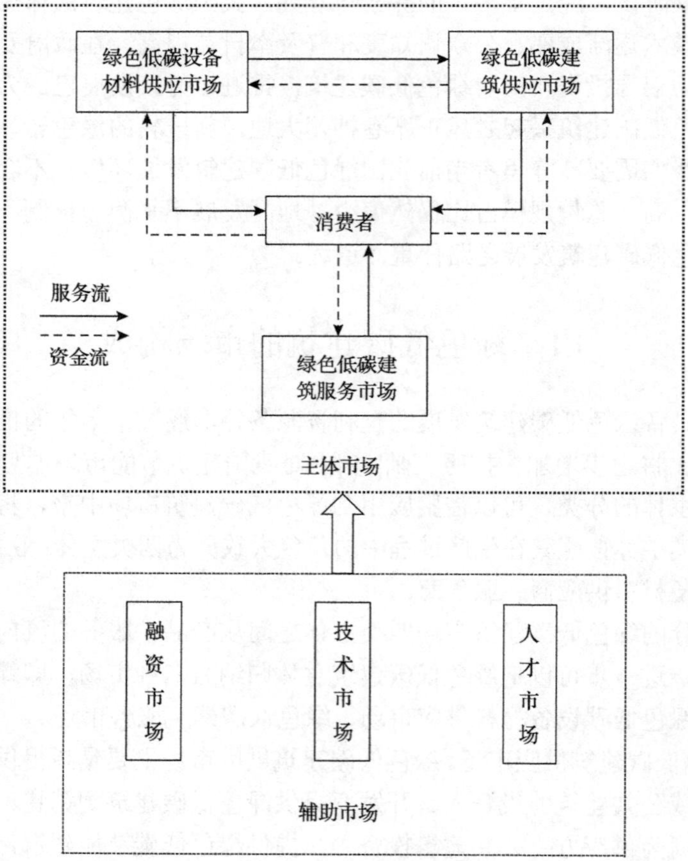

图 3.1　绿色低碳建筑市场划分图

2000 多年前古罗马杰出建筑师维特鲁威提出的“紧固、适用、愉悦”六字真经上能够体现出建筑的特点。随着建筑形式、功能的不断变化以及技术的进步，建筑的使用要求也逐渐发生了变化。一般建筑的高能耗、高污染、高排放已被充分证实是不适应社会可持续发展和人们对美好生活向往的需要的。绿色低碳建筑从本质上减少单位面积一次能源的消耗，甚至可以通过极大限度地利用可再生能源，做到低排放，甚至达到零排放，是未来建筑发展的趋势。

一般建筑与绿色低碳建筑之间既有相同之处，但两者之间更具有一定的区别性，除了主要能源的利用方式不同，从法律制度、规范标准、市场等方面看，两者之间有很大区别。一般建筑具有相对完善的法律法规等强制性标准，也有成熟的市场环境，政府的主要职能是规范市场，主要承担监督管理的职能，而绿色低碳建筑处于推广阶段，受认识意识、技术成熟度、地理环境、增量成本、政府实施政策等多种因素影响，政府的角色更为重要，两者之间的区别可以进行归纳比较，总结有 10 点不同，可以用表 3.1 来表示。

表 3.1　一般建筑与绿色低碳建筑的区别

序列	一般建筑	绿色低碳建筑
1	具有相对完善的法律法规	法律法规不完善
2	政策相对完善	政策不完善，措施不全面
3	市场机制较完善	市场机制不完善
4	技术配套成熟	技术配套不成熟
5	产业链成熟	产业链不成熟
6	受地理环境影响不大	受地理环境影响大
7	成本透明	成本受多种因素影响，不透明
8	公众接受度高	公众接受度低
9	不能申请能效标识	可以申请能效标识
10	管理制度完善	管理制度不完善

3.2　绿色低碳建筑市场环境

绿色低碳已成为全球建筑界不可回避的使命，使传统建筑向绿色低碳建筑转型，实现建筑业对环境的低碳排放、低污染、低影响，是国际建筑行业的主流趋势。目前我国绿色建筑市场经济规模高达 15 万亿元，对诸多房地产企业而言，发展绿色低碳建筑是一次难能可贵的机遇，在绿色低碳建筑供给侧结构性改革的持续推进下，无论是基于客户需求出发的“人本”理念，还是作为绿色低碳建筑先决因素的科技创新，都将成为这个领域的重要发展方向和突破口。

当前绿色低碳建筑的社会认知程度不高，经过 10 多年的发展，在国家相关部门的经济激励和政策扶持下，各地建立了一批示范性工程项目和生态社区，很多省份积极出台措施，推进绿色低碳建筑发展。绿色低碳建筑推广势头良好，但占每年新建 20 亿 m^2 的建筑量的比例还很小，由于存在认识差异、指标透明度等多种因素，社会的认可度以及公众的接受程度并不高，需要总结存在的问题，找出解决问题的途径。从绿色低碳建筑的市场环境分析，主要表现在以下几个方面：

(1) 绿色低碳建筑规范市场尚未形成。推进绿色低碳建筑的发展，首要条件是投资建造和消费绿色低碳建筑，但目前绿色低碳建筑市场受技术、成本、人才、政策等多方因素影响，除了国家强制性的要求，其他各类投资人投资绿色低碳建筑的积极性和主动性不高。而强制性的推动由于不符合绿色低碳建筑的外部性特征条件，实施效果并不理想，加上目前建筑能耗标识、碳交易机制等配套措施跟不上，没有完善的、规范的程序和监管措施来评价绿色低碳建筑的实际节能效果，评价结果的社会接受程度低，导致公众接受度不高，绿色低碳建筑规范市场还远未形成。

(2)绿色低碳建筑主体市场中的服务市场处于探索阶段。国家鼓励投资建设绿色低碳建筑的主要目的是推动建筑节能减排和可持续发展。建筑节能工作的开展，首先要建造节能建筑，但做好建筑节能更关键的工作是要推进建筑节能服务市场的发展和完善，避免节能建筑不节能使用的现实问题。中国节能协会节能服务产业委员会(EMCA)推介国际先进技术和管理经验，促进节能服务产业在中国健康持续发展，但目前实施合同能源管理的大都是政府办公建筑和大型公共建筑，其他民用建筑基本还没有形成市场化的服务市场。建筑碳交易从上海世博会就开始尝试，虽然国家在2017年建成了全国的碳交易市场，但该市场并未考虑到建筑碳交易问题，直到目前，建筑碳交易在中国还处于探索和尝试阶段，服务市场还很不成熟。

(3)绿色低碳建筑发展的辅助市场缺乏动力。推动绿色低碳建筑发展必须要完善相关低碳辅助市场，但当前辅助市场的发展存在技术落后、人才匮乏，特别是针对绿色低碳相关的材料设备等融资市场还未形成。绿色低碳建筑推广初期由于技术、材料、工艺等处于研发和应用初期，会增加投资成本，建筑节能减排经济效益的收益分配存在很大的不确定性，导致资本市场不愿意投资，银行也很少有针对在绿色低碳建筑的专项贷款资金支持。在增量成本补贴方面，由于没有形成一定的增量成本考核和评价机制，同时市场自身没能形成“造血”功能，导致产业发展受到一定的制约。

(4)绿色低碳建筑的设备和材料市场秩序混乱。目前可再生能源利用技术和低碳建筑材料层次不高，表观绿色化现象严重，很多企业产品核心竞争力不强，市场提供的产品质量良莠不齐，价格差异大，秩序混乱，监督和管理机制不完善，监管不到位，公众对绿色低碳建筑的接受程度较低，投资者的投资意愿不高，没有形成一种良性的发展状态。

综上分析表明，目前我国绿色低碳建筑的自由市场还未形成，市场机制在推动绿色低碳建筑发展过程中还有很多问题需要研究并加以解决。

3.3 绿色低碳建筑的政策环境

近年来，国家为了推进绿色低碳建筑的发展，国务院、国家发展和改革委员会、财政部、住房和城乡建设部等从促进绿色低碳建筑以及建筑节能减排的视角，出台了各种激励性政策和规章制度(表 3.2)。同时，为了使绿色低碳建筑能够适合我国国情以及各地区的实际情况，在评价标准上除了出台绿色低碳建筑生命周期的设计、施工、运营类标准，还出台了行业性针对不同类型的建筑评价标准，使得评价更加合理，操作性更强，各地区在国家评价标准基础上，出台了适合本地区的绿色低碳建筑评价标准(图 3.2)。虽然这些标准不全面，在评价绿色低碳建筑方面还有一定的缺陷，但随着绿色低碳建筑的逐步推广，评价标准会逐渐完善。为了配套政策法规的施行以及相应标准的执行，国家及很多地方政府也制定了相应的激励政策，大力推进了本地区绿色建筑发展(表 3.3)。

表 3.2　绿色低碳建筑政策法规逐步推行

年份	政策法规
2004 年	《全国绿色建筑创新奖管理办法》(建科函[2004]183 号)
2005 年	《关于发展节能省地型住宅和公共建筑的指导意见》
2006 年	《绿色建筑评价标准》(GB/T 50378—2006)
2007 年	《绿色建筑技术导则》(建科[2005]199 号)
2007 年	《绿色建筑施工导则》(建质[2007]223 号)
2007 年	《民用建筑能耗统计报表制度》
2008 年	《民用建筑节能条例》
2008 年	《民用建筑能效测评标识管理暂行办法》(建科[2008]80 号)
2011 年	《中国绿色建筑行动纲要草案》
2012 年	《关于加快推动我国绿色建筑发展的实施意见》
2013 年	《绿色建筑行动方案》(国办发〔2013〕1 号)
2013 年	《民用建筑能耗和节能信息统计报表制度》(建科[2013]147 号)
2013 年	《民用建筑能耗统计报表制度》(在 2007 版基础上修订)
2014 年	《住房城乡建设部　工业和信息化部关于印发<绿色建材评价标识管理办法>的通知》(建科[2014]75 号)
2015 年	《绿色建材评价标识管理办法实施细则》(建科[2015]162 号)
2015 年	《被动式超低能耗绿色建筑技术导则(试行)(居住建筑)》
2016 年	《中共中央国务院关于进一步加强城市规划建设管理工作的若干意见》
2016 年	《建筑产业现代化发展纲要》
2017 年	《公共建筑节能改造节能量核定导则》(建办科函[2017]510 号)
2017 年	《建筑碳排放计算标准(征求意见稿)》意见的函(建标工征[2017]38 号)
2018 年	《民用建筑能源资源消耗统计报表制度》
2019 年	《绿色建筑评价标准》(GB/T 50378—2019)

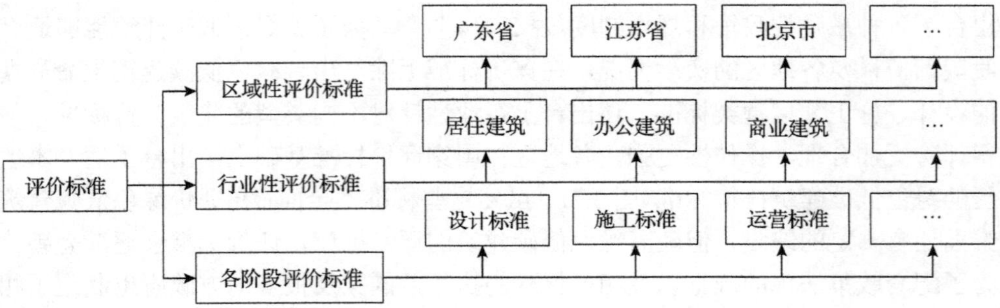

图 3.2　绿色低碳建筑标准体系初步形成

表 3.3　绿色建筑奖励政策

地区	政策	主要内容
国家层面	2012 年《关于加快推动我国绿色建筑发展的实施意见》	对高星级绿色建筑给予财政奖励。2012 年二星级绿色建筑奖励 45 元/m^2，三星级建筑奖励 80 元/m^2
	财政部《可再生能源建筑应用专项资金管理暂行办法》	区域性大型再生资源回收利用基地建设项目最高有 2000 万元补贴
北京	《北京市发展绿色建筑推动绿色生态示范区建设财政奖励资金管理暂行办法》	在中央奖励资金基础上，对绿色建筑标识项目按建筑面积给予奖励资金。奖励标准为二星级标识项目 22.5 元/m^2，三星级标识项目 40 元/m^2
上海	《上海市绿色建筑评价标识实施细则(试行)》	应用可再生能源的房地产企业可以得到 50 元/m^2 的政策奖励
	《上海市建筑节能和绿色建筑示范项目专项扶持办法》	符合绿色建筑示范的项目，二星级绿色建筑运行标识项目补贴 50 元/m^2，三星级绿色建筑运行标识项目补贴 100 元/m^2
天津	《天津市绿色建筑试点建设项目管理办法》	实施绿色建筑建设标准的工程将有资格获得建筑节能专项基金补助。该资金分两次拨付，申报单位签署任务合同书，第一次拨付 3 万元。待项目验收合格后，第二次拨付 2 万元
重庆	《重庆市绿色建筑项目补助资金管理办法》	对获得金级、铂金级绿色建筑标识的项目按项目建筑面积分别给予 25 元/m^2 和 40 元/m^2 的补助资金，并根据技术进步、成本变化等情况适时调整。其中，对仅获得重庆市金级、铂金级绿色建筑竣工标识的项目分别给予 10 元/m^2 和 15 元/m^2 的补助资金
黑龙江	《黑龙江省绿色建筑行动实施方案》	对取得绿色建筑标识项目并继续开展绿色建筑业务的相关企业，在资质升级、优惠贷款等方面予以优先考虑或加分。在国家、省级评优活动及各类示范工程评选中，绿色建筑项目优先推荐、优先入选或适当加分
吉林	《吉林省建筑节能奖补资金管理办法》	三星级 25 元/m^2，二星级 15 元/m^2
辽宁	《辽宁省绿色建筑行动实施方案》	完善绿色建筑金融服务体制，金融机构对购买绿色住宅的消费者给予适当的购房贷款利率优惠。对实施绿色建筑项目企业和经认定的新型墙体材料、废物利用比例符合要求的资源综合利用建材，按规定落实税收优惠政策
河北	《2016 年河北省建筑节能与科技工作要点》	加大太阳能光热、光电技术，以及地源热泵、空气源热泵技术的推广应用力度
青海	《青海省绿色建筑行动实施方案》	按照财政部、住房和城乡建设部《关于加快推动我国绿色建筑发展的实施意见》(财建[2012]167 号)执行

续表

地区	政策	主要内容
山东	《山东省省级建筑节能与绿色建筑发展专项资金管理办法》	一星级 15 元/m^2（建筑面积，下同）、二星级 30 元/m^2、三星级 50 元/m^2，单一项目最高不超过 500 万元。示范方案批复后，根据方案包含项目的绿色建筑标识星级，获得二星、三星级设计标识的，先拨付 50%，获得运行标识再拨付 50%；已获得运行标识、此前未获得过奖励资金的，一次性拨付奖励资金
河南	《河南省绿色建筑行动实施方案》	对获得二星级及以上的绿色建筑项目，一星级绿色建筑达到一定规模的保障性住房项目，具备一定条件的绿色生态城区，按相关规定申请中央财政奖励或定额补助。对使用新型墙体材料，并获得绿色建筑星级评价三星、二星、一星的建筑，按政策规定及时返还已征收的新型墙体材料专项基金，并给予一定的容积率返还优惠。对获得绿色建筑评价星级的项目，优先推荐申报“中州杯”“鲁班奖”等评优评奖项目。 完善绿色建筑金融服务体制，金融机构对购买绿色住宅的消费者给予适当的购房贷款利率优惠。对经认定的新型墙体材料、废物利用比例符合要求的资源综合利用建材，按规定落实税收优惠政策
江苏	《关于推进全省绿色建筑发展的通知》	从省级建筑节能专项引导资金中安排部分资金，对财政部、住房和城乡建设部确定的绿色建筑二星、三星奖励项目，按一定比例给予配套奖励；对获得绿色建筑一星级设计标识的项目，按 15 元/m^2 的标准给予奖励；对获得绿色建筑运行标识的项目，在设计标识奖励标准基础上增加 10 元/m^2 奖励
安徽	《安徽省绿色建筑专项资金管理办法》	获得国家示范的，财政部将给予奖励，奖励标准为二星级绿色建筑 45 元/m^2，三星级绿色建筑 80 元/m^2。绿色生态城区定额补助基准为 5000 万元，并根据绿色生态城区规划建设水平、绿色建筑建设规模、评价等级、能力建设情况等因素综合核定
浙江	《浙江省绿色建筑条例》	开发绿色建筑新技术、新工艺、新材料和新设备发生的研究开发费用，可以按照国家有关规定享受税前加计扣除等优惠。 利用太阳能、浅层地热能、空气能的，建设单位可以按照国家和省有关规定申请项目资金补助。 使用住房公积金贷款购买二星级及以上绿色建筑的，公积金贷款额度最高可以上浮 20%
福建	《福建省绿色建筑行动实施方案》	支持各地申报国家相关示范项目，争取资金补助，对绿色建筑星级项目，市、县（区）财政根据各地实际情况给予奖励。绿色建筑项目的设计费可适度上浮。金融机构应对绿色建筑建设和消费在授信管理、额度、定价等方面给予适度倾斜。对绿色建筑项目，各地纳入绿色审批通道。在“鲁班奖”“闽江杯”“优秀勘察设计奖”等评优活动中，优先推荐绿色建筑项目
江西	《江西省发展绿色建筑实施意见》	落实绿色建筑发展的相关土地、财税、金融等激励政策，支持绿色建筑项目和绿色生态城区建设。在“鲁班奖”“广厦奖”“华夏奖”“杜鹃花奖”“全国绿色建筑创新奖”等评优活动及各类示范工程评选中，实行绿色建筑优先入选或优先推荐上报的制度
湖南	《湖南省人民政府关于印发绿色建筑行动实施方案的通知》	对取得绿色建筑评价标识的项目，各地可在征收的城市基础设施配套费中安排一部分奖励开发商或消费者；对其中符合相关条件的项目优先纳入省重点工程项目；对其中的房地产开发项目，另给予容积率奖励。对采用地源热泵系统的项目，在水资源费征收时给予政策优惠。引导金融机构加大对绿色建筑项目的信贷支持。对因绿色建筑技术而增加的建筑面积，不纳入建筑容积率核算。在“鲁班奖”“广厦奖”“华夏奖”“湖南省优秀勘察设计奖”“芙蓉奖”等评优活动及各类示范工程评选中，将获得绿色建筑标识作为民用房屋建筑项目入选的必备条件。对实施绿色建筑的相关企业，在企业资质年检、企业资质升级中给予优先考虑或加分

续表

地区	政策	主要内容
广东	《广东省绿色建筑行动实施方案》	省财政从省节能专项资金中统筹安排资金，对绿色建筑技术研究和评价标识制度建设等工作给予适当补助，对获得国家、省级星级评价标识并完成建设工程竣工验收备案、具有示范意义的绿色建筑给予奖励
海南	《海南省住房和城乡建设厅关于实施绿色建筑行动有关问题的通知》	申报绿色建筑评价标识，可向住房和城乡建设部科技发展促进中心或中国城市科学研究会申请二、三星级绿色建筑评价标识，或向海南建程建筑节能研究中心申请一、二星级绿色建筑评价标识。获得二、三星级绿色建筑运行标识的项目可按规定申请中央财政奖励和分别返还20%、40%城市基础设施配套费
陕西	《关于加快推进我省绿色建筑工作的通知》	对新建建筑全面推行绿色建筑标准，二星级及以上绿色建筑达到30%以上，2年内绿色建筑开工建设规模不少于200万m^2的绿色生态城区，中央财政审核给予5000万元基准的资金补助；二星级及以上绿色建筑达到30%以上，2年内绿色建筑开工建设规模介于100万～200万m^2的绿色生态城区，除享受国家、省单体建筑奖励政策，省财政给予每个绿色生态城区100万元资金奖励。2014年中央财政奖励标准为：二星级绿色建筑45元/m^2，三星级绿色建筑80元/m^2。陕西省财政对一、二、三星级绿色建筑的奖励标准，分别为10元/m^2、15元/m^2、20元/m^2
四川	《四川省推进绿色建筑行动实施细则》	通过绿色建筑认证的项目，有关部门在"鲁班奖""广厦奖""天府杯""全国绿色建筑创新奖"等评优活动及各类示范工程评选中，应优先推荐上报
贵州	《贵州省绿色建筑行动实施方案》	对政府投资公益性项目、保障性安居工程等非营利民生项目，以绿色建筑专项资金奖励为主，获得绿色建筑标识后，积极争取国家绿色建筑奖励资金支持。 对经营性营利项目要以容积率奖励为主。除争取国家绿色建筑奖励资金外，在获得星级绿色建筑设计标识后，按实施绿色建筑项目计容建筑面积的3%以内给予奖励
内蒙古	《关于积极发展绿色建筑的意见》	对获得绿色建筑标识的项目，在"鲁班奖""广厦奖""华夏奖""草原杯""自治区优质样板工程"等评优活动及各类示范工程评选中，实行优先入选或优先推荐上报。 对于获得绿色建筑标识的项目，在企业资质年检、企业资质升级时给予优先考虑或加分等；对于取得三星级绿色建筑标识的减免城市配套费100%，取得二星级绿色建筑评价标识的减免城市配套费70%，取得一星级绿色建筑评价标识的减免城市配套费50%

随着我国城市化节奏的加快，建设绿色低碳的宜居城市，发展绿色低碳建筑，推动建筑节能减排，是我国进入城市化阶段必须解决的首要问题。实现建筑业对环境的低碳排放、低污染、低影响，是国际建筑行业的主流趋势，也是中国建筑业可持续发展的必由之路。2013年1月，国务院办公厅以"1号文"的方式转发了国家发展和改革委员会、住房和城乡建设部联合制订的《绿色建筑行动方案》，鲜明表达了中国政府对推动绿色建筑发展的决心，使得绿色建筑行动正式上升为国家战略。中央和地方政府都积极落实中央决策部署和节能减排目标，积极引导各类项目执行绿色建筑标准，鼓励房地产开发企业建设绿色住宅小区，引导消费者购买绿色住宅，出台各类财政支持政策，支持绿色低碳建筑及绿色低碳生态城建设。北京、上海、江苏等25个省市的绿色建筑实施意见、规划和行动方案，归

纳了省级地方在绿色建筑推广方面采取的政策情况。在绿色建筑激励方面，激励政策主要包括土地转让、土地规划、财政补贴、税收、信贷、容积率、城市配套费、审批、评奖、企业资质、科研、消费引导和其他，约 13 类。不同省市颁布的激励政策总类型数和直接可执行的政策数量有所不同，其中直接可执行的如星级绿色建筑补助额度和城市配套费返还的量化值。八大地区所包括的省份均发布了相关的激励政策，吉林、广西、安徽和贵州的激励政策类型最多(8～9 项)，各省份政策激励平均为 6 项，地区间激励政策数量由多到少依次是长江中游、东部沿海、西南地区、南部沿海、黄河中游、北部沿海和大西北(东北地区仅一个样本，不计入比较)。从政策的可执行数量和在总政策的占比来看，平均为 2～3 项(占激励政策总量的 37.1%)。在财政补贴方面，目前已有近 30 个省(自治区、直辖市)发布了绿色建筑的奖励政策，详见表 3.3。主要基于星级标准、建筑面积、项目类型和项目上限等组合方式设计政策，有 9 个省市明确了对星级绿色建筑的财政补贴额度，不仅包含沿海地区，也有黄河中游和长江中游的省份，资助范围 10～60 元/m^2(上海对预制装配率达到 25%的，资助提高到 100 元/m^2)，北京、上海和广东从二星级开始资助，有利于引导当地绿色建筑的星级结构水平；江苏和福建对一星级绿色建筑的激励提出了明确的奖励标准，但关于二星和三星的奖励标准未发布；陕西作为黄河中游的经济欠发达地区，但是在发展星级绿色建筑方面，提出了阶梯式量化财政补贴政策，奖励为 10～20 元/m^2。针对单个绿色建筑项目，部分省市规定了资助额或上限，为 500 万～600 万元，其中东部沿海地区的上海，针对保障性住房，将补贴上限提高到 1000 万元。

上述各地绿色建筑激励政策有力地促进了产业的发展，但绿色低碳建筑是个系统工程，要考虑建筑全生命周期内的低碳的可持续性，涉及的范围较为广阔，需要考虑经济、环境、人文等多种因素。虽然当前政策环境较好，但是政策的系统性、连续性和可执行性方面还存在一定的问题，影响绿色低碳建筑的推进进程，特别是政策对低碳建筑的相关指标还未有具体的要求。

3.4　绿色低碳建筑的技术环境

从定义上可以知道绿色低碳建筑是以建筑全生命周期内的可持续节能减排为目标，绿色低碳建筑不是简单的技术堆砌，但技术在绿色低碳建筑发展中发挥重要的作用。首先在项目的可行性及设计阶段，从生态的角度按照节能、节水、节地、节材和环境友好的要求，注重对整体环境的把控以及内在的绿色低碳和可持续设计，关注如何从整体提升绿色低碳的长期效果。绿色低碳建筑的本身对节能减排提出了具体要求，目前行业的普遍做法是通过构建低碳科学的生态系统，从而达到节能减排的目的。在设计阶段，注重各类再生能源的合理综合利用，注重各种主动和被动节能保温技术应用，采用绿色低碳环保材料。在施工阶段，注重绿色施工技术应用。在使用阶段，注重运营中的能效管理。在全生命周期最后阶段，注重拆除回收利用等技术问题。

按照《绿色建筑评价标准》（GB/T 50378—2019），目前只有绿色建筑的星级指数，但从上述分析可知，绿色低碳建筑与绿色建筑的内涵还是有很大的差异性的，特别是要考虑全生命周期碳排放问题，这需要相应的技术支撑和政策环境。江亿院士认为，现有的绿色建筑不能只看设计和听说，要在建筑实际运行一两年后，实际考察其耗电量、居住舒适度等指标，根据使用效果产生一个清晰的评估，用这种方法指导盖房子就会变得简单得多，也会使建筑更加节能和绿色。过去受制于技术，数据获取很困难，建筑节能管理定量化很难实现。随着技术的发展，借助大数据技术实现建筑能耗和能效数据的及时采集，通过运营阶段对建筑的节能减排比对评级更科学合理，这也是最新修订的《绿色建筑评价标准》中取消设计阶段星级评价的重要依据。

3.5 绿色低碳建筑发展障碍分析

从绿色低碳建筑的市场构成、外部特征以及市场发展情况分析来看，还有很多问题需要解决，市场机制在解决具有外部性特征的产业中不能完全发挥作用，政府需要承担重任，发挥重要作用。激励政策不足，业主积极性不高是绿色低碳建筑需要解决的实际问题；服务市场不完善，法律依据不充分，强制执行力不够为依次需要解决的问题。今后在材料、产品和设备方面的技术性问题会随着绿色低碳建筑产业发展规模化而逐渐提高，而市场目前存在的有效需求和供给意愿双向不足的问题，需要引起政府的重视。

综合上述绿色低碳建筑市场特征和外部性分析，结合国外绿色低碳建筑发展的经验来看，在绿色低碳建筑推广初期，政府政策支持是关键，应解决以下几个方面的问题。

1. 公众认识问题

由于公众对绿色低碳建筑的认知度较低，政府应通过宣传、专业培训，提高公众的认识和参与程度。绿色低碳建筑的市场发展，若没有公众的参与，只凭政府的一厢情愿或强制性的推广指标，很难取得较好的效果。在市场经济条件下，首先要依靠市场规律，发挥市场机制作用，只有广大潜在业主认知和接受程度高，市场才有发展的动因，投资方才有投资绿色低碳建筑的主动性和积极性。这种良性循环体系的建立，在产生正外部性和社会收益的条件下，政府需要明确各参与主体的责、权、利，充分调动各方的主动性和积极性，培育并维护公平、合理的市场环境，只有按照市场经济下“利益”驱动的规律，绿色低碳建筑才能得以持续健康发展。

2. 初期增量成本问题

从现有实际工程投资数据来看，同类型绿色低碳建筑比一般建筑的投资成本要大，施工工艺要求高，削弱了绿色低碳建筑的市场竞争力。在现有市场竞争环境下，增量成本是投资者短期决策时重要的成本考虑因素，不解决投资成本增量问题，投资人的积极性和主动性就很难提高，绿色低碳建筑推广很难达到预期效果。

另外，成本与市场是互为因果的辩证统一关系，可以用模型图 3.3 来表示。

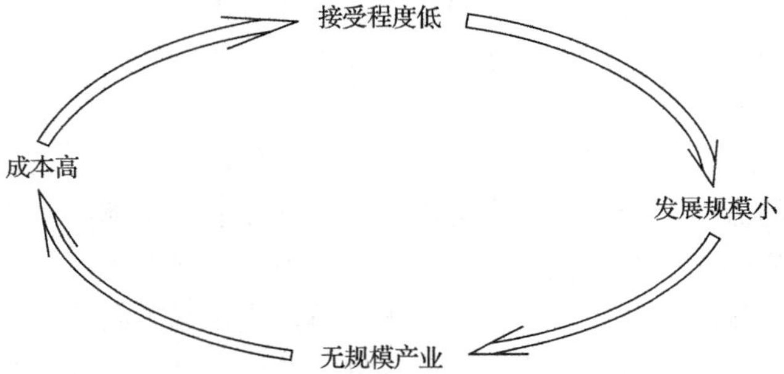

图 3.3　成本-市场辩证统一关系图

从图 3.3 中可以看出，由于投资绿色低碳建筑的成本较一般建筑高，在推广初期会带来公众的接受程度低的不利结果，投资者的投资积极性小，导致绿色低碳建筑发展规模小，不能形成规模产业，最终导致绿色低碳建筑的主体市场和辅助市场都不成熟的恶性循环。

3. 市场问题

由于绿色低碳建筑市场可以划分为设备材料供应市场、服务市场以及相关配套市场。从市场发展障碍角度划分，有多个表现形式，主要表现在如下几个方面：一是设备及原材料供应市场，其中包含产品规模化和市场化程度对投资成本的影响；二是供应市场中存在信息不对称问题，公众对获得认证的绿色低碳建筑认知和接受程度较低；三是绿色低碳建筑服务市场中相关问题的联动机制还未形成，如合同能源管理、能效标识认定、建筑碳交易机制等并未形成一个系统。只有解决了这些问题，才能保证绿色低碳投资人和消费者能从中获得外部性收益。

4. 政策措施和监管方面的问题

加快法规政策完善是建筑节能减排问题的解决之道，近年来，对《中华人民共和国建筑法》《中华人民共和国节约能源法》《中华人民共和国可再生能源法》

《中华人民共和国循环经济促进法》等很多法律进行了修订，为建筑领域的节能减排和绿色发展提供了法律保障。绿色低碳建筑的发展，需要从制度层面上完善有关设计、施工、运营、监管等一系列法规和标准，只有做到有章可循、有据可查、有法可依、执法必严、违法必究，绿色低碳建筑发展中的政策和监管问题才能得到解决。

3.6 本章小结

绿色低碳发展已成为全社会共识，在建筑领域，目前我国绿色建筑体系日趋完善、技术逐渐成熟、普及率日益提高，但存在技术水平和质量仍不高、总量规模占比仍然偏少、地区发展不平衡、论证评价体系不健全、机制不完善等多方面问题，这些问题的解决，需要政府部门在体制机制、政策等方面发挥重要作用。

绿色低碳建筑市场按照角色定位划分四类主体，四类主体之间从产品、服务的流向或资金的流向分析，进一步可以把绿色低碳建筑主体归纳为三类市场，三类市场之间是相辅相成的，在发展过程中缺一不可。在此基础上，分析了我国绿色低碳建筑的市场环境、政策环境、技术环境，指出当前我国绿色低碳建筑的规范市场尚未形成，服务市场还不完善，辅助市场缺乏动力，设备和材料市场秩序混乱，政府有关部门要制定和完善政策措施，有力促进绿色低碳建筑市场的良性发展。

第4章 绿色低碳建筑发展的激励机制设计

激励和约束在不同学科中的定义不同，在管理学中，激励就是激发鼓励，通过奖励或其他措施激发行为主体采取某种行为的内在积极性，诱导某种所期望的行为发生；约束就是制约和限制，不允许某种行为发生，一旦发生则对行为主体进行惩罚。在经济学中，激励与约束统称为“激励”，激励是正向的推动力，约束被认为是反向的激励，激励和约束是相辅相成的，两者缺一不可。美国管理学家贝雷尔森给激励下的定义是：一切内心要争取的条件、希望、愿望、动力都构成了对人的激励，它是人类活动的一种内心状态。其实激励就是调动人的积极性，努力工作、实现企业组织目标，创造良好绩效的过程。

由于绿色低碳建筑自身的特点，在完全市场经济条件下发展会受到影响，按照公共经济学家马斯格雷夫的观点：“市场机制事实上无法单独发挥全部经济作用，在某些方面需要公共政策的指导和修正”，这一理论对政府应承担的工作提出了新的要求。由于绿色低碳建筑受地理环境、财力、市场、政策等多种因素的影响，存在“市场失灵”现象。市场机制本身的某些缺陷和外部环境的某些限制，使单纯的市场机制难以实现资源的有效配置，需要外部力量进行调节，政府应该承担重要角色，发挥主导作用。由于政府在解决外部性问题以及市场失灵方面能发挥重要作用，因此政府可以制定有针对性的政策来化解外部问题。

从上述绿色低碳建筑的特性分析和国外发展经验来看，仅依靠政府的强制性政策手段是很难达到既定的目标和效果的，政府应该针对绿色低碳建筑的外部经济性特点，制定切实可行的经济激励政策，采取相应的政策措施，确保既定目标的实现。

4.1 激励机制基本原理

4.1.1 激励机制基本要素

经济学中对激励的分析需明确激励的主体、客体、方法、目标和环境条件五个方面。激励机制建立的目的就是要解决谁去激励约束(主体)，对谁激励约束(客体)，怎样激励约束(方法)，向什么方向激励约束(目标)以及在什么条件下(环境条件)进行激励约束的问题。

激励理论认为，在制度或规则的设计者不了解所有个人信息的情况下，需要掌握的一个基本原则就是所制定的机制能够给每个参与者激励，使参与者在最大化个人利益的同时也能达到激励机制所制定的社会目标。

在机制设计理论中，激励相容、显示原理和执行理论都非常重要，但激励相容的概念贯穿整个机制设计理论理念之中[20, 21]。机制设计所要掌握的一个基本原则就是所制定的机制能够给参与者激励，使参与者在最大化个人利益的同时也达到了所制定的目标；吉巴德认为，一个社会选择的规则如果能够被一个特定机制的博弈均衡实现，那么它就是激励相容的，即能通过一个直接机制实现[22]；Maskin一篇开创性的论文提出并证明了一个社会选择规则可以作为纳什实施的必要条件(单调性)和充分条件，他认为执行问题需要满足一个条件，即现在被称为“Maskin单调”的条件，如果条件得到满足，那么在至少有三个行为人的情况下，纳什均衡的实现是可能的[23]。

机制设计需考虑到与此相关的所有的人都会对这套规则做出反应，也就是政策制定和采取对策的问题，在知道对策的情况下，设计一套机制来实现既定的目标就是机制设计理论所要解决的问题。

4.1.2 激励机制设计的原则

根据美国心理学家马斯洛的需求层次理论可知，优势需要是员工的迫切需求，只有满足了优势需要，员工才能释放出最大的能量。作为一名企业管理者，要遵循科学的设计原则，充分运用激励的正作用，因地制宜、因人而异地选择激励机制方式。激励机制的设计要遵循科学的原则才能实现激励的最大化效应。

1. 可行性原则

可行性原则用来衡量决策是否可行，即从人力、物力、财力、科技能力诸方面来说，决策都是可以执行的。假如做出的决策无论从外部环境还是从内部条件及其他方面来说都是不可能实现的，那么这样的决策显然是不可行的。决策的目的是行动，如果决策不能实施且见诸行动，就是没有价值的非科学的决策，这类决策就没有任何实际意义。

2. 公平原则

公平原则是激励机制中的最重要因素。心理学家亚当·斯密对公平理论进行研究后发现，个体在得到报酬后会把自己的付出与报酬与别人做对比，如果自己与别人条件、能力相当，所得报酬也相当，那么双方都会觉得比较公平；如果两个人的报酬存在很大差异，报酬低的一方就会觉得不公平。不公平是激励中最大的忌讳，要让激励发挥最大化作用，就必须坚持公平原则。

3. 时效原则

激励机制设计一定要适时、及时地把握好激励的时机。“雪中送炭”和“雨后送伞”的效果是截然不同的，激励越及时，越有利于推动被激励者的激情，其创造力和主动性也会最大限度地发挥出来；反之，过时的激励不但起不到激励作用，还会严重影响被激励者的工作积极性。

4. 正向激励与负向激励相结合原则

正向激励就是对符合激励目标的期望行为进行奖励，负向激励就是对违背组织目的的非期望行为进行惩罚。正负激励都是必要和有效的手段，既能鼓励先进，又能鞭策落后，此项原则的实施须对事不对人，不能有失偏颇，否则起不到激励作用。

5. 约束性原则

无约束的激励是无序的激励，无激励配合的约束是没有活力的约束，因此激励与约束是激励的重要元素。运用激励机制时应建立健全与激励相匹配的约束机制，让激励机制公开透明，真正做到奖优罚劣。

4.1.3　激励的目标

目标，本意指的是射击、攻击或寻求的对象，也指想要达到的境地或标准。目标是对活动预期结果的主观设想，是在头脑中形成的一种主观意识形态，也是活动的预期目的，为活动指明方向，具有维系组织各个方面关系构成系统组织方向核心的作用。

目标是行动所要得到的预期结果，是满足人的需要的对象。目标同需要一起调节着人的行为，把行为引向一定的方向，目标本身是行为的一种诱因，具有诱发、导向和激励行为的功能。因此，适当地设置目标，能够激发人的动机，调动人的积极性。

1. 绿色低碳建筑发展的社会目标

我国为了提高能源利用效率，保护和改善环境，在“十一五”“十二五”“十三五”规划纲要中都提出“节能减排”的战略目标。《中华人民共和国节约能源法》(2018 年修正)对节约能源(简称节能)的定义是指加强用能管理，采取技术上可行、经济上合理以及环境和社会可以承受的措施，从能源生产到消费的各个环节，降低消耗、减少损失和污染物排放、制止浪费，有效、合理地利用能源。从能源与环境的视角来看，发展绿色低碳建筑可以起到减少一次能源消耗，保护和改善环境的作用。2009 年 9 月，中国在联合国大会上承诺削减中国经济增长过程中的碳排放系数，并决定到 2020 年，单位国内生产总值二氧化碳排放比 2005 年下降 40%～45%，同年 12 月 7 日《联合国气候变化框架公约》第 15 次缔约方会议暨《京都议定书》第 5 次缔约方会议在丹麦首都哥本哈根召开，中国政府向大会承诺这一减排目标，实现这一目标的根本方式是使生产生活方式向低碳转型。2014 年 APEC 北京峰会上，中国政府承诺到 2030 年，让“APEC 蓝”永久化。党的十九大报告指出，坚持人与自然和谐共生，坚持节约资源和保护环境的基本国策，形成绿色发展方式和生活方式，为人民创造良好的生产生活环境，为全球生态安全做出贡献。因此，绿色低碳建筑发展的社会目标就是要实现国家节能减排战略，为实现全社会的绿色、环保、低碳做出应有的贡献。

2. 绿色低碳建筑激励范围明确

按照绿色低碳建筑市场主体特征分析可知，由于绿色低碳建筑需要激励的范围很广，从相关市场角度分析，涉及绿色低碳建筑主体市场和辅助市场。对于绿色低碳建筑政府激励问题，从中央政府到地方各省(自治区、直辖市)，政府从公共财力和地方实际情况考虑，不可能做到全方位的激励，因此首先要分析绿色低碳建筑主要类型，明确激励的主要对象，确定激励的范围。根据已有研究和调研分析，在绿色低碳建筑推广的初始阶段，政策制定要由点到面，重点突出从大型公共建筑和新建住宅小区的“点”开始，逐步扩展到以低碳生态城市建设为目标的“面”，政府应在这方面加大经济激励和政策扶持力度。具体来说，政府激励应该主要考虑对绿色低碳建筑材料研发生产企业、投资者的激励为主，以对施工服务企业和用户的激励为辅。对研发生产、投资者的激励可以采取政策扶持，减免税费、直接经济补贴等方式；对施工企业可以采用资质申报、奖项申请、贷款优惠等政策激励方式，对业主用户采取政策如贷款优惠、贷款额度增加、所得税减免等财税经济激励的方式。何祚庥院士指出，贯彻实施国家节能减排战略，必须解决政策性投入问题，由政府拿出相应的财力、人力实行政策性补贴 [24]。

3. 激励机制设计需达到私人目标与社会目标的统一

政府希望绿色低碳建筑投资者的决策行为选择是多维度的，希望投资者从设备技术创新、环境保护、规模化增长等方面多方位考虑，但这些方面彼此不是孤立的、分散的，而是交织在一起，互相促进、相互影响的。激励机制的设计，需要将这些因素综合考虑，从产业政策、财政政策、税收政策、金融信贷政策等多方位考虑设计持续稳定的激励机制，这样可以达到降低激励成本、提高激励效果的目的。

经济激励首先要确定激励的目标，激励理论认为激励力度由激励目标和激励目标实现的可能性两个因素决定。绿色低碳建筑推广的目标，就是要求国家以法律或其他中长期发展规划的形式形成绿色低碳建筑的指标体系，并制定落实相应的保障措施，形成一个目标体系，给建筑市场一个明确的信号，有利于市场能够按照法律或规划的目标要求去有序发展，这方面的工作，在住房和城乡建设部《建筑节能与绿色建筑发展“十三五”规划》中已明确了目标，各地在此基础上，也都制定了相应的目标，最关键的就是如何把这些目标通过市场来实现，最终达到私人目标和社会目标的有机统一。

4.1.4　激励中的补偿原理

美国经济学家哈罗德·霍特林最早提出补偿的问题，英国经济学家尼古拉斯·卡尔多认为补偿问题与福利经济学有密切关系，如果进行某项政策变革，使一部分人受益、一部分人受损，假设受益者可以弥补受损者的损失并且有剩余，那么该项政策变革就是可取的。这种判断社会改革政策是否有效的方法称为补偿原理。但补偿原理中的补偿通常不是实际补偿，而是虚拟补偿，包括卡尔多补偿、斯克斯补偿和斯托夫斯基补偿。任何一项社会经济政策变革或者公共项目实施，既产生一定的收益，也带来一定的成本增加，绿色低碳建筑同样如此，一般需要进行成本-效益分析，而此时的成本增加在初期需要考虑实际补偿，否则自发市场很难形成。

补偿原理的基础是外部性理论，即通过制度安排经济主体经济活动所产生的社会收益或社会成本，转化为私人收益或私人成本。对绿色低碳建筑进行补偿，可以解决其正外部性问题，其经济学原理如图 4.1 所示。

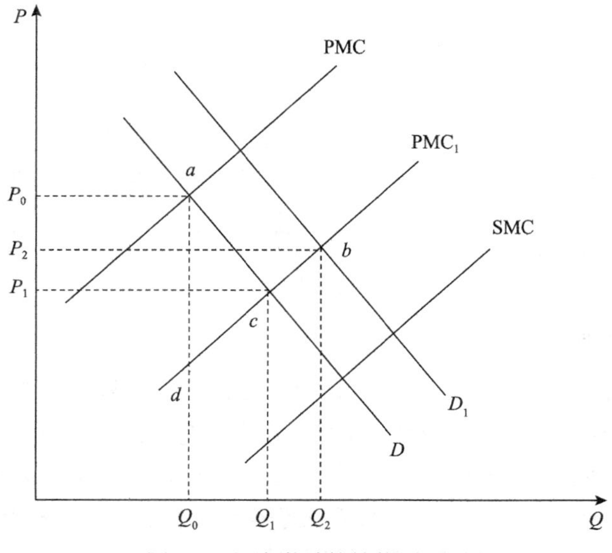

图 4.1　经济激励的补偿原理图

在图 4.1 中，D 为绿色低碳建筑的市场需求曲线，PMC 为投资绿色低碳建筑的私人边际成本曲线，SMC 为社会边际成本曲线，由于绿色低碳建筑的正外部性特征，$\text{PMC} > \text{SMC}$，P_0 和 Q_0 分别为建筑市场均衡时绿色低碳建筑的价格和数量，而私人边际成本曲线相当于绿色低碳建筑的供给曲线。为消除绿色低碳建筑的正外部性影响，应使私人边际成本曲线向社会边际成本曲线靠拢，即由 PMC 向 SMC 方向移动。由图 4.1 可知，在推广初期，若要提高绿色低碳建筑的建设量，就要采取经济激励政策对投资者所产生的增量成本给予满足绿色低碳建筑推广的补偿措施。假设补偿额度为 $a-d$，使得私人边际成本曲线从 PMC 移动到 PMC_1，则绿色低碳建筑数量也相应地由 Q_0 增加到 Q_1，这在一定程度上促进了绿色低碳建筑的发展。按照补偿的经济学原理，绿色低碳建筑领域推广过程也是使私人边际成本向社会边际成本靠近的过程，但并不意味着完全依靠政府的补偿措施来支撑绿色低碳建筑发展，增量成本的补偿额度并不一定随着 PMC 向 SMC 的靠近而逐渐增加。当绿色低碳建筑市场发展到一定阶段时，在产业链成熟的条件下，这种补偿额度将会逐渐减少，直至消失。首先，相关产业政策和技术日益成熟，在规模经济作用下，其初期投资成本逐渐降低，相对于应用常规能源的初始投资增量成本也相应降低，投资人获得的补偿额度也会随之减少。另外，随着公众对绿色低碳建筑优点的逐渐认识，接受程度加大，就会增加绿色低碳建筑的市场需求，需求曲线由 D 向 D_1 转移，此时，即使投资增量成本不下降，绿色低碳建筑的建设量也会增加，而建设量的增加使得市场规模扩大，市场逐渐成熟，从而形成规模经济，降低增量成本，形成良性循环。因此，在实现一定推广目标的情况下，经济补偿的作用需逐步淡化，相关政策措施也应根据实际情况进行调整。

4.2 激励主体和客体

若使经济激励政策能有利于绿色低碳建筑推广，必须分析绿色低碳建筑产业发展过程中各利益相关方的关系。按照利益相关方在经济激励中的角色分类，理清政府、投资人、研发生产企业、施工及服务企业、业主之间的关系，是经济激励机制模型设计的关键内容。

4.2.1 激励的主体

在市场经济条件下，政府的角色是相关法律法规、标准的制定者、推行者和监督者，主要职能是维持市场机制的良性运转，提供良好的政策环境，其职能是进行宏观调控。但考虑到绿色低碳建筑产业的特征，政府应该采取一定的措施，实现投资人外部成本的内在化，使投资人获得正外部性收益，提高其投资积极性。因此，政府在整个过程中应承担起经济激励主体角色，通过制定、实施相应的政策措施，激励相关参与人的积极性。

4.2.2　激励的客体

对于绿色低碳建筑推广，政府需要实施激励的客体相对较多，但按照上述绿色低碳建筑相关的市场划分以及参与程度不同，应在绿色低碳设备材料研发供应者、投资人、消费者中具体问题具体分析，对不同客体应采取不同的激励方式，对绿色低碳设备材料研发供应者的激励是为了提高研发能力，提高产品的科技水平和产业集群水平，最终提高产品的科技竞争力和降低产品的成本；对投资人的激励，主要是为了提高其投资积极性；对消费者的激励主要是为了提高其接受和消费绿色低碳建筑的主观意愿。而当前绿色低碳建筑推广处于发展阶段时，政府受财力等多方面因素限制，不可能对所有参与人都实施经济激励，首要激励应是从源头解决市场供应问题，因此应对投资人采取经济激励为主，提高市场投资主体的积极性。国内外相关研究和市场调研及问卷调查表明，经济激励中针对投资者的直接激励更为有效，也便于政府激励政策的实施，为便于建立经济激励的理论分析模型，可以把对投资人的激励作为经济激励的客体。而对绿色低碳设备材料市场以及辅助市场，应采取其他适合的政策措施，如税收、融资、人才等政策加以激励，提高产业上游和相关参与人的积极性。

4.3　激励行为

根据上述经济激励的主体和客体分析，在建立经济学模型时，按照政府和投资人双方在绿色低碳建筑发展过程中扮演的角色和获得的收益不同，政府在采取经济激励措施时，需要投资人根据政府的措施采取一定的行动，做出相应的决策，因此政府和投资人之间的博弈符合完全信息动态博弈，双方的博弈模型的建立如图 4.2 所示。

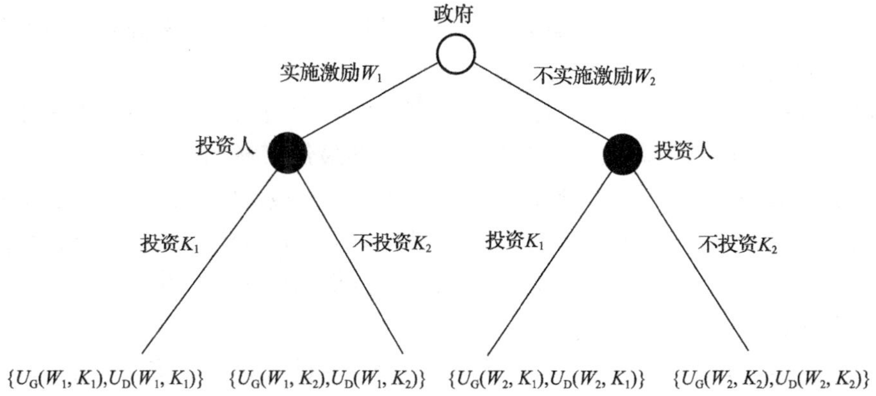

图 4.2　政府与投资人之间的博弈模型分析图

4.3.1 模型的战略式表述

(1) 参与人：政府和投资人。

(2) 参与人的行动顺序：政府先制定经济激励措施，投资人根据政府制定的激励措施，经过决策之后再采取行动。

(3) 参与人的行动空间：政府选择是否对投资绿色低碳建筑的投资人实施经济激励，用 W 表示，$W=(W_1,W_2)=$(实施，不实施)；投资人根据政府采取的行动选择是否投资绿色低碳建筑，用 K 表示，$K=(K_1,K_2)=$(投资，不投资)。

(4) 参与人的战略空间：政府只有一个信息集，两个可选择的行动，其战略空间为 S_{G}，$S_{\mathrm{G}}=\{W_1,W_2\}$；投资人有两个信息集，每个信息集中有两个可选择的行动，共计有 4 个纯战略，其战略空间为 S_{D}，$S_{\mathrm{D}}=(\{K_1,K_1\},\{K_1,K_2\},\{K_2,K_1\},\{K_2,W_2\})$。

(5) 参与人的支付函数：假设投资人投资收益为 S_b，其中 $b=(x,y)=$(绿色建筑，一般建筑)，$S_x>S_y$，投资人的投资成本为 C，C 由投资人投资策略决定，即 $C=C(K_i)$，其中 $i=1,2$，政府实施经济激励的激励额度用 m 表示，激励作用的产出用 n 表示，m 和 n 由政府和投资人的行动策略共同决定，即 $m=m(W_i,K_i)$，$n=n(W_i,K_i)$，其中 $i=1,2$。则政府和投资人的支付函数 U_{G} 和 U_{D} 分别为 $U_{\mathrm{G}}(W_i,K_i)=n(W_i,K_i)-m(W_i,K_i)$，$U_{\mathrm{D}}(W_i,K_i)=m(W_i,K_i)+S_b-C(K_i)$。

4.3.2 模型求解

纳什均衡假定每一个参与人在选择自己的最优战略时假定所有其他参与人的战略选择是给定的，就是说参与人并不考虑自己的选择对其他人选择的影响。由于这个原因，纳什均衡很难说是动态博弈的一个合理解。因为在动态博弈中，参与人的行动有先有后，后者的选择空间依赖于前者的行动选择，前者在选择自己的战略时不可能考虑自己的选择对其他人选择的影响。因此，利用逆向归纳法求解子博弈精炼纳什均衡。对于有限完美信息博弈，逆向归纳法是求解子博弈精炼纳什均衡的最简便方法，具体过程如下。

(1) 当 $[S_x-C(K_1)]>[S_y-C(K_2)]$ 时，即投资人投资绿色低碳建筑获取的收益大于其投资一般建筑所获取的收益时，投资人的最优选择包括两种情况：一是针对 $W_1:\max\{U_{\mathrm{D}}\}=\max\{U_{\mathrm{D}}(W_1,K_1),U_{\mathrm{D}}(W_1,K_2)\}$，得到最优解为 $K^*(W_1)=K_1$，投资人的最优选择是投资绿色低碳建筑；二是针对 $W_2:\max\{U_{\mathrm{D}}\}=\max\{U_{\mathrm{D}}(W_2,K_1),U_{\mathrm{D}}(W_2,K_2)\}$，得到最优解为 $K^*(W_2)=K_1$，即投资人的最优投资策略是选择投资绿色低碳建筑。

此时，政府的最优选择为 $\max\{U_{\mathrm{G}}\}=\max\{U_{\mathrm{G}}(W_1,K_1),U_{\mathrm{G}}(W_2,K_1)\}$，得到最优解为 $W^*=W_2$，即政府的最优选择是不实施经济激励政策，由此得到的精炼纳

什均衡是(不实施经济激励，{不投资绿色低碳建筑，不投资绿色低碳建筑})。

(2) 当$[S_x - C(K_1)] \leqslant [S_y - C(K_2)]$时，即投资人投资绿色低碳建筑获得的收益小于或等于其投资一般建筑获得的收益时，存在以下两种情况。

①当$m < [S_y - C(K_2)] - [S_x - C(K_1)]$时，投资人的最优选择包括以下两种情况：a. 针对$W_1 : \max\{U_D\} = \max\{U_D(W_1, K_1), U_D(W_1, K_2)\}$，得到最优解为$K^*(W_1) = K_2$，即投资人的最优选择是投资一般建筑而不投资绿色低碳建筑；b. 针对$W_2 : \max\{U_D\} = \max\{U_D(W_2, K_1), U_D(W_2, K_2)\}$，得到最优解为$K^*(W_2) = K_2$，即投资人的最优投资策略是投资一般建筑而不投资绿色低碳建筑。

此时，政府的最优选择为$\max\{U_G\} = \max\{U_G(W_1, K_2), U_G(W_2, K_2)\}$，得到最优解为$W^* = W_2$，即政府的最优选择是不实施经济激励政策，由此得到的精炼纳什均衡是(不实施经济激励，不投资绿色低碳建筑)。

②当$m > [S_y - C(K_2)] - [S_x - C(K_1)]$时，投资人的最优选择包括以下两种情况：a. 针对$W_1 : \max\{U_D\} = \max\{U_D(W_1, K_1), U_D(W_1, K_2)\}$，得到最优解为$K^*(W_1) = K_1$，即投资人的最优选择是投资绿色低碳建筑；b. 针对$W_2 : \max\{U_D\} = \max\{U_D(W_2, K_1), U_D(W_2, K_2)\}$，得到最优解为$K^*(W_2) = K_2$，即投资人的最优投资策略是选择投资一般建筑而不投资绿色低碳建筑。

此时，政府的最优选择为$\max\{U_G\} = \max\{U_G(W_1, K_1), U_G(W_2, K_2)\}$。$U_G(W_2, K_2) = 0$，$U_G(W_1, K_1) = n(W_1, K_1) - m(W_1, K_1)$，此时，是否实施经济激励取决于激励产出与激励成本的大小，若$n(W_1, K_1) - m(W_1, K_1) > 0$，则说明政府将会实施经济激励政策，由此得到的精炼纳什均衡是(实施经济激励，投资绿色低碳建筑)；若$n(W_1, K_1) - m(W_1, K_1) \leqslant 0$，则说明政府将不会实施经济激励政策，由此得到的精炼纳什均衡是(不实施经济激励，不投资绿色低碳建筑)。

4.3.3 结果分析

通过上述建立的政府与投资人之间的动态博弈模型以及模型求解的结果分析，可以得出以下几个结论：

(1) 在市场经济条件下，投资收益是投资人是否选择投资绿色低碳建筑最核心的影响因素，若投资绿色低碳建筑能比投资一般建筑带来更多的收益，即使没有政府的经济激励，投资人也愿意投资绿色低碳建筑。

(2) 在政府不实施经济激励政策时，若投资绿色低碳建筑不能给投资人带来更多的收益，此时，政府实施的经济激励额度是影响投资人决策的关键因素，若经济激励额度足以弥补绿色低碳建筑的投资增量成本(或称作损失)，则投资人会从投资收益角度来选择投资绿色低碳建筑，否则，即使政府实施了经济激励政策，在没有强制法律的约束条件下，投资人也不会选择投资绿色低碳建筑。

(3) 从理论上分析，实施经济激励产生的效果是政府是否实施经济激励的关键影响因素，只有当实施经济激励的产出大于激励成本时，政府才会实施经济激励政策。因此，政府在实施经济激励政策时，需明确经济激励的具体目标，从整个社会发展来说，政府实施经济激励不仅只看经济收益，更应该考虑社会收益。

4.4 激励合约设计

4.4.1 激励中的委托-代理问题

委托-代理理论在实际应用中，最初主要应用于研究企业对员工的激励问题，Alchian 和 Demsetz 于 1972 年最早提出企业内部结构的激励问题[25]，随着委托-代理理论研究的不断深入，企业外部的委托-代理问题的研究得到进一步发展。近年来，政府参与的委托-代理关系得到进一步发展，针对节能减排和建筑节能中政府经济激励方面的委托-代理理论的模型和方法解决该领域的相关问题研究也较多。由于绿色低碳建筑属于建筑节能和节能减排范畴，因此也可以用委托-代理理论来解决绿色低碳建筑发展的政府激励问题[26-28]。

从上述分析来看，绿色低碳建筑推广中涉及多个行为主体，激励问题需具体问题具体分析来确定激励的主体和客体。当政府采取经济激励政策时，政府作为委托人，投资人作为代理人。在政府对代理人进行经济激励实施过程中，政府设计的合约的原则就是要以最低的成本激励投资人付出政府所期望的努力水平，由于存在信息搜集成本和信息传递成本，政府无法及时、准确、全面地获取这些信息，或者获取这些信息需要付出很大的交易成本，投资人掌握较多私人信息，可能出现投资人有意隐藏行动的道德风险，以期获得更多利益。例如，投资人夸大投资中各环节的真实投入和增量成本来获取更多的政府经济激励或投资人实际的努力程度不够等多方因素，是政府激励机制设计中需要考虑的重要问题。

4.4.2 激励合约设计基本假设

经济激励合约设计考虑到政府与某一投资人之间组成的委托-代理关系，若不考虑政府的信息搜集成本、信息传递成本以及监管成本，投资人在政府的完全监管之下，不存在隐藏行动的行为，在实施合约中，政府和投资人之间的信息是对称的；若考虑政府的信息搜集成本、信息传递成本以及监管成本，双方存在信息不对称问题，在实施合约时，就可能存在投资人隐藏行动的道德风险问题。实际上，这也是机制设计必须考虑的重要因素，为了分析问题，在设计激励合约时，需要做如下几个方面的假定：

(1) 委托人(政府)是风险中性的，代理人(投资人)是风险厌恶的。

设 a 为投资人的一个一维努力变量，θ 是一个均值为 0、方差为 σ^2 的正态分布随机变量，k 为与努力变量 a 有关的影响投资人收益的因子；λ 为与努力变量 a 有关的社会收益因子，其中 $k \geqslant 0$，$\lambda \geqslant 0$；π_k 为投资人经济收益函数，π_λ 为社会收益函数，则

$$\pi_k = ka + \theta$$

$$\pi_\lambda = \lambda a + \theta$$

因此，投资人的期望产出为 $E(\pi_k) = ka$，$D(\pi_k) = \sigma^2$，政府的期望产出为 $E(\pi_\lambda) = \lambda a$，$D(\pi_\lambda) = \sigma^2$。

由于假设政府作为委托人是风险中性的，投资人作为代理人是风险厌恶的，政府在设计激励合约时关心的是绿色低碳建筑推广水平，如合约签订时确定的基准节能减排量以及单位面积年减少的排放量所支付的基本补贴，假设用 z 表示，合约设计中考虑投资人实际努力所产生的效果来对投资人进行奖惩，因此激励合约 $S(\pi_\lambda)$ 设计时需要考虑两部分内容：一是根据节能目标，投资人通过自身努力水平 a 获得的基本补贴 z；另一部分为投资人通过自身努力水平 a 获得的优于基准目标应获得的经济激励。假设经济激励的激励因子为 α，且 $0 \leqslant \alpha \leqslant 1$，则设计的激励合约为

$$S(\pi_\lambda) = z + \alpha(\pi_\lambda - z) = \alpha(\lambda a + \theta) + (1 - m)z \tag{4-1}$$

考虑到政府的期望效用 υ 等于期望收益，则可以得到

$$E(\upsilon - S(\pi_\lambda)) = E(\pi_\lambda - \alpha\pi_\lambda - (1-\alpha)z) = E(z + \alpha(\pi_\lambda - z)) = (1-\alpha)\lambda a + (\alpha - 1)z \tag{4-2}$$

(2) 假设代理人是风险规避的，进一步假设代理方的效用函数具有不变的绝对风险规避特征，即 $u = -\mathrm{e}^{\rho\omega}$，其中 ρ 是绝对风险规避度量，ω 是代理人实际经济收益。

(3) 假定代理方的努力成本 $C(a)$ 等价于货币成本，为简化计算，可进一步假设 $C(a) = ba^2/2$，其中，$b > 0$ 表示成本系数，b 越大，同样的努力 a 带来的负效用也越大。

则投资人的实际收益为

$$w = \pi_k + S(\pi_\lambda) - C(a) = ka + \theta + \alpha(\lambda a + \theta) + (1-\alpha)z - \frac{1}{2}ba^2 \tag{4-3}$$

确定性等价收益为

$$E(w)-\frac{1}{2}\rho\alpha^2\sigma^2=(k+\alpha\lambda)a+(1-\alpha)z-\frac{1}{2}ba^2-\frac{1}{2}\rho\alpha^2\sigma^2 \tag{4-4}$$

其中，$E(w)$ 为投资人的期望收益；$\frac{1}{2}\rho\alpha^2\sigma^2$ 为投资人的风险成本，当 $\alpha=0$ 时，则表明风险成本为 0。

令 $\overline{w}$ 为投资人的保留收入水平，努力成本 $C(a)$ 能给其带来的最高收益，但实际上，由于指标选取的难处，通过单个建筑项目很难考量实际收益，建议可以用所有同类投资项目的平均收益来确定。假如投资人的确定性等价收益小于 $\overline{w}$，此时，投资人将不接受这样的激励合约，此时，代理人的参与约束可以表示为

$$(k+\alpha\lambda)a+(1-\alpha)z-\frac{1}{2}ba^2-\frac{1}{2}\rho\alpha^2\sigma^2 \geqslant \overline{w} \tag{4-5}$$

4.4.3 对称信息条件下激励合约设计

政府是绿色低碳建筑激励政策的倡导者，在政府与投资人之间的动态博弈中总是博弈的先行者，在设计经济激励合约时，首先可以假设双方处于信息对称条件下，经济激励合约设计时，政府可以根据其观测到的投资人的努力程度来决定对投资人的经济激励额度，因此投资人在追求其自身期望收益最大化前提下，只受到投资人的理性约束，也就是参与约束，此时，作为委托人的政府，只要选择合适的 a、λ 和 z，解下列问题：

$$\max_{z,\lambda,a}(1-\alpha)\lambda a+(\alpha-1)z \tag{4-6}$$

$$\text{s.t. (IR)}\ (k+\alpha\lambda)a+(1-\alpha)z-\frac{1}{2}ba^2-\frac{1}{2}\rho\alpha^2\sigma^2 \geqslant \overline{w} \tag{4-7}$$

由于在信息对称条件下，政府在合约设计中处于主动地位，政府通过信息传递和信息交流以及必要的监管，就可以实现合约的目标，没有必要给投资人更多的激励，此时，可以求解 a、λ 和 z：

$$a^*=\frac{k+\lambda}{b},\quad \lambda^*=0 \tag{4-8}$$

将 a^* 和 λ^* 代入参与约束(4-7)，计算得

$$z^*=\bar{w}+\frac{(k+\lambda)^2}{2b}-k$$

在信息对称条件下，政府期望效用最大的投资人的努力程度由 $a^* = \dfrac{k+\lambda}{b}$ 表示，$\lambda^* = 0$ 可以确定，则当政府观测到投资人的努力程度 $a < (k+\lambda)/b$ 时，就可以使投资人所得收益的期望效用小于 $\bar{w}$，此时，投资人将一定会选择 $a = (k+\lambda)/b$。

投资人努力的边际成本为 $C'(a) = k + \lambda$；

投资人努力的边际期望效用为 $[E(ka+\theta)]' = k + \lambda$。

这就说明投资人努力的期望效用等于其边际期望成本，符合帕累托最优条件。

4.4.4　不对称信息条件下激励合约设计

信息不对称问题由肯尼斯·约瑟夫·阿罗于 1963 年首次提出。乔治·阿克尔洛夫在 20 世纪 70 年代发表《柠檬市场》对该问题进行了进一步阐述。三位美国经济学家乔治·阿克尔洛夫、迈克尔·斯彭斯、约瑟夫·斯蒂格利茨由于对信息不对称理论及信息经济学的贡献，获得 2001 年诺贝尔经济学奖。信息不对称是指在社会政治、经济等活动中，一些成员拥有而其他成员无法拥有或不全的信息，从经济学方面解释，就是指交易一方对交易另一方的了解不充分，信息不透明，双方处于信息不平等地位。实质上，信息不对称指参与市场交易的经济当事人之间所拥有的信息不对等现象[29]。

绿色低碳建筑推广中涉及的参与方有投资人，即业主方、承包商、服务中介机构、政府管理机构等。各方在绿色低碳建筑推广过程中由于角色定位不同，对信息的占有就不一样，按照信息的流向分析，参与几方中承包商在工程建设中处于信息绝对占优方，政府管理机构处于信息劣势方，参与几方对信息占有的关系可以用图 4.3 表示。

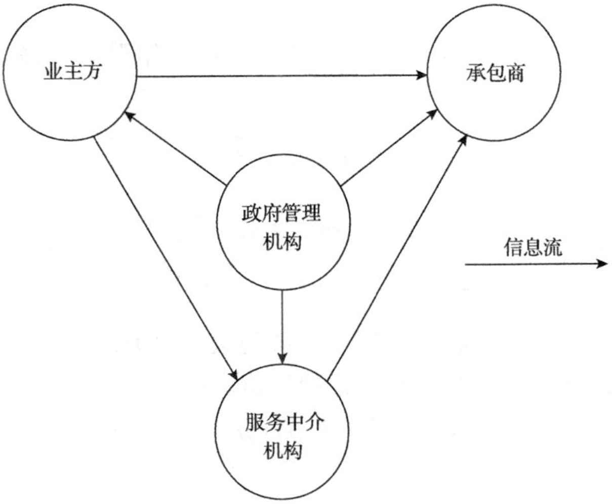

图 4.3　绿色低碳建筑推广中的信息不对称关系图

由图 4.3 的信息流向可知，由于对信息占有量不同，仅按照上述经济激励的主体与客体分析，从政府和业主方(投资人)两者进行分析，投资人处于信息占优方，政府在绿色低碳建筑发展过程中处于信息劣势方。在信息不对称条件下，作为委托人的政府不能完全观测到投资人的实际努力水平 a，或者通过观测投资人的实际努力水平需要花费的成本较大，政府不愿采取这一策略。此时，由于信息不对称的客观存在，不论政府如何实施经济激励政策来激励投资人，投资人总会选择使自己效用最大化的努力，而通过强制性的合约来约束投资人付出努力已不现实，这在委托-代理理论的相关研究中已得到证明。在不对称信息条件下，政府只能通过采取经济激励合约来诱使投资人选择政府所期望的行动，此时，政府在追求其自身期望效用最大化的同时，必须受到投资人的激励相容约束。经济激励合约设计的目的就是要解决政府达到激励投资人的同时能达到自身期望效用最大化，这就是要解决最优化的问题：

$$\max_{z,\lambda,a}(1-\alpha)\lambda a+(\alpha-1)z \tag{4-9}$$

$$\text{s.t. (IR) } (k+\alpha\lambda)a+(1-\alpha)z-\frac{1}{2}ba^2-\frac{1}{2}\rho\alpha^2\sigma^2 \geqslant \bar{w} \tag{4-10}$$

$$\text{(IC) } a=\arg\max\left\{(k+\alpha\lambda)a+(1-\alpha)z-\frac{1}{2}ba^2-\frac{1}{2}\rho\alpha^2\sigma^2\right\} \tag{4-11}$$

式(4-11)是激励相容约束，其一阶条件为

$$a=\frac{k+\alpha\lambda}{b} \tag{4-12}$$

用式(4-12)代替式(4-11)，可以得到等价的最优化问题，求解该最优化问题得

$$\alpha^{**}=\frac{\lambda^2}{\lambda^2+b\rho\sigma^2}>0 \tag{4-13}$$

$$z^{**}=\left[\bar{w}-\frac{(k+\alpha\lambda)^2}{2b}+\frac{\rho\alpha^2\sigma^2}{2}\right]\Big/(1-\alpha) \tag{4-14}$$

式(4-12)表明，在非对称信息条件下，投资人的努力水平受经济激励因子 α 的影响，这就意味着投资人必须承担一定的风险，由式(4-13)可知，α 是 ρ、σ^2 以及 b 的递减函数。假设投资人是风险中性的（$\rho=0$），最优合同要求投资人承担完全的风险（$\alpha=1$）。

当投资人的努力水平不可观测时，政府诱使投资人选择的最优努力水平为

$$a^{**}=\frac{k+\alpha\lambda}{b}=a^{*}+\frac{(\alpha-1)\lambda}{b} \tag{4-15}$$

式(4-15)表明非对称信息条件下的最优努力水平严格小于对称信息条件下的努力水平 a^{*}。

结合式(4-13)可以得到，当 $\rho=0$ 时，有

$$\alpha^{**}=1,\quad a^{**}=a^{*} \tag{4-16}$$

注：当代理人只有两种努力水平可以选择时，这个问题一般不存在，除非作为代理人的投资人的风险规避程度非常高或不确定性很大，以至于作为委托人的政府宁愿放弃激励(即让代理人选择较低的努力)，实际上，从激励的角度分析，政府希望投资人付出最优的努力。

4.4.5　结果分析

综上，政府经济激励合约设计中考虑信息对称和信息不对称两种情况的分析可知，在对称信息条件下，投资人能获得的经济激励与其保留效用、投资经济收益、获得的社会收益以及努力的成本系数等因素有关。在非对称信息条件下，投资人获得的经济激励不仅与其保留效用、投资经济收益、投资获得的社会收益、努力的成本系数有关，而且与其风险厌恶程度有关。在非对称信息条件下，投资人的努力水平不可观测，经济激励合约设计时投资人获得的经济激励水平也较低，也就是说，政府无法掌握投资人的所有私人信息，不能完全观测投资人的努力程度而减少了对其经济激励的额度。

在非对称信息条件下，政府经济激励的强度由其获得的社会收益、成本系数、外界不确定因素的方差以及绝对风险厌恶程度等因素确定，随着投资人的风险厌恶程度加大，投资增量成本系数增大，实际的经济激励作用会减弱，这在信息对称条件下是不存在的。但在经济合约中，信息对称是一种理想状态，通常都处于非对称信息状态，因此从非对称假设条件考虑，建议政府应该加大对投资人社会信誉、资金实力等方面的评价，选择信用度高、经济实力强的投资人作为经济激励的主要对象。

4.5　激励效果评价

4.5.1　评价体系构建

建立科学的经济激励效果的评价体系，合理评价绿色低碳建筑所产生的经济效益、社会效益，有利于政府在实施经济激励政策时，确定合理的额外经济激励

额度，对相关激励政策的实施起重要作用。

评价体系的建立应依据科学性、系统性、可操作性原则构建。由于绿色低碳建筑具有减少一次能源消耗、降低环境污染等特点，同时具有经济性和社会收益性，因此单一考虑某一方面的指标对绿色低碳建筑进行评价是不全面的，也是不科学的。评价指标体系构建可以分目标层（Z）、准则层（Y）和指标层（X）三个层次。在评价指标体系结构模型中，目标层（Z）为政策实施效果评价结论；准则层（Y）包括经济效益、环境效益和社会效益；在指标层（X）中分别涉及指标体系构建中可以考虑经济效益作为一个评价指标，社会效益作为一个评价指标，详见图 4.4。

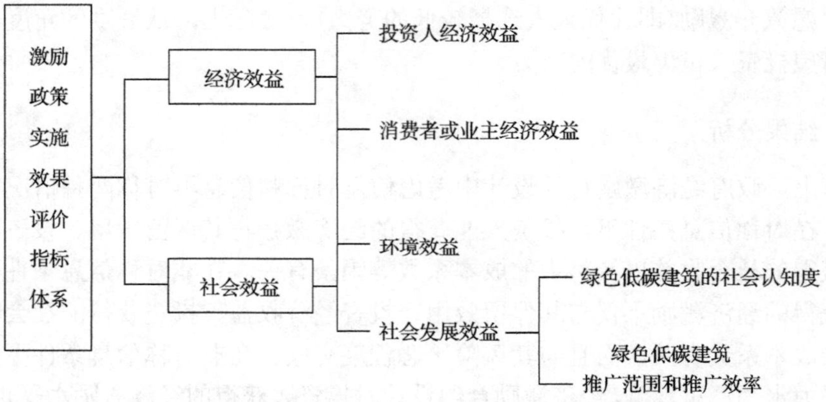

图 4.4　绿色低碳建筑激励政策实施效果评价指标体系

由图 4.4 评价指标体系可知，指标体系分为三个层次，包括目标层（Z）、准则层（Y）和指标层（X），其中各评价指标之间存在层次关系。可用层次分析法在每一层按照一定准则，采用两两比较的方法，比较各指标的重要性，用 1～n 或其倒数的标度将各指标重要性进行比较判断并进行量化，构造判断矩阵。计算判断矩阵的最大特征值和特征向量，并经一致性检验后，确定该层各指标的权重。对图 4.4 所示的指标体系结构模型，用层次分析法可以确定准则层 Y 的 r 准则相对于目标层 Z 的重要性权值 wY_r 和指标层 X 的 i 指标相对于准则层 r 准则的单排序权值 wX_{ir}，利用合成权重计算法可求出指标层的 i 指标相对于目标层的权值 w_i 为

$$w_i = \sum_{i=1}^{m}(wY_r \cdot wX_{ir}), \quad i = 1, 2, \cdots, n \tag{4-17}$$

由于上述评价指标体系模型中既有定量指标，也有定性指标，定性指标不能用数字来表述，可以用属性综合评价系统对政策实施效果进行评价。

1) 单指标属性测度分析

图 4.4 中评价指标包含定量指标和定性指标两类，定量指标的特征值可根据具体参数的数值确定，定性指标可在制定的标准下，由专家评判给出特征值。效果评价可以分为三个等级，即好、一般、较差，可以用评价集 $V=(V_1,V_2,V_3)$ 来表示，其中 V_1、V_2、V_3 分别表示评价结论好、一般、较差。若第 i 个指标的等级划分为 $V_1=[a,b]$，$V_2=[b,c]$，$V_3=[c,d]$。当第 i 个指标的特征量为 t_i 时，t_i 属于第 k 个评价类，可表示为 $t_i\in V_k(1\leqslant k\leqslant 3)$，其属性测度 $\mu_{ik}=\mu(t_i\in V_k)$，μ_{ik} 满足 $\mu_{ik}\geqslant 0$，$\sum\limits_{i=1}^{3}\mu_{ik}=1$。

这样可以构造出第 i 个指标的属性测度函数：

$$\mu_{i1}(t_i)=\begin{cases}0, & t_i<b-d_{11}\\ \dfrac{t_i-b+d_{11}}{2d_{11}}, & b-d_{11}\leqslant t_i\leqslant b+d_{11}\\ 1, & t_i\geqslant b+d_{11}\end{cases}$$

$$\mu_{i1}(t_i)=\begin{cases}0, & t_i<c-d_{12}\\ \dfrac{t_i-c+d_{12}}{2d_{12}}, & c-d_{12}\leqslant t_i\leqslant c+d_{12}\\ 1, & c+d_{12}\leqslant t_i\leqslant b-d_{11}\\ \dfrac{b+d_{11}-t_i}{2d_{11}}, & b-d_{11}\leqslant t_i\leqslant b+d_{11}\\ 0, & t_i\geqslant b+d_{11}\end{cases}$$

$$\mu_{i1}(t_i)=\begin{cases}1, & t_i<c-d_{12}\\ \dfrac{c+d_{12}-t_i}{2d_{12}}, & c-d_{12}\leqslant t_i\leqslant c+d_{12}\\ 0, & t_i\geqslant c+d_{12}\end{cases}$$

其中，d_{11}、d_{12} 分别为

$$d_{11}=\min\left[\left|\frac{b-c}{2}\right|,\left|\frac{d-c}{2}\right|\right],\quad d_{12}=\min\left[\left|\frac{a-b}{2}\right|,\left|\frac{c-b}{2}\right|\right]$$

2) 多指标属性测度分析

由层次分析法可以求出各指标的权重 w_i，由单指标属性测度函数求出各指标的属性测度 μ_{ik}，采用加权求和法可求得激励政策实施的多指标综合属性测度为

$$\mu_k = \sum_{i=1}^{n} w_i \mu_{ik}, \ 1 \leqslant k \leqslant 3 \tag{4-18}$$

在最终进行经济激励政策实施的效果评价时，对有序评价类$V=(V_1,V_2,V_3)$采用置信度准则对综合属性测度μ_k进行识别。置信度λ一般取0.6～0.7，如果

$$k_0 = \min\left\{k : \sum_{e=1}^{k} \mu_e \geqslant \lambda, 1 \leqslant k \leqslant 3\right\}$$

则可以认为经济激励政策执行效果属V_{k0}类。

针对评价集合中的三类评价结果具体的置信度准则为：若$\mu_1 \geqslant \lambda$，则认为经济激励政策执行效果属V_1类，评价结果为“好”；若$\mu_1 + \mu_2 \geqslant \lambda$，则认为经济激励政策执行效果属$V_2$类，评价结果为“一般”；否则，认为经济激励政策执行效果属V_3类，评价结果为“较差”。这样可以将评价效果作为衡量的标准，来确定给予投资人相应的额外经济补贴，既具有科学性，也具有说服力。

4.5.2 评价需解决的问题

绿色低碳建筑节能与一般建筑虽有相似之处，但两者有一定的区别，这在第2章中已详细进行了分析。在行业规范方面，两者还有很多不同之处，一般建筑的节能有国家相应的强制性的节能法规和行业规范，并且在施工图审查中有明确的建筑节能强制性标准，如《公共建筑节能设计标准》(GB 50189—2015)、《严寒和寒冷地区居住建筑节能设计标准》(JGJ 26—2018)、《夏热冬冷地区居住建筑节能设计标准》(JGJ 134—2010)。目前《绿色建筑评价标准》(GB/T 50378—2019)中节能率只是评价指标中的一部分内容。对于一般建筑，行业主管部门都有相应的建筑节能审查和监督机构来监督检查工程设计和施工中的节能执行情况。而对于绿色低碳建筑，目前还没有相关的强制性标准和法规，建筑能效标识制度、建筑碳交易机制等也不成熟，没有绿色低碳建筑的定额碳排放标准和节能减排外部性收益的标准，因此评价体系的具体应用还需要解决标准和机制方面的很多问题。

4.6 本章小结

本章对绿色低碳建筑经济激励问题进行了分析，运用博弈理论，构建了政府与投资人之间的动态博弈模型，分析了博弈模型的四种结果。同时考虑双方选择策略(经济激励、投资绿色低碳建筑)这一博弈策略选择，建立两者的委托-代理模型，分别考虑在信息对称和信息不对称条件下的合约设计问题。研究表明，在信息不对称条件下，经济激励与投资人的风险厌恶程度有一定的关系，政府在选择

经济激励对象时，应该选择信用程度高、经济实力强的投资人进行经济激励。在构建合约的基础上，运用层次分析考虑经济效益和社会效益的综合评价，指出当前评价体系建立的缺陷，特别是能效标识制度、定额用能管理以及能效测评工作对激励政策实施具有重要影响。

第 5 章　绿色低碳建筑碳排放基准及交易机制

进入 21 世纪，人类社会对资源和能源的过度消耗导致生态环境恶化，特别是大量消耗煤炭资源，导致温室气体排放量与日俱增，引起欧洲联盟及世界其他很多国家的高度重视。我国作为最大的发展中国家，正处于经济社会高速发展的阶段，快速的工业化和城市化进程中，“高能耗、高排放、低效率”的粗犷式发展模式，大量消耗能源和资源，产生过量排放问题，引起国家的高度重视，陆钟武院士提出“穿越环境高山”理论，倡导绿色、可持续发展理念已融入党的十八届五中全会提出的创新、协调、绿色、开放、共享的“五大发展理念”。因此，要加快调整产业结构、转变经济发展方式，促进经济社会可持续发展[30,31]。党的十九大报告指出，必须树立和践行绿水青山就是金山银山的理念，坚持人与自然和谐共生。当前，“绿色发展”“低碳生活”已成为时代关键词，碳交易和碳补偿机制对实现绿色低碳发展具有重要作用。

碳交易是指政府将碳排放空间(从外部约束角度为碳排放空间；从履约主体角度为碳排放权，即利用碳排放空间的权利。对履约企业体现为分配得到的配额；对政府体现为控排目标，也称为减排目标)分配到各排放主体，并在既定的规则条件下允许市场化交易，各主体按照市场规律做出灵活选择，在交易过程中追求自身利益最大化，从而推动全社会在既定碳排放总量空间下实现最大的产出效益。首先，政府作为公共利益代表，把碳排放控制目标强制分解到各层主体，把碳排放空间这种“公共品”的使用权向各层主体进行“私有化”，形成发展方式转变、能源结构优化、技术进步的倒逼机制，调动各方主体高效利用碳排放空间的内在积极性。将碳排放空间“私有化”也是为了激励各主体珍惜利用碳排放权这一日益重要的“生产要素”；其次，通过制度安排，允许在既定规则条件下交易碳排放配额，为相关主体提供更多选择空间，既可以采取转变发展方式、利用节能技术、优化能源结构等措施降低碳排放甚至卖出富余的配额，也可以通过买进配额生产更多的产品，享受更好的服务。由于不同行业、不同企业的减排成本不同，不同区域单位碳排放的产出效率不同，可充分发挥市场优化配置资源的作用来推动既定数量的碳排放权产出最大效益。在所有主体都实现了自身利益最大化的情况下，也就实现了国家在既定碳排放空间下的产出效益最大化。因此，碳交易本质上是一项“政府创造、市场运作”的制度安排，是由政府主导的对既定碳排放空间进行合理利用从而实现更大产出效益的过程，这一过程不仅促进节能减排技术进步和能源结构调整，对全社会的节能减排战略实施具有重要意义，也符合绿色低碳建筑发展的社会需要。

目前国际上正在运行或设计的碳排放交易体系，除日本东京都总量控制与交易体系，均未将建筑物减排纳入强制交易管制范围。目前我国各地实施的碳排放权交易也没有把建筑碳排放交易纳入体系中。事实证明，建筑行业开展碳排放交易存在较大的困难，主要是因为交易主体分散化、排放边界与排放类型的界定、基准线与总量方法的选择、减排成本与碳价等方面都不成熟。在国内，住房和城乡建设部、北京市、天津市和厦门市均尝试过建筑排放权交易，上述各种难题与阻碍，特别是在建筑碳排放数据核算、基准线确定等方面存在的难点和分歧是建筑碳交易需要解决的首要问题。同时，我国建筑业受经济社会影响较大，减排目标不一致，这些因素阻碍了建筑碳交易的进程。在当前碳交易体系环境下，大型公共建筑和绿色建筑、标识建筑比较适合开展排放交易，其他类型的建筑施行碳交易的困难更大，需要进一步研究。

5.1　绿色低碳建筑生命周期碳排放数据核算

由于建筑能耗和排放受气候区差异、设计类型、施工方法、建筑材料、产权属性、用能管理等多方面因素影响，建筑碳排放的估算是非常复杂的。目前针对建筑的碳排放研究已取得一些成果，基于生命周期评估(life cycle assessment，LCA)，对建筑全生命周期的研究得到很多学者的认同[32-38]。生命周期评估法是指测算某一产品在整个生命周期过程中的碳排放，包括原材料取得、生产、使用及拆除处置等各个阶段。使用该方法首先要确定研究系统的边界，然后量化系统范围内各过程对资源的消耗及产生的碳排放，最后分析影响力[39-41]。而建筑全生命周期各个阶段的碳排放存在差异，需要针对建筑各阶段的特点，进行细化分析。当前，对于建筑使用阶段的能耗和排放的计算主要方法是：采用能耗测定和统计方法获取某一时间周期内建筑的能耗(通常以年为单位)，通过不同能源消耗类型和消耗量，测算单位面积建筑能耗和碳排放。但在建筑物的物化阶段，由于使用大量的建筑材料、机械设备，消耗柴油、汽油、电等能源，碳排放的计算非常复杂，存在的争议性最大。建筑材料生产和运输过程中的碳排放难以计算，具有表面低碳、隐含高碳的特点。已有的研究表明，建筑材料的间接碳排放量占比达 92%以上[42]，设计方法的选择和材料的使用对物化阶段碳排放有很大的影响[38,43,44]。建筑物化阶段的碳排放占整个生命周期碳排放的 20%左右[45]，也有研究表明物化阶段的碳排放量达建筑全生命周期的 40%～45%[46]。因此，物化阶段碳排放的计算对于建筑全生命周期碳排放的计算和进行碳交易具有重要影响。碳排放的计算最关键的是找到相应的排放因子，物化阶段的碳排放因子主要为能源碳排放因子

(煤、石油、天然气、电力等)、建材碳排放因子与施工机械碳排放因子。若相应的排放因子都能完全查找，那么无论是木结构、钢结构、现浇还是装配式混凝土结构，其碳排放的计算都遵循同样的规则。国际组织公布了能源碳排放因子，四川大学建立的“中国生命周期基础数据库”(Chinese life cycle database，CLCD)是国内仅有的相关较系统、全面的数据库[47]。由于国内的碳排放因子资料库相对缺乏，该数据库的基础参数部分来源于国际组织联合国政府间气候变化专门委员会(IPCC)提供的清单数据。

建筑生命周期各阶段碳排放数据的准确核算是建筑碳排放权交易的基础。从政府视角，为了实施建筑碳排放交易，必须针对不同气候区的不同建筑类型，确定基准排放量。上述分析表明，建筑物在其生命周期消耗大量能源，产生大量碳排放，但排放量影响因素众多，若限定条件或边界选取不同，计算的结果差别很大，社会认可度不高，政策实施就会很困难。基准排放量是碳交易的基础，需要对建筑生命周期进行分段分过程界定，确定碳排放的核算范围，依据统一性原则，根据各阶段特点，利用碳足迹计算方法进行碳排放计算从理论上是科学可行的，可以按照如下思路进行计算。

运用排放因子法，在设计阶段，采用建筑信息模型(building information modeling，BIM)技术进行建筑节能设计和建造过程中碳排放的测算，利用“工程量清单”计碳方法进行建筑材料生产和拆除再利用阶段的碳排放量测算，运用燃料排放因子法确定施工阶段各类机械台班的排放因子，计算相应的机械设备碳排放量，这样可以实现物化阶段碳排放量信息的完整和客观科学。在使用阶段，首先分析能源类型和组成结构，采用能耗数据分类采集统计方法，建立使用阶段碳排放计算模型，预测使用阶段的平均碳排放量。通过分阶段分过程碳排放量的计算，确保数据的准确性和科学性。

现有研究表明，建筑全生命周期的碳排放计算是个复杂的组合，需要根据各阶段的特点，采用不同的计算方法来计算碳排放量才具有科学性和实际应用价值。正常使用阶段的能耗和排放量的计算通过能耗监测和合同能源管理等方式，建立拍卖制度及可测量、可报告、可核证体系结合《建筑碳排放计量标准》(CECS 374:2014)来进行碳排放计算易于实现。而建筑物的物化阶段碳排放量的计算现有研究成果较少，加之物化阶段碳排放量计算的困难，首先，分析建筑全生命周期的阶段特征，根据建筑的特点，界定物化阶段包含的区间和内容；其次，根据物化阶段相关内容和特点，进行各类别的碳排放量计算。建筑材料的碳排放主要是间接碳排放，为了使得计算可行，其排放量的计算主要采用物料平衡法，确定相应的排放因子和碳源消耗量，计算各类材料的总碳排放量。设计及准备阶段的直接碳排放量较少，但设计方案和优化对建筑全生命周期碳排放量影响巨大，应建立建筑低碳层级系统，通过不同层级叠加优选，有效控制和降低建筑生命周期的碳排放量。在施工阶段，按照分部分项工程划分方法，根据燃料排放因子，确定各类机械台班的排放因子，计算相应的机械设备碳排放量。通过这一系列过程分解，找出建筑物化阶段所有的直接和间接碳排放源，并采用相应的方法进行计算汇总，确定建筑物化阶段的总碳排放量，使得建筑物化阶段的碳排放计算更加科学合理。

5.1.1 物化阶段碳排放计算范围的确定

建筑全生命周期评价系统边界的确定是碳排放计算的必要条件，本研究不考虑外部政策和自然气候变化因素，主要考虑建筑内在系统边界，其主要指形成建筑实体的一系列过程的集合体。中国城市科学研究会绿色建筑与节能专业委员会的相关研究将建筑生命周期碳排放计算划分为建材生产、建材运输、建筑施工、运营、维修、拆除和废弃物回收 7 个阶段，这种划分没有考虑业主方在工程准备阶段的“三通一平”，即通水、通电、通路和场地平整以及业主对设计优化环节节能的重视。因此，在估算绿色低碳建筑全生命周期碳排放时，必须按照绿色低碳建筑的标准要求来进行，可以把范围界定为场地平整、绿色低碳建材加工生产、低碳设计优化、材料运输、绿色低碳施工、低能耗运营使用维修阶段、拆除及材料回收利用等过程，这些过程可以界定于三个阶段，即物化阶段、运营使用阶段、拆除及回收利用阶段。这样，施工场地平整、材料生产加工、设计优化、施工过程等就组成绿色建筑物化阶段的子目。

5.1.2 建筑材料生产阶段的碳排放

据 Adalberth 在瑞典的调查，建筑物整个生命周期中 20%的能耗来自建筑材料[48]。材料准备阶段的碳排放是全生命周期排放的第二大部分[49]。说明建筑材料具有“表观低碳，隐含高碳”的特征，其碳排放的计算非常重要。但建筑物的最大特点就是唯一性，所用材料和施工方法千差万别，种类众多，因此评价一个建筑物化阶段碳排放非常困难，需要界定计算范围和计算方法。建材生产和运输阶段的碳排放按照《环境管理 生命周期评价 原则与框架》(GB/T 24040—2008)、《环境管理 生命周期评价 要求与指南》(GB/T 24044—2008)并结合《建筑碳排放计量标准》(CECS 374:2014)规范要求进行计算。

根据质量守恒定律，以投入物质量等于产出物质量为理论基础，采用碳排放因子法构建物化阶段二氧化碳排放量计算模型[50]，其基本计算式为

$$碳排放量=碳排放因子\times碳源消耗量 \tag{5-1}$$

由式(5-1)可知，碳排放量计算的关键是确定碳排放因子和碳源消耗量。

1. 建立碳源消耗量计算模型

首先要进行投入资源消耗的碳源单位消耗量标准确定，也就是计算物化过程中第 j 类资源的第 k 项碳源消耗量标准(即单位消耗量) Q_{jk}：

$$Q_{jk} = w_j \times q_k \tag{5-2}$$

其中，j 为物化过程中投入的资源类型，如人工、材料、机械台班等；k 为物化过程中第 j 类资源消耗的碳源类型，如化石类碳源、电力类碳源等；w_j 为清单定额中第 j 类资源的投入量标准(即单位投入量)；q_k 为第 j 类资源的相应定额中第 k 项碳源消耗量标准(即单位消耗量)。

2. 建立碳排放因子计算模型

二氧化碳排放的碳源主要是电力消耗和施工过程中机械设备使用的汽油、柴油等化石类燃料，通过对世界资源研究所(WRI)、IPCC、国家发展和改革委员会应对气候变化司、国家发展和改革委员会能源研究所、国家应对气候变化战略研究与国际合作中心等国内外权威机构公布的碳排放准则或标准进行分析，建立碳排放因子计算模型。

(1) 电力类碳排放因子计算模型：

$$C_{eR} = \frac{E_{m_R} + E_{m_{R,e}}}{G_R + G_{R,e}} \tag{5-3}$$

其中，R 为工程所在的区域(按照气候区的划分类别确定)；C_{eR} 为 R 区域电网的平均 CO_2 排放因子；E_{m_R} 为 R 区域发电产生的 CO_2 排放量；$E_{m_{R,e}}$ 为其他区域电网向 R 区域输送电量所产生的 CO_2 排放量；G_R 为 R 区域总发电量；$G_{R,e}$ 为其他区域电网向 R 区域输送的总电量。

(2) 化石类碳排放因子计算模型：

$$C_{f\mathrm{CO}_2,T} = \mathrm{FF}_T \times \mathrm{CC}_T \times \mathrm{CF}_{T,\mathrm{tec}} \times \beta \times \frac{44}{12} \tag{5-4}$$

其中，T 为化石燃料类型；$C_{f\mathrm{CO}_2,T}$ 为 T 类燃料基于质量或体积的 CO_2 排放因子；FF_T 为 T 类燃料在燃烧过程中的碳氧化率(%)；CC_T 为 T 类燃料的单位热值含碳量(t 碳/MJ)；$\mathrm{CF}_{T,\mathrm{tec}}$ 为重点用能单位能源利用状况报告中为 T 类燃料提供的参考折标因子；β 为每吨标准煤的热值，29307MJ；44 / 12 为二氧化碳与碳的分子量转换因子。

3. 建立碳排放量计算模型

(1) 单位碳排放量计算模型：

$$U_{ij} = \sum_{jk} C_{fjk} \times Q_{jk} \tag{5-5}$$

其中，i 为与建设工程概预算定额相对应的子目类型；C_{fjk} 为第 j 类资源的第 k 项碳源的碳排放因子，由式(5-3)或式(5-4)求得；U_{ij} 为预算定额第 i 个子目中第 j 类资源的碳排放量标准(即单位碳排放量)。

(2) 总碳排放量计算模型：

$$\mathrm{TQ}_{\mathrm{CO_2}} = \sum_{i=1}^{n} Q_i \times U_{ij} \tag{5-6}$$

其中，Q_i 为物化阶段第 i 个子目的估算工程量，由施工图纸确定；$\mathrm{TQ}_{\mathrm{CO_2}}$ 为物化阶段排放的二氧化碳总量。

依据工程预算定额和项目清单中各类建筑材料使用量、机械设备台班等子目，根据式(5-2)和式(5-5)，可确定碳源消耗量标准和碳排放量标准，编制各类建筑材料碳排放量概算定额。根据材料使用清单，应用此定额可以直接估算出材料生产及运输过程中的碳排放量[51]。

5.1.3　设计及准备阶段的碳排放

衡量物化阶段碳排放量大小的一个重要因素是建筑自身的低碳化，低碳建筑需要从方案系统设计考虑，传统的建筑设计阶段一般是根据已有建筑方案选择相应的主动或者被动节能措施，缺陷就是未从建筑方案设计初期将低碳理念与建筑方案融合，使得设计和准备阶段的碳排放考虑不全面，因此在对低碳建筑的生命周期划分时，要考虑起点的前移[52]，如图 5.1 所示。

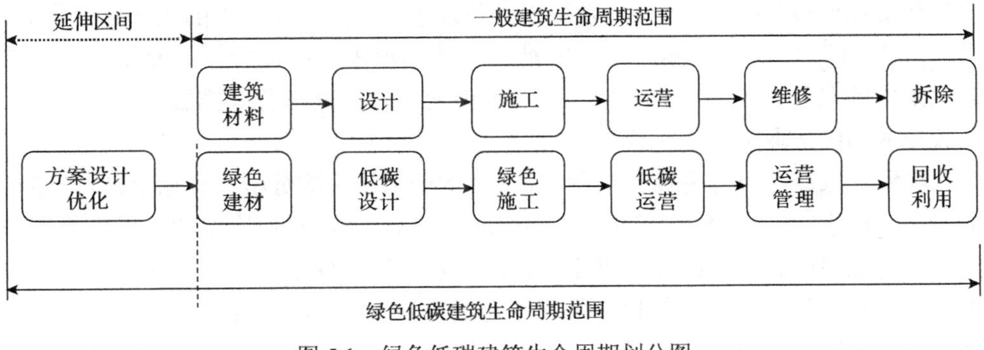

图 5.1　绿色低碳建筑生命周期划分图

绿色低碳方案设计应考虑到建筑全生命周期的各阶段，上述研究表明建筑材料对碳排放的影响较大。可以尝试设置建筑低碳层级系统，通过不同层级叠加优选相对较低的碳排放值，将方案与技术整合到低碳设计系统中，避免后期技术堆砌来弥补设计缺陷问题。

在此过程中，可以将因子归类到三个不同层级，即建筑本体层级、围护结构层级和建筑构件层级(表 5.1)。设定各层级模拟因子的标准值与变量值，将建筑信息分为各个细小的模拟因子进行对比模拟，模拟因子可以进行单一模拟、组合模拟和对整个方案系统进行模拟。通过对各部分的变化与所设定的标准进行对比模拟，分析变化部分的变量值与标准值的碳排放差值。

表 5.1 绿色低碳建筑层级系统

层级系统	建筑本体(A_0～A_n)					围护结构(B_0～B_n)									建筑构件(C_0～C_n)				
模拟影响因子	平面形式	建筑类型	体型系数	朝向	其他因素	外墙导热系数	保温层厚度	外围颜色	窗墙比	窗传热系数	屋面形式	屋面传热系数	遮阳系数	其他因素	遮阳类型	太阳能	风能	热泵	其他因素
形式	参考形式	规模	取值范围	最佳朝向	其他类型	K值	设计节能率	设计颜色	规范允许范围	K值	不同类型	规范允许范围	设计允许范围	其他类型	屋面立面混合型	太阳能光热、光电	风机涡轮	地源水源热泵	其他部件
碳排放变化值	C_{A_0}	C_{A_1}	C_{A_2}	C_{A_3}	C_{A_n}	C_{B_0}	C_{B_1}	C_{B_2}	C_{B_3}	C_{B_4}	C_{B_5}	C_{B_6}	C_{B_7}	C_{B_n}	C_{C_0}	C_{C_1}	C_{C_2}	C_{C_3}	C_{C_n}

首先对单一因子的碳排放值进行研究，如建筑本体层级的不同模拟因子用 $C_{A_0},C_{A_1},C_{A_2},\cdots,C_{A_n}$ 表示，各模拟因子内含不同条件、形式和取值，并均通过标准值与变化值进行模拟比较，可以得出由各因子本身变化而产生的碳排放变化值，用 $C_{A_n}^0,C_{A_n}^1,C_{A_n}^2,\cdots,C_{A_n}^n$ 表示，其中标准值为此模拟因子的设定值，变化值为建筑规范采用的取值的范围，通过每种因子取值变化分析其对总碳排放量的影响，最小碳排放的因子取值即最优值。

在绿色低碳建筑方案设计过程中，上述单一因子影响分析在理论上是可行的，但实际上由于三个层级之间的因子相互影响，如建筑的窗墙比增加，采光效果变好，室内照明能耗将会降低，但由于窗的隔热性能较保温墙体的隔热性能差，整体围护结构的保温隔热性能将会降低，建筑的暖通能耗将会提高，所以需要在规范允许的范围区间内，综合考虑各类围护结构的传热系数，考虑多种因子的相互作用并进行优化组合，可以建立一个低碳分析系统，根据不同气候区、不同建筑类型进行各因素的综合优化，通过对所有层级中不同因子选择的集合，可以在设计中进行优化选择，通过设计过程首先把碳排放控制在一个合理的范围，如图 5.2 所示，这样的系统优化设计更具有技术性、合理性和科学性。

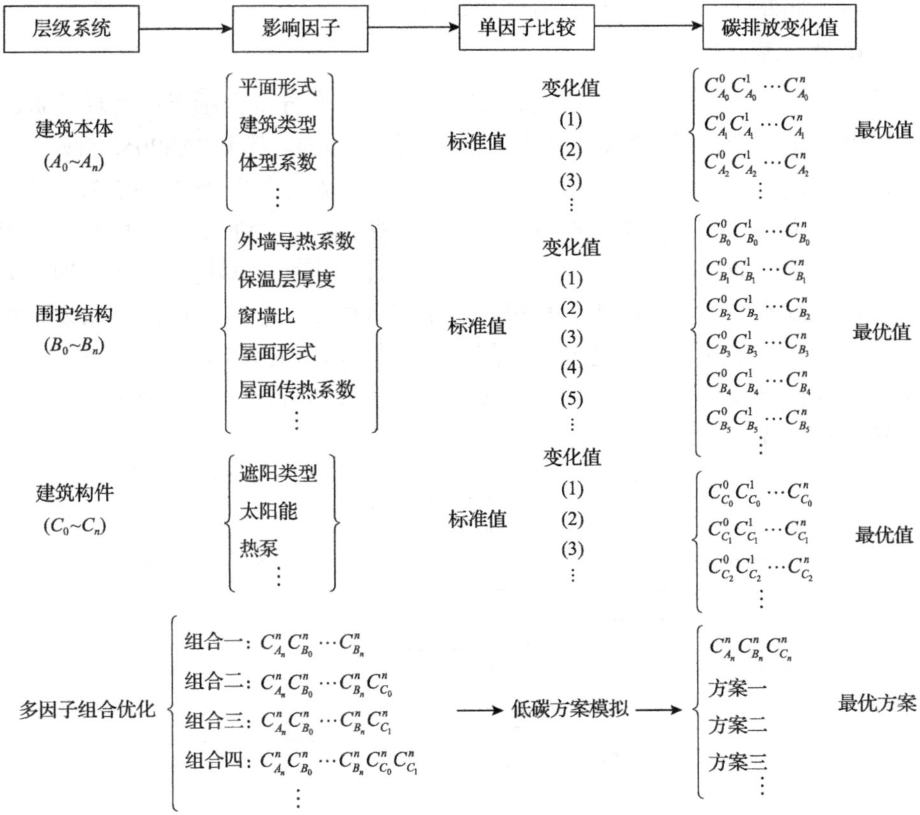

图 5.2　绿色低碳建筑设计优化系统

5.1.4　施工阶段的碳排放

建筑施工过程中使用各种机械设备，消耗柴油、汽油、电等多种能源，同时施工现场的办公和生活区各种设备、照明、制冷、炊事等也消耗相应的燃料能源，此阶段碳排放涉及复杂的施工工艺过程，通过理论计算碳排放比较复杂[53]。由于办公和生活中消耗的资源占比较小，可以简化办公和生活的燃料消耗，把施工阶段按照分部分项工程划分方法，把场地平整划归到施工阶段，通过相应的机械设备台班用量进行计算。按照施工工序能耗估算方法，将建筑工程分为桩基基础、主体结构、屋面及装饰工程，结合造价定额分类，每个工程可以按照建造工作分解结构(construction work breakdown structure，CWBS)方法再进行细分，分为桩基工程、混凝土工程、钢筋工程、垂直运输工程、门窗安装、外墙装饰等。然后对这些分部分项工程进行归类，工程量的计算按照现行国家标准《房屋建筑与装饰工程工程量计算规范》(GB 50854—2013)和《通用安装工程工程量计算规范》(GB 50856—2013)的计算规则根据施工图纸进行计算，确定碳排放边界，找出并分类碳排放源，计算施工阶段的资源消耗和碳排放。

1)碳排放源分类

消耗资源类型分为柴油、汽油、煤、电等，每个分部分项工程消耗的资源既有差异也有共性，但不同阶段的排放是有一定的区别的。基于 PAS2050 规范，按照碳排放源把边界划分成基础工程、主体结构、屋面及装饰等分部(图 5.3)。基础中场地平整、土石方工程的机械碳排放主要源于柴油、汽油的消耗。桩基工程根据桩的类别，使用的机械设备碳排放主要源于柴油和电力的消耗。主体结构部分主要包含钢筋制作加工、混凝土、模板、砌筑工程施工工序，使用的机械设备种类多，涉及电力、柴油、汽油能源的使用，消耗量大，碳排放总量大。屋面工程以及装饰工程机械设备消耗台班相对较少，但该阶段综合使用了多种水平、垂直运输机械，碳排放源较多。

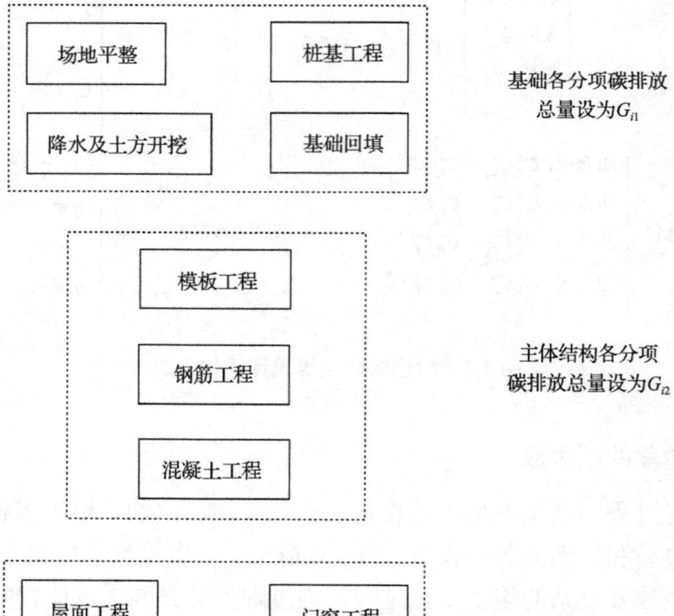

图 5.3　碳排放边界划分图

基于 PAS2050 规范的碳排放边界，结合现阶段研究领域通用的计算公式，确定以下三阶段模型[54, 55]：

$$I_C=\sum_{n=1}^{3}G_{mn}\times P_q \tag{5-7}$$

其中，I_C 为建筑全生命周期碳排放指数；G_{mn} 为建筑物 m 全生命周期内第 n 阶段（$n=1,2,3$，分别为基础工程、主体结构、屋面及装饰工程阶段施工）所产生的温室气体的质量（kg），主要界定为 CO_2 排放量；P_q 为温室气体的全球变暖影响潜能值（$kgCO_2/kg$）。

$$G_{mn}=G_{m1}+G_{m2}+G_{m3}$$

根据使用能源分类并结合式(5-4)中的 $C_{f\mathrm{CO}_2,T}$ 进行细化：

$$G_{m1}=C_d\times Q_{M_1}+C_o\times Q_{M_2}+C_e\times Q_{M_3}$$

其中，C_d 为柴油碳排放因子（$kgCO_2/kg$）；C_o 为汽油碳排放因子（$kgCO_2/kg$）；C_e 为电力碳排放因子（$kgCO_2/kWh$）；Q_{M_1}、Q_{M_2}、Q_{M_3} 分别为相应的能源消耗量。G_{m2}、G_{m3} 同理。

由于机械设备的碳排放源于柴油、汽油和电力的消耗，因此通过单位台班的能源消耗量及能源碳排放因子，可确定各种机械设备的台班碳排放因子。

$$G_{mn}=\sum_{n=1}^{3}Q_{M_k}\times C_{M_k} \tag{5-8}$$

其中，k 为各类机械设备编号，$k=1,2,\cdots$；C_{M_k} 为机械设备的碳排放因子；Q_{M_k} 为相应的机械台班能源消耗量。

2）参数确定

一般情况下，项目施工现场能耗分类统计比较困难，收集到的数据有限，不具有代表性。通常采用造价管理软件中得到含损耗的材料用量，根据这些数据来推算建造施工阶段的能耗，通过常用的广联达等计价软件计算实现，其中能源排放因子可以根据上述计算确定。

根据前述确定的能源碳排放因子，结合《全国统一施工机械台班费用定额》从而确定各机器设备的单位碳排放量。各机械设备台班费用组成记为 S，单位台班的能源消耗量记为 Q_{M_k}，C_{M_k} 为机械设备的碳排放因子，则机械设备碳排放因子记为 $C_{M_k}=S\times Q_{M_k}$。通过计算，获得各类机械设备的碳排放因子。本研究未考虑外界因素影响，只是从建筑自身全生命周期各阶段进行考虑，重点分析建筑物物化过程中自身的低碳化问题，提出把绿色低碳建筑生命周期进行前移，考虑设计优化对低碳的影响，通过建立建筑低碳层级系统，考虑单一因子和多因子综合作用，通过优化，将设计中的碳排放保持在一个可控的范围，使得系统设计更具有技术性、合理性和科学性，达到最优的节能减排效果。在施工阶段碳排放计算时，首先将工程划分成三个阶段，确定每个阶段的碳排放边界。根据每个阶段的特点，进行碳源分类，根据各种燃料消耗情况依据上述计算的燃料排放因子，确定各类机械台班的排放因子，这样就可以计算施工过程中的机械设备碳排放总量。把建筑物化阶段的各种碳排放量进行汇总计算，既可以从理论上得出物化阶段的总碳排放量，也可以编制物化阶段的碳排放定额清单，适用于各类建筑物化阶段碳排放量的计算，有利于建筑生命周期碳排放量的分阶段精确计算，为碳交易机制的制定和实施提供技术支持。

5.2　建筑碳排放基准

碳排放基准的确定是建筑碳排放权交易的核心问题，目前主要有两种方法，一种是基准线法，以纳入配额管理单位的碳排放效率基准为主要依据，建筑用能有其特殊性，在建筑全生命周期内用能过程不具有标准化和程序化的特点，基准线的确定很困难，即使两个设备系统功能都完全相同的建筑，由于所处气候环境不同，使用功能定位、使用特点以及管理方式不同，其单位面积能耗也会相差很大。因此，气候环境、建筑功能、物业管理水平、使用特征、能源费用价格和支付方式等都有可能影响建筑的能耗水平。第二种方法是历史排放法，以纳入配额管理的单位在过去一定年度的碳排放数据为主要依据。这种方法简单易行，但需要历史数据，针对新建的绿色低碳建筑，历史排放法不适用，因此该方法不具有普遍适用性。德国在进行建筑碳排放交易前，做了很多辅助性工作。首先修订了与节能相关的法律条例，从不同层面为建筑碳排放市场交易做准备，包括建筑碳排放量确定、建筑能源证书、交易相关法律框架、交易市场潜力及经济可行性、减排量碳排放交易试点等方面。在计算方法上，依据德国可持续建筑认证管理体系 DGNB，根据建筑在使用过程中的能耗，区分不同能源种类，计算其一次性不可再生能源消耗量，然后折算出相应的二氧化碳排放量。但这一体系主要是考虑使用过程中的碳排放，未能考虑建筑全生命周期碳排放量，不利于绿色低碳建筑初期的发展和建筑碳交易的实施。日本东京都于 2010 年 4 月正式启动“日本东京都总量限制与交易体系”(简称东京 ETS)。该交易体系中设置的是绝对总量目标，主要针对大型建筑，在碳排放配额的分配上，结合基准年排放值和减排系数免费发放，而新进入者的排放配额则从预留配额中获得。为了避免绿色低碳建筑存在碳配额的不公平发放，减排系数的确定根据建筑能效等级进行了分类，可执行的范围相对较窄，应用性不强。我国已实施了《建筑碳排放计量标准》(CECS 374:2014)，为建筑碳排放的计算提供了依据，并且在北京、天津、深圳等地针对不同市场主体采取了强制性和激励性建筑节能减排交易试点。深圳市建立了碳排放管理系统、配额管理系统、碳补偿系统、交易系统、报告和认证系统、处罚和激励机制等六项碳排放管理规定，纳入交易体系的主要还是政府办公建筑、商业办公建筑、商场建筑和宾馆酒店等公共建筑，也制定了这类公共建筑单位建筑面积能耗定额标准。但由于建筑自身节能设计标准和建设年代不统一，相关配套制度不完善，从市场交易情况来看，买方市场缺乏，交易缺乏活力，政策和制度的落实也存在一定的问题。为了科学合理确定排放基准线，需要依照我国建筑气候区的划分，来定义相应的建筑类型，通过图 5.1 对建筑生命周期各阶段的合理界定，定义单体建筑各阶段的排放目标，同时定义单体建筑年排放量的目标值，建立数学模型，计算基准年的总排放基准线，并最终将建筑碳排放数据化，为有效地解决建筑碳排放提供可靠的数据基础。传统的节能减排主要是依靠强制性的法律法规和行政命令，但由于碳减排的特殊性，很难达到预期的目标。当前国际上主要采用碳税和市场交易两种方式来减少碳排放，实施碳税的社会监控成本极高，信息效率和公平性也很难得到社会公认。碳交易机制是依据市场经济理论，变被动为主动，是一种更为有效的减排方法，建筑领域建立碳交易机制，是碳排放权交易在具体行业的一种表现形式。实施建筑碳交易是很多发达国家建筑节能减排的一种趋势，特别是单位面积能源消耗较大的公共建筑。我国部分省市试行建筑碳排放权交易，曾有上海世博会万科馆通过上海环境能源交易所的平台，购买相应数量标的物。方兴地产(中国)有限公司通过北京环境交易所购买了 16800t“熊猫标准”的自愿碳减排量。这些建筑碳交易平台不具有专业性，同时对于我国每年新增约 20 亿 m^2 的建筑，绿色低碳建筑的建设量占比还非常小的实现情况来说，这样的建筑碳交易也只是具有象征意义。我国目前成立了碳排放交易体系，建设了全国碳排放权交易市场，但是并没有把建筑碳交易纳入交易体系中。当前碳交易市场管理制度，碳排放权交易管理条例和配套管理办法，交易系统、上线交易的条件等方面还不成熟，再加上国家部委部门的调整，国家发展和改革委员会应对气候变化司的相关职能移至生态环境部，建筑碳交易涉及国家能源局、住房和城乡建设部等管理部门，真正能有效实施建筑碳交易机制，还有很长的路要走。

5.3　建筑碳交易机制相关利益主体

由于建筑产品不同于一般工业产品，需要考虑建筑碳排放的特殊性和产权的属性。按照利益相关者理论，建筑碳排放交易相关利益主体是指在建筑全生命周期内参与节能减排活动，并且利益受到节能活动结果影响的组织和个人。这样，绿色低碳建筑碳交易的相关利益主体主要有以下几个。

1. 投资人

投资人是绿色低碳建筑的主要开发建设者，他们遵循国家对绿色低碳建筑的强制性及激励性政策要求，寻求相应的咨询、设计、施工、运营等服务，是绿色低碳建筑全生命周期物化阶段的重要参与主体。

2. 承包商

承包商是经业主委托，按照投资人的要求和设计图纸实施相应的建筑产品，是建筑物化阶段的主要实施者，承包商的绿色低碳施工方法以及选择的低碳节能材料和设备供应商等因素都会对建筑使用阶段的低碳节能有很大影响，虽然承包商不是低碳交易的主要利益方，但实际上对绿色低碳建筑全生命周期的碳排放和碳交易有深远的影响。

3. 各类业主

各类业主是绿色低碳建筑的产权所有者，是绿色低碳建筑的主要消费者和购买人，在绿色低碳建筑全生命周期尤其是使用阶段节能减排中的作用巨大，对推动绿色低碳建筑产业发展具有重要作用。

4. 设备及材料生产商和供应商

这类参与主体在绿色低碳建筑发展过程中参与度不如以上两个主体强，更多的是遵循国家的相关低碳建筑的建设标准和行业发展趋势，但设备和材料对绿色低碳建筑的全生命周期的碳减排作用巨大。

5. 咨询服务机构

由于绿色低碳建筑比一般建筑增加了对建筑低碳的相关要求，有明确的碳排放指标要求，需要在项目前期设计阶段即开展相关的绿色低碳专项咨询，包括确定设计方案、低碳技术落实、能效评估、运营过程管理等咨询服务机构。这些服务主体对建筑碳交易实施起技术服务和支撑作用。

6. 政府机构

按照利益相关者理论，政府是建筑节能减排和碳交易的推动者，在建筑碳交易过程中，政府承担规范、引导、监督等责任，为制度的制定者、维护者和执行者，是社会收益的主要获取者。政府制定的法律法规和制度的执行对实施碳交易机制有重要作用，只有当政府制定的标准被严格执行时，其他相关主体才有参与碳交易的主观意愿，这样扩大参与碳排放权的交易区域就能降低成本，实现节能减排与效益的双赢。清华大学邢新会教授指出，由于碳排放交易是个复杂的系统工程，需要从政策、管理体制和促进技术创新及产业结构调整等方面进行系统的分析和研究，特别是我国不同地区在自然资源、自然条件、经济发展水平和产业结构等各方面都有差异。因此，政府在制定政策和实施碳交易机制进程中，需要承担施行的重要角色。

5.4　建筑碳交易存在的问题

1. 确定建筑碳排放测算范围

建筑碳排放测算范围目前存在很大的争议性，虽然《建筑碳排放计量标准》(CECS 374:2014)中规定，建筑碳排放是指与建筑物建材生产与运输、建造与拆除、建筑物使用等活动相关的温室气体排放。从定义分析主要是指建筑生产和运营中所有碳排放的总和，也就是涉及建筑全寿命过程，但是由于对建筑全生命周期的划分存在一定的争议，特别是对于绿色低碳建筑，其生命周期的界定更是没有明确，因此通过图 5.1 对一般建筑和绿色低碳建筑的全生命周期进行划分并比较，碳排放的测算范围包括设计优化、材料生产与建造、运营、拆除和重新利用等阶段，在确定建筑的全生命周期碳排放时，最重要的是建立标准碳排放数据库，该数据库必须包含各类建筑材料的生产、运输过程中的碳排放数据或详细的计算方法。

2. 建筑碳排放配额的确定

建筑碳排放配额确定与电力企业和工业企业有很大的差异性，当前对于碳排放的配额一般采取历史排放法和基准线法。对于工业(除电力行业)，以及商场、宾馆、商务办公等建筑，采用历史排放法；对于电力、航空、港口、机场等行业，采用基准线法。以上海市为例，工业企业年度碳排放配额=历史排放基数+先期减排配额+新增项目配额。其中历史排放基数按照试点企业区间年排放边界和碳排放量变化情况确定，对于区间年排放边界未发生重大变化的企业，碳排放量相对稳定的取年排放平均数；对于年碳排放量增幅超过 50%的，取区间最后一年排放数据；对于年排放边界发生重大变化的，取边界变化后经补充盘查的年内连续稳定生产月份的排放数据所推算的全年数据作为基准。先期减排配额是按照试点企业如在年区间内实施了节能技改或合同能源管理项目，且得到国家或上海市有关部门按节能量给予资金支持的，可获得先期减排配额。新增项目配额是对试点企业在区间年期间投产、年综合能耗达到 2000t 标准煤及以上的固定资产投资项目，可申请新增项目配额。新增项目配额量根据项目全年基础配额、生产负荷率及生产时间确定，新增项目配额发放后即可作为相应年度配额使用。采用历史排放法，综合考虑企业的历史排放基数和先期减排行动等因素，确定企业年度碳排放配额。对于商场、宾馆、商务办公建筑等，采用的计算公式为企业年度碳排放配额=历史排放基数+先期减排配额。历史排放基数及先期减排配额的确定方法同工业行业，新建建筑暂未纳入其配额边界。

目前深圳市和天津市的建筑能耗定额均按照单位建筑面积能耗强度和建筑室内面积计算，相对于考虑建筑碳排放等级分类，历史排放法简单易行，但由于未能对新建建筑单位面积的真实能耗强度进行科学评价，历史排放法有一定的缺陷，实施的效果也很难评判。需要思考如何科学地制定建筑能耗限额标准，采用历史排放法时需要避免对绿色低碳高能效建筑的不利影响。

3. 建筑碳交易市场面临的其他制约因素

实行建筑碳交易，需要解决的问题较多，除了要完善现有的法规框架和配套政策，需要考虑建筑碳交易的特殊性，对于建筑这种每个业主或者每幢建筑的排放量较小而成本较高的行业，容易受到体量大、减排成本相对低的工业的影响，因此建筑领域必须建立自身的行业减排体系，不宜参加目前以发电为主、行业混合的碳排放权交易市场。深圳现有的建筑碳排放权交易市场由一级市场(业主为主)和二级市场(以业主、投资者等)组成，按照碳交易的基本原理，以确定产权和减少交易成本为原则，充分利用现有的行政管理、技术标准、节能政策、建筑能耗统计、能源审计和能耗监测工作基础，减少建筑碳排放权交易市场的建立和运行的成本。按照“总体设计，分步实施”的方式逐渐建立建筑碳交易市场。为保障配额分配的公平性和建筑能耗增长的空间，配额分配综合考虑了建筑节能设计标准、能耗现状水平及未来发展趋势、节能减排成本等因素，以控制建筑碳排放强度为目标，确定各类民用建筑能耗限额标准，以各类建筑能耗强度限额值(kWh/m^2)作为建筑碳排放配额确定的依据。

当前我国建筑排放的基础统计数据薄弱，缺乏完善可靠的技术和经济数据及信息，数据的统计口径和可靠性还无法完全满足碳交易的市场需求，监测、报告与核查(monitoring-reporting-verification，MRV)完整的体系尚未建立，缺乏认证的系统的方法学和标准，因此实施区域性的碳交易市场是当前建筑碳交易的重要内容，待区域性建筑碳交易市场成熟后，可建立全国性的建筑碳交易市场。

5.5 构建建筑碳交易体系

建筑碳交易体系建设需要按照分阶段分过程的碳排放量计算原则，以基准排放线作为基础，运用产权理论、排污权交易理论以及博弈理论分析碳交易机制实施过程中参与主体的经济行为特征，分析建筑碳交易实施过程中各行为主体的策略选择。

国内外建筑碳排放交易的实践表明政府应充分发挥政策调节作用，将社会资源引入绿色低碳建筑的投资中，将消费者引入绿色低碳建筑的消费中来，采取积极政策，拓宽绿色低碳建筑的融资渠道。对绿色低碳建筑参与碳排放交易进行激励，激励需要与财政补贴、碳税制度、金融和绿色低碳建筑能效标识制度等关联起来，从系统上保证参与碳交易的相关方获得实实在在的收益，形成一个良好的社会导向，这样可以促进绿色低碳建筑的良性发展。

碳交易实施过程中，基于“公开、公平、公正”的原则，可以通过能效标识认证和财政补贴、碳税、金融扶持等信息建立绿色低碳建筑信息系统，建立系统数据库，实现区域或者全国性的政策和交易数据共享，制定政策实施的保障制度。政府根据节能减排目标确定本地区建筑碳排放总量控制目标，确定绿色低碳建筑发展目标，启动区域性建筑碳排放配额交易，建立建筑碳交易财政补贴资金，根据建筑节能减排指标综合评估情况给予财政补贴和征收碳税。同时政府需引导金融机构吸收社会资金建立绿色低碳建筑投资基金，对绿色低碳建筑投资人和业主实行贷款优惠政策，可以是降低利率或者提高贷款额度，并根据碳减排和交易情况进行动态评价。结合绿色低碳建筑能效标识和能耗监测评估进行碳交易，投资人或业主提出碳交易申请，政府机构接收申请，审核通过后由政府委托第三方机构对绿色低碳建筑年度碳排放情况进行检查、核算、评估，根据该绿色低碳建筑基准排放和实际减排量，签发碳排放减排量指标，进行交易注册登记，正式进入建筑碳交易市场，按照市场方式进行交易，并根据相关政策进行相应的激励。

考虑到碳交易的现状，当前建筑碳交易体系可以分步按照三个阶段逐步建立和试运行。第一阶段：启动建筑碳排放权交易市场，提高建筑碳排放交易的社会认知度，鼓励有减排潜力的业主和投资人参与到碳交易市场进行交易，逐步完善相关交易制度。第二阶段：在第一阶段基础上，建立完善的建筑碳排放权交易市场，执行奖惩机制，对超额排放的建筑进行惩罚或征收碳税，对节能减排效果明显的进行奖励，逐步建立完善的建筑碳排放权交易市场。第三阶段：完善碳排放交易机制，建立相对成熟的建筑碳排放权交易市场，实现区域性建筑碳排放市场与全国性的建筑碳排放交易市场逐渐统一，形成全国性统一的建筑碳排放权交易市场。

建筑碳交易市场按照二级市场建设，一级市场主要针对建筑业主，这是由建筑产权的特殊性质决定的；二级市场主要以业主、投资人以及建筑节能减排的相关参与主体组成。市场需要考虑不同交易主体的配额分配，建立配额的信息管理、注册登记和交易规则。建筑碳排放交易机制由许多不同的部分组成，市场交易过程也需要按步骤实施，从履约、激励逐步过渡到惩罚。由于机制设计中影响因素众多，涉及部门交叉，需要把相关内容和权力进行系统整合，形成一个高效的建筑碳交易机制。同时也要建立相应的制度和支撑机制，如实施活跃交易保障机制、金融服务保障机制、配套政策保障机制、市场公平保障机制、定期评估支撑机制等，这样可以确保建筑排放交易机制的有效运行。

此外，为能够提供高效的交易环境，应鼓励各类有减排能力的建筑业主进场交易，或者委托第三方服务公司提供节能减排管理服务，实现多方共赢。政府应积极鼓励和扶持建筑能效测评、标识论证和用能管理的服务机构，使得低碳建筑排放交易市场的服务趋于完善和成熟。

5.6 本章小结

建筑生命周期各阶段碳排放数据的准确核算是建筑碳排放权交易的基础，建筑物在其生命周期内排放量影响因素众多，若限定条件或边界选取不同，计算的结果差别很大。基准排放量是碳交易的基础，需要对建筑生命周期进行分段分过程界定，确定碳排放的核算范围，根据建筑生命周期的不同阶段，采取不同的方法进行碳排放量分段计算，确保数据的准确性和科学性。

由于建筑产品的特殊性，需要考虑其产权属性和使用特性。按照利益相关者理论，分析绿色低碳建筑碳交易的相关利益六方参与主体，并具体分析各参与主体在碳交易过程中的作用。当前我国实施建筑碳交易存在碳排放测算范围确定、碳排放配额确定，以及法规框架和配套政策等制约因素，建筑排放的基础统计数据薄弱，数据的统计口径和可靠性还未能满足碳交易的市场需求，MRV 完整的体系尚未建立，认证的系统的方法学和标准缺乏。因此，实施区域性的碳交易市场是当前建筑碳交易的探索和尝试，待区域性建筑碳交易市场成熟后，才可建立全国性的、统一的建筑碳交易市场。

第 6 章　能效标识制度对绿色低碳建筑发展的影响

能效标识是能源效率标识的简称，是指用能产品能源消耗量、能源效率等级等性能指标的一种信息标识。能效标识是一种生态信息标签，为用户和消费者的购买决策提供必要的信息，在规范产品市场、节能降耗、保护环境方面发挥着重要的作用。在全世界范围内已有 100 多个国家和地区在家用电器、汽车等行业实施了能效标识制度。能效标识主要有三种类型：一是保证标识，主要是对符合某一指定标准要求的产品提供一种统一的、完全相同的标签，标签上没有具体的信息，这种标识通常针对能效水平排在前 10%～20%的用能产品，它主要用来帮助消费者区分相似的产品，使能效高的产品更容易被认同，美国的“能源之星”就属于保证标识。二是比较标识，主要是通过不连续的性能等级体系或连续性的标尺，为消费者提供有关产品能耗、运行成本或其他重要特性等方面的信息，这些信息容易被消费者理解。根据表示的方法不同，比较标识可进一步分为能效等级标识和连续性比较标识两类。三是单一信息标识，这类标识只提供产品的技术性能数据，如产品的年度能耗量、运行费用或其他重要特性等具体数值，而没有反映出该类型产品所具有的能效水平，没有可比较的基础，不便于消费者进行同类别产品的比较和选择，采用单一信息标识的国家为数极少。能效标识是市场经济条件下政府实施节能管理、提高能源利用效率、规范耗能产品市场的一项重要而有效的措施，能效标识制度在多个领域取得了显著的经济效益和社会效益。建筑能效标识是将建筑物能源消耗量及其用能系统效率等性能指标以信息标识的形式明示，是评价建筑节能水平和实施建筑碳交易的一种重要工具。近年来，住房和城乡建设部在《中华人民共和国节约能源法》《民用建筑节能条例》基础上，出台了《民用建筑能效测评标识管理暂行办法》（建科[2008]80 号）、《建筑能效标识技术标准》（JGJ/T 288—2012）、《绿色建筑评价标准》（GB/T 50378—2019）等促进建设领域节能减排标准和管理文件，并在全国展开建筑能效标识、建筑碳排放权交易机制的研究和试点应用，这些政策文件和标准的出台，表明能效标识在建筑节能减排中的重要作用。建筑能效标识是反映能耗和排放的重要标识，其前置基础是测定能耗和计算碳排放，这在上述内容中已进行研究。

6.1　建筑能效标识的市场特性

建筑能效标识是一种基于市场的建筑节能管理方式，能够有效解决建筑节能领域存在的信息不对称问题。实施建筑能效标识，可以转变以行政监管为主的强制节能管理方式，是建筑节能领域管理机制的创新，建筑能效标识具有明显的市场特征。建筑能效标识制度是市场经济条件下政府建筑节能减排职能转变的一个良好的方式。市场导向下，能效标识制度是降低能耗和提高能效的较好方式，也是节能减排的有效途径，具有经济效益和社会环境效益双重性。能效标识制度能够实施的前提条件是信息的透明、客观、公正。实施建筑能效标识过程中，是按照市场运作方式，充分发挥市场调节作用，政府职能主要是规则制定和政策引导，使得能效标识这种市场机制发挥自身的作用。政府在建筑能效标识制度的运行过程中，改变了以往强制管理的职能，逐渐变为制定规则，为消费者提供有效、具有公信力的信息服务，维护市场公平的职能。建筑能效标识使政府对建筑节能由传统的全过程管理逐步转变为建筑物终端能效的管理。传统的建筑节能管理方式造成政府的管理效率较低、管理成本较大、管理效果不好的结果。建筑能效标识通过市场的全过程竞争，使得过程管理更高效和透明，政府管理侧重点发生改变，由强制管理向服务管理转变，将对过程监管的连续性与终端能效监管的实效性有机结合起来，也就是转变前期强制性管理到终端的需求侧服务型管理模式。建筑能效标识通过运用市场行为，充分调动中介服务机构的积极性。在建筑能效标识体系中，建筑能效测评机构作为获得政府授权，获得能效测评资格的社会第三方中介机构，接受投资人或业主委托，对建筑物的能效水平进行科学、客观、公正、独立的综合测评，提供测评报告，接受政府主管部门和业主的审查及监督。建筑能效标识是基于市场的节能管理新机制，强调市场对资源的配置，通过建筑能效标识，可以将建筑节能各方参与主体有效地联系起来，通过政府的科学管理和监督以及市场化的运作方式，使得建筑节能领域存在的信息不对称等问题有效化解，能解决市场失灵现象，强化市场的作用，弱化政府的行政管理职能，提升政府的节能服务督查功能。在建筑能效标识体系中，标识最重要的作用在于使公众，特别是潜在的消费者和业主了解到自己将要购买或正在使用的建筑物能源利用效率和节能减排的指标数据，通过提供节能减排收益回收预期报告，从而刺激消费者购买高能效的绿色低碳建筑，从需求侧带动节能建筑的市场需求。建筑能效标识通过政府规制，明确了测评机构及申请标识主体的责任，并以信息公开披露的形式向社会公布标识建筑的能效数据和测评结论，因此对投资人或测评机构都有一定的激励作用，并促使投资人有开发绿色低碳节能建筑的动力。建筑能效标识有利于在建筑节能市场交易上建立公平的竞争机制，通过能效标识，推动建筑节能技术进步，为碳减排市场交易提供基础支撑条件，促进节能主体市场、技术市场和服务市场的全面发展。通过开展建筑能效标识，建立公平的市场竞争机制，可以促进市场的良性竞争和发展。此外，通过实施建筑能效标识，促进投资人之间的竞争和策略调整，有利于市场提供更多绿色低碳建筑，企业通过增加投资绿色低碳建筑，更能形成良好的市场品牌效应，提高企业的核心竞争力和社会影响力，促进建筑节能产业的健康、有序发展。现有的能效标识只是通过设计节能指标来判别和衡量建筑的能效标识等级，未能从建筑全生命周期视角考虑建筑的全面节能减排问题，很多投资人通过设计标识等级为招牌去宣传建筑的绿色低碳优势，消费者也无法根据图纸或在房屋现场做出是否符合标识的判断，信息不对称导致消费者不愿意为真实的建筑节能特征支付额外的费用，这样市场就不能形成良性发展。建筑能效标识制度的建立，政府通过管理职能和管理方式转变，可以从系统上来保证所有信息和数据的准确，为消费者的消费决策提供必要信息，以引导和帮助消费者选择高能效的绿色低碳建筑。已有研究表明，当购房者对建筑能效信息了解程度增加后，把建筑节能作为购房主要指标之一的比例大幅增加，建筑能效标识制度对推动新建绿色低碳建筑需求作用显著。

6.2 建筑能效标识与需求侧关系

自 20 世纪 70 年代中东石油危机以来，节能成为很多国家关注的热点问题，特别是可持续发展理念和节能减排战略实施以来，建筑绿色低碳化成为全社会关注的热点。除了通过技术进步和政策激励，全社会对建筑绿色化管理问题的认识也逐渐深入，传统的管理方式是源头式管理，通过强制性的法律法规，在设计阶段进行强制性约束，多年的实践表明，强制性方式效果并不理想。若是能从市场经济和需求侧视角思考，建筑节能减排问题和其他电器、汽车等商品一样，都具有市场特征。特别是能源需求侧管理(DSM)理论，使能耗管理方式发生了很大的变化。“建筑节能”已由传统的“building energy saving”逐渐转变为“building energy efficiency”，表明建筑节能从单纯地抑制需求、强制节能，逐渐转变到单位面积年平均能耗量减少，提高单位面积能效来满足消费者对健康和舒适感的需求。同时施行绿色建筑评价标准、建筑能效标识制度，使得消费者对建筑的绿色低碳指标和数据有充分的认识，增加消费者的消费信心，从需求侧来推动建筑节能减排战略的实施，需求侧管理方式具有高效性和可持续性。绿色低碳建筑需求侧管理的含义就是建筑行业主管部门采取一定的行政和激励政策，按照需求侧要求，鼓励供应侧积极采取各种有效的技术和措施，在保证工程正常使用功能条件下，按照绿色建筑评价标准 6 个指标要求，通过科学实施，使得建筑在全生命周期内，节约资源、保护环境、减少污染，为人们提供健康、实用、高效的使用空间，达到人与自然和谐共生的管理服务。在此基础上，通过政策引导和宣传，使需求侧有增加绿色低碳建筑的消费需求和意愿，最终获得经济和社会环境效益的双赢。需求侧管理思想的核心是改变过去单纯以增加供给来满足日益增长的需求的做法，从需求视角，把社会需求作为目标，提高管理效能。从绿色低碳建筑的长远战略实施来看，强化需求侧是一种新思路，通过政策措施的逐步完善推动加快形成促进需求侧管理的机制。图 6.1 说明了在需求侧管理思想下，广大业主对绿色低碳建筑首要关心的是节能指标，因此单位面积能耗是最能直接体现的指标，可以建立建筑能耗与消费者需求之间的关系，横坐标为消费者需求或所提供的服务，纵坐标为提供需求或服务所消耗的建筑能耗，图中的线性曲线说明，需求越大，所需要的能耗就越高。初始状态下，提供 D_0 的需求所消耗的建筑能耗为 E_1；在需求侧管理思想的影响下，如果在原来的能耗 E_1 的条件下得到 D_1 的需求，唯一的办法就是降低线性曲线的斜率，即提高能源的利用效率。

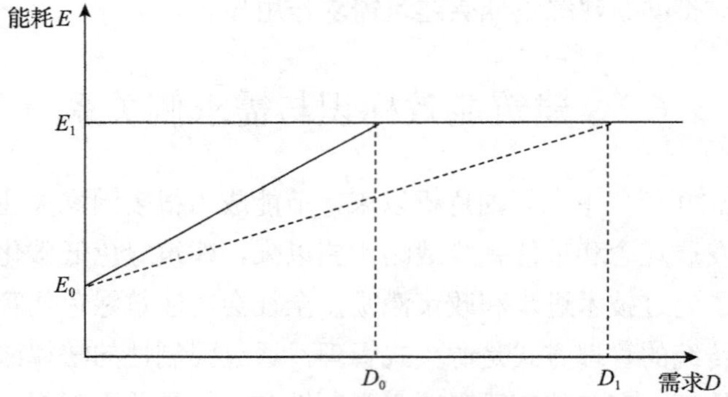

图 6.1　建筑能耗与需求侧关系

目前，我国绿色低碳建筑的占有率较低，究其本质，是市场没有形成良性发展，最关键的是需求侧，消费者的信心不足，导致有效需求相对不足。在建筑能效标识体系中，能效标识的作用在于刺激需求侧的消费者有愿意购买和消费绿色低碳建筑的意愿，改变消费者的需求状态，转变消费意愿和需求。通过能效标识，使消费者了解建筑物的能耗与自身能源费用的关系，引导消费者提升绿色低碳和节能减排的意识。当消费者认识到绿色低碳建筑物有所值时，自然会接受这样的建筑。通过政府引导和激励以及市场作用，消费者调整自己的需求行为，积极购买经过标识评价的建筑，这样就可以从需求侧向供给侧逐步扩展，促进投资人积极开发绿色低碳建筑，材料和设备生产商主动生产销售绿色低碳材料或用能设备，科研机构则加大力度研究开发有关技术和生产工艺，促进整个建筑产业的良性发展，有利于政府管理的效率提高。建筑能效标识对整个建筑产业链具有重要作用，传统建筑节能管理是一种政府源头管理，以生产供应为核心的模式，从建筑的生命周期源头开始，在国家强制性节能标准要求下，由投资人确定建筑的设计节能率，设计单位按照投资人的委托进行建筑设计，供应商按照投资人的要求提供材料设备，投资人始终处于主导地位(图 6.2)。

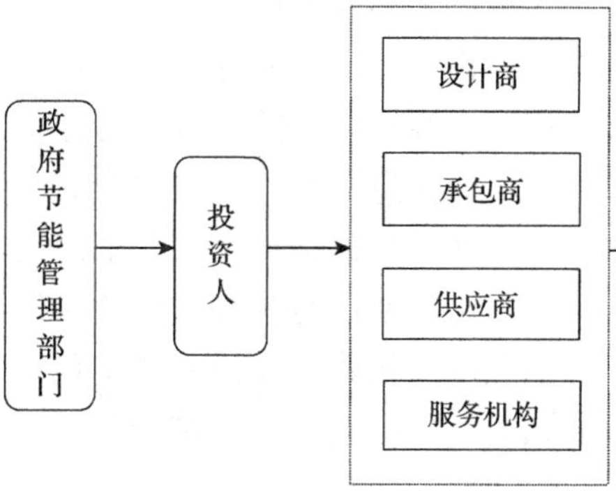

图 6.2　传统建筑节能产业发展模式

而建筑能效标识虽然是投资人申请标识，但由于建筑能效标识具有公开性，所有人都可以掌握完全信息，消费者在整个过程中占主导地位，可以根据建筑的能效标识和节能指标，通过市场比较，选择质优价廉的建筑产品，从被动的接受者变成市场的主导者，消费者的节能建筑需求处于核心的地位，促进整个产业链向追求绿色低碳和节能高效方向发展，有利于整个产业链的良性发展(图 6.3)。

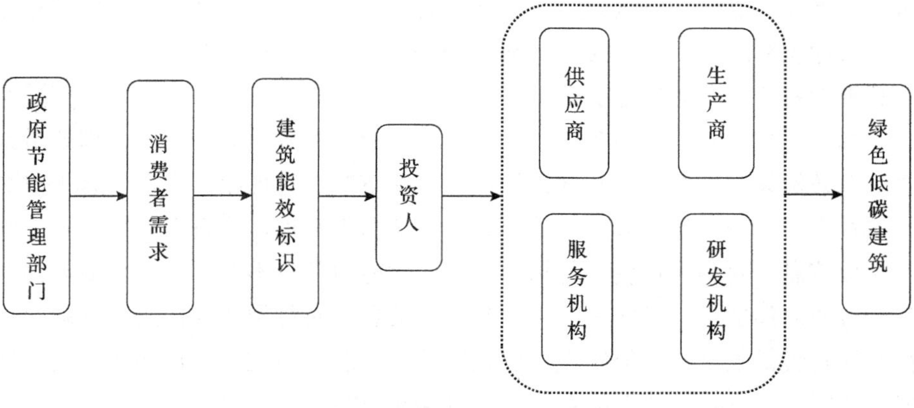

图 6.3　能效标识建筑节能产业发展模式

因此，建筑能效标识管理政策是政府从建立绿色低碳建筑产业的市场机制入手，通过实施建筑能效标识，从需求侧入手，依消费者意愿，提高消费者对绿色低碳建筑的消费需求，促使投资人主动选择建设绿色低碳建筑，主动选择良好的服务商、供应商和服务机构，使得全产业链为绿色低碳建筑发展而努力，促进绿色低碳建筑产业逐步走上良性发展的道路。

6.3 建筑能效标识的参与主体及其经济行为分析

信号传递理论主要用于研究在信息不对称条件下信号传递的几种状态，建筑能效标识制度形成过程中存在的信息不对称问题，主要存在以下几个方面：建筑材料商与房地产商之间对绿色低碳建筑材料性能指标的信息不对称，建筑承包商与房地产商之间在材料使用和施工工艺上的信息不对称，房地产商与业主之间对能耗指标及能效水平的信息不对称，房地产商与建筑行业主管部门在能效评价上的信息不对称。上述的信息不对称问题，可以通过对各参与主体对信息的占有程度，考虑相关主体在博弈过程中的有限理性，构建进化博弈模型预测各参与人的行为。在此基础上，探讨建筑能效标识的运作机理，为建筑能效标识制度的建立提供理论依据。

建筑能效标识是一种基于市场的建筑节能管理方式，它是对强制性的法规、标准及行政监管的有益补充，改变了现有的以行政监管为主的政府节能管理方式，是建筑节能领域一种创新性的管理机制。可以通过信息披露机制，解决建筑节能领域中存在的信息不对称等导致的市场失灵现象，对建筑节能减排和可持续发展具有重要意义。目前很多发达国家建立了建筑能效标识体系，如英国 SAP、SBEM、BREEAM 标识标准体系，美国“能源之星”和绿色建筑认证体系，欧洲联盟 EPBD 建筑能效指令，德国 DENA 建筑物能耗认证证书等[56,57]，很多国家实施了相应的建筑能效标识制度[57-60]。Pérez-Lombard 等提出建筑能效标识要解决七个方面的问题，其中能效计算和标识方法是需要解决的重要问题[61]。中国、美国、英国在建筑能效标识技术体系方面存在一定的差异[62]。建筑能效标识的运作机理分析是建立建筑能效标识制度的基础和理论依据。在建筑节能管理中，存在信息不对称问题，如存在着政府和投资人之间的建筑能效信息不对称，投资人与消费者之间的建筑能效信息不对称，投资人与承包商之间的能效信息不对称，承包商与建材、设备供应商之间能效信息的不对称等问题。信息不对称导致逆向选择问题，最终使得帕累托最优的交易不能实现。建筑能效标识制度通过公开透明的方式，把建筑能效透明化，是解决建筑能效信息不对称问题的最好方式。

6.3.1 建筑能效标识参与主体与行为分析

1. 参与主体探讨

建筑能效标识是指将反映建筑材料、部品的热工性能指标，建筑物的能耗指标、能效水平指标及其他与建筑物有关的信息以标识的形式进行公示。根据定义可知，建筑能效标识的运作过程有两个阶段：一是建筑物、建筑材料及部品的能耗或能效的测评阶段；二是建筑物、建筑材料及部品的能耗或能效的信息标识阶段。因此，建筑能效标识涉及的参与主体主要有业主、投资人、承包商、材料和设备供应商、建筑能效测评机构以及政府管理部门。

2. 相关主体行为分析

业主是绿色低碳建筑的消费者，但业主由于对建筑性能指标信息了解较少，因此对于业主，建筑能效标识信息披露是最直接的了解方式。政府通过对建筑实施能效标识，业主可以从市场上了解商品建筑的能效标识水平，根据自身的需求选择购买满足自身需求的建筑。 投资人是绿色低碳建筑的提供者，由于绿色低碳化过程会增加投资成本，从经济人视角分析，投资人出于利益最大化，不愿意增加额外投资，更重要的原因是绿色低碳建筑的市场认可度不高，信息不对称导致潜在的业主不愿意增加额外费用购买绿色低碳建筑。从信息占有量分析，投资人占有的信息比消费者多，两者之间存在信息不对称。通过实施建筑能效标识制度，使得建筑能效处于信息公开的环境下，潜在的消费者会选择性能更优的建筑，投资人会在市场驱动下，为了追求利益最大化，主动地采用各种新材料、新技术，从而极大地促进绿色低碳建筑的发展。建筑能效测评机构是获得政府部门论证许可的第三方服务机构，是按照市场行为，对委托进行能效测评的建筑进行能效测评，为投资人或业主提供科学的测评数据，并向建设行政主管部门提供测评报告，要求能效测评机构应具有独立、客观、科学、公正的特点，测评数据和报告具有权威性。承包商是建筑物化阶段的主要承担者，对建筑施工过程中相关设计规定的执行、材料使用等方面掌握重要的信息，因此承包商的行为对绿色低碳建筑的物化和后期运营有很大的影响，由于其处于信息的有利位置，在建筑能效中地位重要。材料和设备供应商对于其提供的材料和设备与设计规定的指标要求之间的吻合度方面占有信息优势，绿色低碳建筑首先从设计上考虑选取绿色低碳建筑材料、节能设备，因此材料和设备供应商在材料和设备性能指标方面占有信息优势。政府作为绿色低碳建筑的主导者和推动者，主要服务于市场宏观管理职能，对绿色低碳建筑的个体指标体系处于信息劣势。我国建筑节能管理方式施行了 30 多年，虽然取得了一定的成效，但从建筑行业的能耗占全社会能源的 40%、排放 CO_2 占 36%[63,64]、不节能建筑占比大的现实情况来看，传统的管理方式并未能达到预期法律法规制定的效果，需要转变传统的管理模式，通过市场推动建筑节能减排战略实施。能效标识参与主体相互(图 6.4)之间都存在着一定的关系，承包商、材料和设备供应商都是在投资人的监督管理范围内开展工作，他们之间存在委托代理关系；建筑能效测评机构与投资人之间存在委托代理关系，政府对建筑能效测评机构进行监督和管理并为消费者提供权威信息发布；消费者对投资人是否按照政府核发的能效标识等级提供的建筑进行监督。

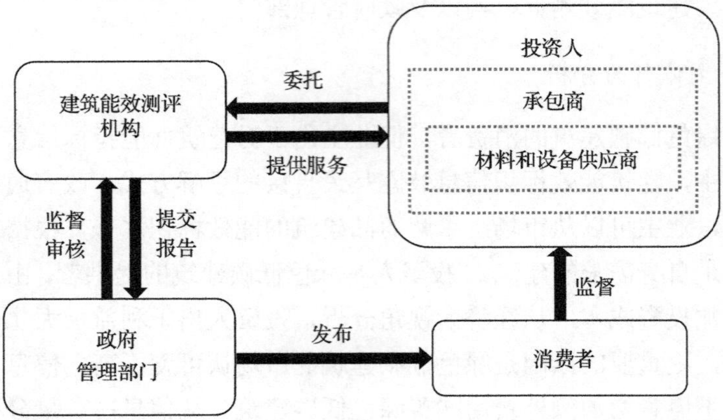

图 6.4 建筑能效标识主体关系图

6.3.2 相关参与主体在建筑能效标识过程中的博弈问题

进化博弈理论结合经典博弈理论及生态理论研究成果，并以有限理性的参与人群体为研究对象，利用动态分析方法把影响参与人行为的各种因素纳入其模型之中，并以系统论的观点来考察群体行为的演化趋势。建筑能效标识涉及的相关主体较多，每个参与主体对建筑能效的信息占有量不对称。这些参与主体中，当前最能直接推动建筑能效标识实施的是投资人和消费者。有限理性的投资人的投资意愿和消费者的购买意愿是最关键因素，因此进行博弈分析时，选取投资人群体和消费者群体进行分析。这里存在投资人和消费者两类参与群体，不同投资人群体之间的意愿可以产生优化选择结果，双方策略调整过程可用“选择策略—进化—选择新策略—再进化”的生物进化博弈“复制动态”机制来模拟。因此，可以用进化博弈模型分别来分析投资人群体之间、消费者与投资人之间这两类行为，探讨建筑能效标识制度运行的演化路径，为政府实施建筑能效标识管理提供理论依据。

进化博弈论将博弈方视为有限理性的博弈方(bounded rational player)，他们在相互竞争的同时完成自身的进化。有限理性首先意味着博弈方往往不能或不会采用完全理性条件下的最优策略，意味着博弈方之间的策略均衡往往是学习调整的结果而不是一次性选择的结果，而且即使达到了均衡也可能再次偏离[65,66]。

1. 投资人群体之间的对称进化博弈分析

1) 模型假设及构造

为研究问题的方便，把投资人划分为两个群体，他们都是有限理性的博弈方，假定每个投资人群体都具有相同的特征，且与其他投资人群体之间存在着一定的利益关系。在建筑能效标识的实施过程中，每个投资人都面临两种策略选择，即“实施能效标识”或“不实施能效标识”，由此构造一个随机配对的博弈模型。这里随机配对是指投资人群体中任意两个投资人之间的随机博弈，其博弈支付矩阵如图 6.5 所示。

			投资人2	
			实施能效标识 x	不实施能效标识 $1-x$
投资人1	实施能效标识	x	V_0+a, V_0+a	V, V_0
	不实施能效标识	$1-x$	V_0, V	V_0, V_0

图 6.5　投资人之间博弈支付矩阵

图 6.5 中各项支付的含义为：博弈双方都选择不实施能效标识各自的收益为 V_0；博弈双方都选择实施能效标识各自的收益为 V_0+a，其中 a 为双方都选择实施能效标识后形成的规模效益给各自带来的净收益，且 $a>0$；当一方选择实施能效标识，而另一方选择不实施能效标识时，规模经济无法实现，此时，不实施能效标识一方的收益仍然为 V_0，而实施能效标识的一方的收益发生了变化，变为 V，由于此时标识体系刚刚开始实施，全社会的节能意识还不够，因此投资人实施建筑能效标识所增加的收益并不明显，反而由于进行能效标识增加了成本，其收益 $V<V_0$。

2) 模型求解

根据上面的假设条件，运用进化博弈的复制动态来求解该博弈的进化稳定策略(evolutionary stable strategy，ESS)。设投资人群体中采用标识策略的比例为 x，那么采用不标识策略的比例则为 $1-x$。所以，采用这两种策略，博弈方的期望得益和群体平均期望得益分别为

$$u_b = x(V_0 + a) + (1-x)V \tag{6-1}$$

$$u_n = xV_0 + (1-x)V_0 \tag{6-2}$$

$$\overline{u} = xu_b + (1-x)u_n \tag{6-3}$$

因此，该博弈的动态复制方程为

$$F(x)=\frac{\mathrm{d}x}{\mathrm{d}t}=x(u_b-\overline{u})=x(1-x)[x(V_0+a-V)+V-V_0] \tag{6-4}$$

由于进化博弈过程中博弈群体采用某一策略的比例是一个随时间变化的量，而复制动态方程的大小和正负则反映了博弈调整的速度和方向。

其中影响速度的因素与效仿对象的数量大小有关，即取决于x和$u_b-\overline{u}$的大小；效仿的方向则取决于$u_b-\overline{u}$的正负。当$F(x)=\frac{\mathrm{d}x}{\mathrm{d}t}=0$时，表明效仿的速度为 0，即此时该博弈达到一种相对稳定的均衡状态，博弈群体中的策略比例x相对不变。

令$F(x)=\frac{\mathrm{d}x}{\mathrm{d}t}=0$，可以求得三个可能的稳定状态点：

$$x_1^*=0，\ x_2^*=1，\ x_3^*=\frac{V_0-V}{V_0-V+a}$$

从进化博弈理论中可知，这三个点并不都是进化稳定策略。进化博弈中的进化稳定策略是指一个稳定状态必须具有抗扰动的功能。也就是说，作为进化稳定策略的点x^*，除了本身必须是稳定均衡状态，如果x偏离了x^*，复制动态仍然会使x回复到x^*。其数学含义就是当$x<x^*$时，$\frac{\mathrm{d}x}{\mathrm{d}t}>0$；当$x>x^*$时，$\frac{\mathrm{d}x}{\mathrm{d}t}<0$，也就是稳定点$F(x)$的倒数$\frac{1}{F(x)}<0$。或者说$F(x)$与水平轴相交处的切线斜率为负值。即满足：

$$F(x^*)=0\text{且}F'(x^*)<0$$

复制动态方程的一阶导数方程如下：

$$F'(x)=-3(V_0+a-V)x^2+2(2V_0+a-2V)x+V-V_0 \tag{6-5}$$

将$x_1^*=0$、$x_2^*=1$、$x_3^*=\frac{V_0-V}{V_0-V+a}$代入式(6-5)，可以解得

$$F'(0)=V-V_0，\ F'(1)=-a，\ F'(x_3^*)=\frac{(V_0-V)a}{V_0-V+a}$$

由假设条件$V<V_0$、$a>0$，有$F'(0)<0$，$F'(1)<0$，$F'(x_3^*)>0$。

该博弈的进化稳定策略只有$x_1^*=0$，$x_2^*=1$，而$x_3^*=\frac{V_0-V}{V_0-V+a}$不是进化稳定策略。投资人群体动态博弈复制相位图如图 6.6 所示。

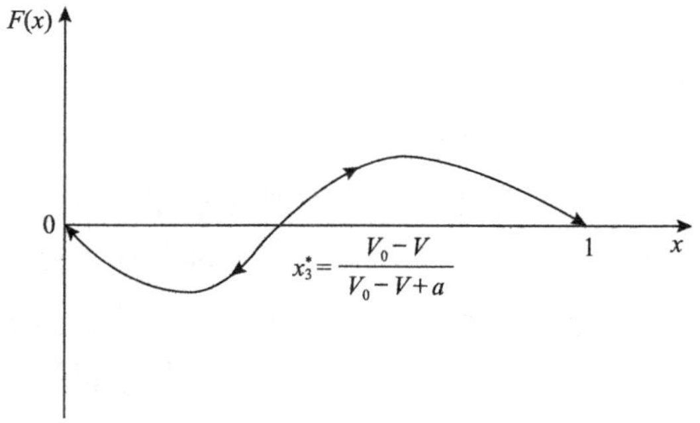

图 6.6　投资人群体动态博弈复制相位图

图 6.6 模拟了投资人在建筑能效标识体系过程中的演化路径，当某投资人群体选择标识的策略比例超过 $\frac{V_0-V}{V_0-V+a}$ 时，其他投资人群体会为了追求自身的效益最大化，进行调整模仿，最终会选择申请能效标识策略，有利于能效标识制度的实施；当投资人群体选择申请能效标识的策略比例低于 $\frac{V_0-V}{V_0-V+a}$ 时，则不利于建筑能效标识制度的实施。

3）分析与讨论

假设条件 $V<V_0$ 以及 $a>0$ 表明，投资人单独选择能效标识的策略并不能保证其收益的净增加，只有双方都同时选择能效标识策略时，才会因外部规模经济效应使得全社会节能意识提高而净收益为正。此时建筑能效标识体系在开始时并不能自动生成，只有当进行标识的投资人达到一定规模后才具有自发生成性。在图 6.6 中，当 x 处于 $\left[0,\frac{V_0-V}{V_0-V+a}\right]$ 区间时，投资人群体在开始时选择标识的策略比例较小，意味着建筑能效标识体系尚未初步建立。此时，如果政府不采取激励政策，投资人考虑投资收益，使得 x 向 0 的方向演进，导致“市场失灵”。政府激励的总体目标就是尽可能减小 $\frac{V_0-V}{V_0-V+a}$。$\frac{V_0-V}{V_0-V+a}$ 的变小，意味着更多的 x 值将落在区间 $\left[\frac{V_0-V}{V_0-V+a},1\right]$，有利于建筑能效标识制度形成。$\frac{V_0-V}{V_0-V+a}$ 减小就意味着 V_0-V 相对变小，V_0-V+a 相对变大。这就是说，政府在建筑能效标识制度建立时，应通过激励，提高投资人实施能效标识增量成本的收益。可以采取直接经济激励、税收优惠或贷款贴息等。但是当 x 处于 $\left[\frac{V_0-V}{V_0-V+a},1\right]$ 区间时，由图 6.6 可知，投资人为了追求利益最大化，选择实施建筑能效标识，有利于能效标识制度的实施。

2. 投资人与消费者的非对称进化博弈分析

在绿色低碳建筑市场上，消费者即业主是需求侧，对市场发展影响巨大。在能效标识制度实施过程中，业主是参与的最重要的主体，没有业主购买愿意，能效标识制度就没有存在的价值，因此分析业主在建筑能效标识中的策略选择，特别是业主与投资人之间的策略选择，对于研究建筑能效标识实施的机理具有重要的意义。

建筑能效标识体系的建立过程中，投资人与消费者之间的关系是一种选择与契约的动态过程，通过市场选择，双方对信息的掌握程度不同，双方之间的博弈也是基于为了达成合同邀约，是一种有限理性的过程。典型的进化博弈是“有限理性”的参与人群体集合之间、各群体中的个体之间进行的重复匿名博弈。按博弈中群体数的不同，可以将博弈分为对称博弈与非对称博弈。对称博弈是在同一特征群体中的不同个体之间进行的，它的支付矩阵是对称的，实质上是个体与同一群体状态之间的博弈。非对称博弈即在两个以上的不同特征群体成员之间随机进行的配对反复博弈，它的支付矩阵是非对称的。塞尔滕首次探讨了非对称博弈中的均衡问题[67]，通过引入角色限制行为提出了极限进化稳定策略，把传统的进化稳定策略引入非对称博弈，从而使得非对称博弈问题可解[68]。

通过建立投资人和消费者的非对称进化博弈模型，从中探索在建筑能效标识体系中两者的行为规律，为政府部门在对能效标识体系进行监管的过程中提供可供选择的政策依据。

1) 模型假设及构造

把建筑能效标识体系中的消费者也就是潜在业主和投资人分别抽象为两个有限理性的博弈方群体。在建立建筑能效标识的过程中，每个群体都面临两种不同策略选择，业主可以选择实施的策略是“购买”和“不购买”，而投资人可以选择“实施能效标识”或“不实施能效标识”，由此可以构造一个随机配对的博弈模型，其支付矩阵如图 6.7 所示[69]。

			投资人	
			实施能效标识 y	不实施能效标识 $1-y$
业主	购买	x	R_0+R_1, V_0-b+a_1	R_0-R_2, V_0+a_2
	不购买	$1-x$	R_0, V_0-b	R_0, V_0

图 6.7 潜在业主和投资人之间博弈的支付矩阵

图 6.7 中各项支付的含义为：①当消费者选择不购买实施能效标识建筑的策略而投资人选择不实施能效标识的策略时，双方的收益分别为 R_0、V_0；②而当消费者选择不购买实施能效标识建筑的策略，而投资人选择实施能效标识策略时，业主的收益不变，而投资人由于增加了测评标识的成本而使得收益降为 V_0-b，其中 b 为标识成本(设定 $b<V_0$)；③当消费者选择购买实施能效标识建筑的策略时，若投资人选择实施能效标识，则消费者的收益为 R_0+R_1，其中，R_1 为业主购买带有能效标识的建筑所带来使用过程中净收益的增加量，而此时投资人的收益为 V_0-b+a_1，其中 a_1 为投资人因销售房产而增加的直接和间接收益总和；④当消费者选择购买实施能效标识的策略时，若投资人选择不实施能效标识策略，则消费者的收益为 R_0-R_2，其中 R_2 为消费者由于购买了没有实施能效标识的建筑(假定没有实施能效标识的建筑为一般建筑)而造成净收益的下降，此时投资人的收益为 V_0+a_2，其中 a_2 为投资人因出售非绿色低碳建筑而带来的净收益的增量。一般情况下，$a_1>a_2$，原因是投资人实施能效标识后除了带来直接经济收益，还得到了潜在的品牌和社会信誉收益。

2) 模型求解

与投资人之间的对称进化博弈模型类似，可以求出本模型的解。设消费者群体中选择购买实施能效标识建筑策略的比例为 x，则选择不购买实施能效标识建筑策略的比例为 $1-x$，而投资人群体中选择实施能效标识策略的比例为 y，选择不实施能效标识策略的比例为 $1-y$。因此，对于消费者群体，选择购买实施能效标识建筑策略和不购买实施能效标识建筑策略的期望收益，以及群体的平均期望收益分别为

$$u_{1m}=y(R_0+R_1)+(1-y)(R_0-R_2)$$

$$u_{1n}=yR_0+(1-y)R_0$$

$$\overline{u_1}=xu_{1m}+(1-x)u_{1n}$$

博弈的复制动态方程为

$$F(x)=\frac{\mathrm{d}x}{\mathrm{d}t}=x(u_{1m}-\overline{u_1})=x(1-x)[y(R_1+R_2)-R_2] \tag{6-6}$$

令 $F(x)=0$，可以得到两个可能的稳定状态点：

$$x_1^*=0,\ x_2^*=1$$

以及

$$y^* = \frac{R_2}{R_1 + R_2}$$

当 $y = y^*$ 时，无论 x 取何值，$F'(x) \equiv 0$，也就是说，当投资人群体选择实施能效标识策略的比例达到 $y^* = \frac{R_2}{R_1 + R_2}$ 时，消费者购买或不购买实施能效标识建筑的比例达到均衡；当 $y > y^*$ 时，有 $F'(0) > 0$，$F'(1) < 0$，因此 $x_2^* = 1$ 是进化稳定策略，即当投资人选择实施能效标识的比例超过 y^* 时，消费者将会选择购买策略；当 $y < y^*$ 时，有 $F'(0) < 0$，$F'(1) > 0$。因此，$x_1^* = 0$ 是进化稳定策略，即不购买是消费者的最优策略。同理，可得到投资群体的进化稳定策略：

$$F(y) = \frac{\mathrm{d}y}{\mathrm{d}t} = x(u_{2g} - \overline{u}_2) = y(1-y)[x(a_1 - a_2) - b] \tag{6-7}$$

令 $F(y) = 0$，可得到两个可能的稳定状态点 $y_1^* = 0$，$y_2^* = 1$，$x^* = \frac{b}{a_1 - a_2}$，其中，$b$ 为能效测评的成本，与能效标识所得到的收益相比，b 值较小，因此 $b < a_1 - a_2$。当 $x = x^*$ 时，投资人实施能效标识或不实施能效标识策略达到均衡；当 $x > x^*$ 时，$y_2^* = 1$ 是进化稳定策略；当 $x < x^*$ 时，$y_1^* = 0$ 是进化稳定策略。

3) 结论

将以上结论用坐标平面图表示可得到如图 6.8 所示消费者与投资人之间的非对称博弈的演化趋势图。

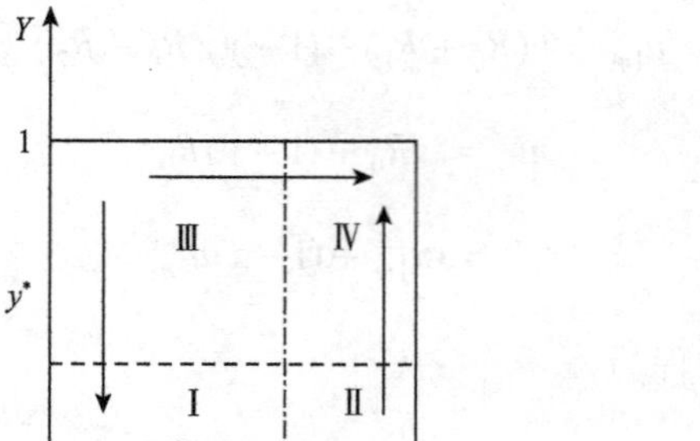

图 6.8　消费者和投资人之间的非对称博弈演化趋势图

在图 6.8 所示的非对称博弈中，(1,1) 和 (0,0) 都是这个博弈的进化稳定策略，但最终收敛到哪个策略需要看系统的初始状态，当初始状态落在区域Ⅳ中时，系统将会收敛到帕累托最优均衡 (1,1)，即 (购买，实施能效标识)；当初始状态落在区域Ⅰ中时，系统将会收敛到帕累托劣均衡(0,0)，即(不购买，不实施能效标识)；当初始状态落在区域Ⅱ、Ⅲ中时，系统演化的方向是不确定的，有可能进入Ⅳ区域而收敛到(1,1)，也有可能进入Ⅰ区域而收敛到(0,0)，这主要取决于博弈双方学习调整的速度。例如，当初始状态在Ⅲ区域时，如果用户收敛 $x^*=1$ 的速度高于房地产开发商收敛 $y^*=0$ 的速度，则博弈进入Ⅳ区，最终的进化稳定策略将是(1, 1)。

从上述分析可以看出，进化博弈初始状态的不同，会导致不同的均衡结果。$x^* = \dfrac{C}{I_1 - I_2}$ 和 $y^* = \dfrac{R_2}{R_1 + R_2}$ 是该非对称博弈结构进化特性改变的阈值，当非对称博弈结构的初始状态在这两个值附近时，初始状态的微小变化将影响到博弈的最终结果，这反映了进化博弈对初始条件的敏感性，当该非对称博弈结构的初始状态落在购买策略和实施能效标识策略中时，博弈的最终状态是确定的，这又表现出进化博弈的结果对初始条件的依赖性。因此，政府在制定建筑能效标识的政策措施或对建筑能效标识进行管理时，应考虑到“博弈结果对初始条件的依赖性”这一点，例如，可以采取强制性的措施要求投资人必须实施能效标识，再结合其他激励政策，则最终的博弈结果将达到帕累托最优均衡。

6.4　绿色低碳建筑能效标识评价

6.4.1　建筑能效标识模型构建

1. 能效标识评价方法

建筑能效的评价方法一般分为清单列表法、生命周期评价方法以及基于建筑能耗计算和模拟的评价方法三类[70]。在建筑能效评价和标识的研究方面，很多学者提出以建筑能耗模拟为基础的能效标识评价方法，具有很好的应用价值[71,72]。该方法需要对建筑生命周期各个阶段进行界定，制定排放基准，确定排放目标阈值，构建能效指数，通过参数设定来建立评价模型，最终确定能效标识方法。

2. 生命周期界定

由于建筑排放受气候区差异、建筑类型、设计方法、建筑材料、运营管理等多方面因素影响，建筑生命周期过程划分有多种方式，从 3 阶段到 9 阶段等多种类型，且碳排放量测算法也存在一定的争议。基于建筑能耗模拟计算方法首先需要界定计算的系统边界条件，建筑生命周期划分情况比较复杂，建筑材料具有表观低碳隐含高碳的特征，建筑材料选用对能效影响很大，设计阶段的系统优选尤为重要，因此可以按照图 5.1 确定建筑生命周期的范围区间[73-82]。

3. 排放基准确定

通过定义单体建筑的排放目标，对指定区域内某一类型建筑的总排放量进行分解。对于建筑气候区 R，定义 $E_T^R(t)$ 为 t 年的总排放。同时定义 t 年排放量的目标值为 $E_T^*(t)$，基准年 t_0 的总排放基准线设为 $E_T(t_0)$。

$$E_T^*(t)=[1-\alpha_T(t_0,t)]E_T(t_0) \tag{6-8}$$

其中，$\alpha_T(t_0,t)$ 为 t_0 到 t 年的减排目标分配系数，按照我国既定的 2030 年单位 GDP 二氧化碳排放比 2005 年下降 60%～65%的目标要求，按照最大减排目标 65%，假设年平均减排率相同，则

$$E_T^*(t)=\left[1-\frac{65\%}{25}(t-2005)\right]E_T(2005),\ \ 2005<t<2030 \tag{6-9}$$

将最大减排目标 65%作为建筑排放基准，可求得 2030 年总排放目标值：

$$E_T^*(2030)=(1-0.65)\ E_T(2005) \tag{6-10}$$

我国建筑气候区划分为 7 个主气候区和 20 个子气候区，定义建筑类型 F_i（商场、写字楼、医院、学校、住宅等），假设某一气候区内在 t 年的总建筑面积为 $S(t)$，定义 $E_i(t)$ 为类型建筑在 t 年的总排放量，$S_{ij}(t)$ 为某一单幢建筑的面积，则某一建筑类型 F_i 的单体建筑的排放量为 $E_{ij}(t)$，则

$$E(t)=\sum_{i=1}^{I}E_i(t)=\sum_{i=1}^{I}\sum_{j=1}^{F_i(t)}E_{ij}(t) \tag{6-11}$$

$$S(t)=\sum_{i=1}^{I}S_i(t)=\sum_{i=1}^{I}\sum_{j=1}^{F_i(t)}S_{ij}(t) \tag{6-12}$$

在一定的时间周期内，利用减排目标分配系数 $\alpha_T(t_0,t)$ 来测算 t 年的排放量：

$$E^*(t)=[1-\alpha_T(t_0,t)]E(t_0) \tag{6-13}$$

通过式(6-13)可以确定各类建筑的排放目标，但由于建筑物排放受到上述多种复杂因素影响，需要定义一个影响参数 $\beta_i(t)$，特定建筑类型的排放目标可以定义为 $\beta_i(t)=E_i(t_0)/E(t_0)$，建筑类型 F_i 的排放目标可以定义为

$$E_i^*(t)=\beta_i(t)\cdot E^*(t),\ \ \sum_{i=1}^{I}\beta_i=1 \tag{6-14}$$

由式(6-13)和式(6-14)可以得到

$$E_i^*(t)=\beta_i(t)[1-\alpha_T(t_0,t)]E(t_0) \tag{6-15}$$

进而可以得到 F_i 类型单体建筑单位面积基准排放量：

$$e_i^*(t)=\frac{E_i^*(t)}{S_i(t)} \tag{6-16}$$

由于一个区域内每年的建筑面积是动态变化的，但对于单体建筑，$S_{ij}(t)=S_{ij}(t-1)$，通过式(6-16)可以建立针对某一类型的建筑 j 在 t 年的排放量：

$$E_{ij}^*(t)=e_i^*(t)S_{ij}(t) \tag{6-17}$$

这样，可以建立各种类型单体建筑的排放基准值：

$$E_{ij}^*(t)=\sum_{i=1}^{I}E_i^*(t)=\sum_{i=1}^{I}\sum_{j=1}^{F_i}E_{ij}^*(t) \tag{6-18}$$

式(6-17)是一个有效的归一化因子定义，式(6-15)有其自然属性，即每项 $e_i^*(t)\cdot S_{ij}(t)$ 表示 $E_i^*(t)$ 分配给建筑 j 的排放基准。根据 Dempster-Shafer 证据理论，可以把 $e_i^*(t)$ 转换成单调的非线性函数 $S_{ij}(t)$，确定为 $e_i^*(t,S_{ij})$。该函数形式表示的排放量考虑受社会因素影响，不简单化为采集的能耗数据，同时满足等式(6-18)的归一化条件。可以定义建筑 j 的排放值与基准值的比，$\mathrm{EEI}_{ij}^E(t)=\frac{E_{ij}(t)}{E_{ij}^*(t)}\times 100\%$，若 $\mathrm{EEI}_{ij}^E(t)<100\%$，则表明该建筑的排放符合规定要求，反之，表明该建筑超过排放标准。

4. 能效指数确定

上述定义的建筑类型建立了排放基准值，可以通过构建排放目标阈值来确定相应的能效标识。对于给定建筑，其排放与其能耗相关，对于已建建筑物，其实际能耗数据可以通过实时数据采集、统计分析获得，对于实施阶段的建筑物，可以根据设计节能指标要求和所用的建筑材料等设计参数，通过理论计算相应的能耗值和排放量[83,84]。

由于低碳建筑的能源使用方式比较广泛，除采用传统电能，还综合应用天然气、太阳能、地热能等多种能源，目的是减少一次能源消耗，降低碳排放。因此，需要对建筑物的一次能源、终端能耗及排放等进行细分，如能源的组成(电力、天然气、可再生能源等)、主要消耗的分类(暖通空调、热水、照明、电梯等)，需要定义变量参数来找出其与排放量之间的关系。

设 $X_a(a=1,2,\cdots)$ 为资源类型，如煤炭、风能、太阳能、地热等，$Y_b(b=1,2,\cdots)$ 为能源供应形式，如电力、风能、太阳能等，$Z_c(c=1,2,\cdots)$ 为能耗的主要类型，如空调、热水、照明等。对某一类型 i 的建筑 j 在 t 年的能源消耗，设定：

$P_{ij}^{X_a}(t)(\mathrm{kWh})$ 为从 X_a 获得的资源；

$G_{ij}^{Y_b}(t)(\mathrm{kWh})$ 为从 Y_b 获得的能源供应；

$G_{ij}^{Z_c}(t)(\mathrm{kWh})$ 为类型的终端能耗；

$P_{ij}^{X_aY_b}(t)(\mathrm{kWh})$ 为 Y_b 获得的一次资源 X_a；

$G_{ij}^{X_aY_b}(t)(\mathrm{kWh})$ 为通过资源 X_a，从 Y_b 获得的终端能耗；

$G_{ij}^{Y_bZ_c}(t)(\mathrm{kWh})$ 为从 Y_b 获得的用于 Z_c 的能耗。

可以得到

$$G_{ij}^{Y_b}(t)=\sum G_{ij}^{X_aY_b}(t)\text{，}\quad P_{ij}^{X_a}(t)=\sum P_{ij}^{X_aY_b}(t)$$

设参数

$$\eta_{ab}(t)=\frac{G_{ij}^{X_aY_b}(t)}{P_{ij}^{X_aY_b}(t)} \tag{6-19}$$

$\phi_{ab}(t)$ 为排放因子，要实施能效标识，必须对参数 $\eta_{ab}(t)$ 和 $\phi_{ab}(t)$ 与不同能源形式在终端能耗 $G_{ij}^{X_aY_b}(t)$ $(\forall(a,b))$ 进行分析。

初始资源消耗：

$$P_{ij}(t)=\sum{}_a P_{ij}^{X_a}(t)=\sum{}_a\sum{}_b P_{ij}^{X_aY_b}(t)=\sum{}_a\sum{}_b\frac{G_{ij}^{X_aY_b}(t)}{\eta_{ab}(t)} \tag{6-20}$$

终端能耗：

$$G_{ij}(t)=\sum{}_b G_{ij}^{Y_b}(t)=\sum{}_b\sum{}_a G_{ij}^{X_aY_b} \tag{6-21}$$

某一类型 F_i 建筑 j 在 t 年的排放量为

$$E_{ij}(t)=\sum{}_a\sum{}_b\phi_{ab}(t)\cdot P_{ij}^{X_aY_b}(t)=\sum{}_a\sum{}_b\frac{\phi_{ab}(t)}{\eta_{ab}(t)}\cdot G_{ij}^{X_aY_b}(t) \tag{6-22}$$

能源消耗和排放的详细信息可以适用于同类建筑的相对值：

$$p_{ij}(t)=\frac{P_{ij}(t)}{S_{ij}(t)}，\quad q_{ij}(t)=\frac{E_{ij}(t)}{S_{ij}(t)}，\quad e_{ij}(t)=\frac{E_{ij}(t)}{S_{ij}(t)}$$

假设排放基准值 $E_{ij,\mathrm{ref}}(t)$ 等于排放参考值，即

$$E_{ij,\mathrm{ref}}(t)=E_{ij}^{*}(t)$$

则

$$P_{ij,\mathrm{ref}}(t)=\sum_a\sum_b\frac{P_{ij}^{X_aY_b}(t)}{P_{ij}(t)}\cdot\frac{E_{ij}^{*}(t)}{\phi_{ab}(t)}=\frac{E_{ij}^{*}(t)}{P_{ij}(t)}\cdot\sum_a\sum_b\frac{G_{ij}^{X_aY_b}(t)}{\phi_{ab}(t)} \tag{6-23}$$

$$G_{ij,\mathrm{ref}}(t)=\sum_a\sum_b\frac{G_{ij}^{X_aY_b}(t)}{G_{ij}(t)}\cdot\frac{E_{ij}^{*}(t)}{\phi_{ab}(t)}\cdot\eta_{ab}(t)=\frac{E_{ij}^{*}(t)}{G_{ij}(t)}\cdot\sum_a\sum_b\frac{G_{ij}^{X_aY_b}(t)\cdot\eta_{ab}(t)}{\phi_{ab}(t)} \tag{6-24}$$

可以定义 F_i 类型的建筑 j 的能效指数 EEI 在 t 年的百分数 $\mathrm{EEI}_{ij}^{E}(t)=\frac{E_{ij}(t)}{E_{ij,\mathrm{ref}}(t)}\times100\%$，其中 $E_{ij}(t)$ 为建筑 j 的实际排放量。通过采集得到的详细参数值，可以构建单体建筑的终端能耗、一次能源使用量以及排放量的能效指数分别为

$$\mathrm{EEI}_{ij}^{G}(t)=\frac{G_{ij}(t)}{G_{ij,\mathrm{ref}}(t)}\times100\%，\quad \mathrm{EEI}_{ij}^{P}(t)=\frac{P_{ij}(t)}{P_{ij,\mathrm{ref}}(t)}\times100\%，\quad \mathrm{EEI}_{ij}^{E}(t)=\frac{E_{ij}(t)}{E_{ij,\mathrm{ref}}(t)}\times100\%$$

6.4.2 建筑能效标识判别

通过以上三个指数参数值，可以很容易判别各类建筑的能源使用类型、能耗指标和能效情况。对于某一个建筑的终端能耗、一次能源使用以及排放量，若 $\mathrm{EEI}_{ij}(t)<100\%$，则表明该建筑的实际终端能耗小于基准能耗、一次能源使用量小于基准使用量，其排放量小于排放基准值，可以认定该建筑属于节能建筑的范畴，根据 $\mathrm{EEI}_{ij}(t)$ 的实际大小，按照设计的能效标识等级中的能效指数范围进行能效等级初步标定；若 $\mathrm{EEI}_{ij}(t)>100\%$，则可以认定该类型建筑的能耗和排放指标超出了基准值，不在能效等级标识范围内或直接认定为高能耗建筑。由于能耗标准是通过排放目标来确定的，因此可以直接采用最初的排放参数指标作为该建筑物的排放基准依据。

6.5　绿色低碳建筑能效标识流程设计

建筑能效标识目的是推动绿色低碳建筑的发展，促进建筑业的节能减排，为能效标识制度的建立和实施建筑碳交易做准备。住房和城乡建设部为深入推进“放管服”改革工作，更好地贯彻落实《国务院办公厅关于转发发展改革委住房城乡建设部绿色建筑行动方案的通知》(国办发[2013]1 号)文件精神，进一步规范绿色建筑评价标识管理，出台了多个政策文件并修订了相关标准，积极推进构建绿色建筑评价标识市场主体自治、行业自律、社会监督、政府监管等多种手段。对属地管理制度、第三方评价以及规范评价方法等八个方面提出了具体要求[85]。绿色建筑评价标识实行属地管理，各省、自治区、直辖市及计划单列市、新疆生产建设兵团住房和城乡建设主管部门负责本行政区域内一星、二星、三星级绿色建筑评价标识工作的组织实施和监督管理。这表明今后的绿色建筑评价标识是由地方建设行政主管部门负责，住房和城乡建设部只是在规范制定、完善绿色建筑评价标准、建立相关市场主体信用评价标准体系等方面进行规范化指导，在实施过程中对相关主体进行监督和检查，主控三星级绿色建筑项目的评价和实施情况。评价标识属地管理制度符合“放管服”的要求，有简政放权的作用，推进了绿色建筑评价标识的效率，但完全由地方主导，各地会根据自身的特点，制定相应的政策措施，对于全国的绿色建筑市场，执行标准和执行效果的评价就比较困难。从建筑碳交易市场来说，更不利于建立全国统一的建筑碳交易市场。在第三方评价方面，住房和城乡建设部积极推行第三方评价，由政府购买评价服务，不得向绿色建筑评价标识申请单位收取或转嫁任何费用。由具有评价能力和独立法人资格的第三方机构(以下简称评价机构)依据国家和地方发布的绿色建筑评价标准实施评价，出具技术评价报告，确定绿色建筑性能等级。各省级住房和城乡建设主管部门结合实际，参照《绿色建筑评价机构能力条件指引》，制定公布本地区评价机构能力条件。这一规定虽然在评价机构能力条件和资格申请方面提供了方便，不由申请评价标识的单位支付费用，能体现评价的客观、公正；同时计划建立健全全国范围的绿色建筑评价标识信用信息归集共享和使用机制，将有关信息纳入全国住房和城乡建设信用信息共享平台，但由于属地管理的局限性，容易导致信用缺失、跨区域信息的无效性、跨区域评价困难等问题，不利于市场竞争和公开透明，最终形成各地方形成自我评价局限，不利于国家对绿色低碳建筑发展总体战略的把控。

通过对中外建筑能效标识相关差异性比较和分析，在能效标识政策制定时，首先应界定能效标识建筑的类型，明确强制性和自愿性能效标识建筑，并制定自愿性进行能效标识认证的投资人或建筑业主激励措施。我国当前的建筑能效标识主要基于 2012 年的《建筑能效标识技术标准》(JGJ/T 288—2012)，标识等级分为 3 级，现行的建筑能效标识采用的星级评价标准，按照《绿色建筑评价标准》(GB/T 50378—2014)中的两阶段评价方法，也就是设计标识和运行标识，设计标识只是按照设计文件进行评价，有效期一年，运行标识是按照建筑正常使用一年后根据运行数据进行评价，运行标识有效期三年，这种评价方法没有按照家用电器等能效标识评价采用的标准类型，评价结论有很大的缺陷，未能符合绿色低碳建筑全生命周期的界定范围进行评价，科学性、适用性和公共认知性不强，社会认可度不高。因此，在《绿色建筑评价标准》(GB/T 50378—2019)中，就取消了设计标识评价，并修改了评价指标体系。通过查阅有关资料，多个国家采用的 5～7 级建筑能效标识体系，建议我国建筑能效标识要考虑对建筑的全生命周期进行评价，等级在现有基础上，分为 5 级，1 级表示能效高，表明建筑节能减排效果较好，5 级表示能效标识等级较低，节能减排效果较差，但高于一般建筑。

建议能效标识的等级认定分为两个步骤进行，首先由建设主管部门对提出测评等级申请的建筑进行符合性审核，审核通过后由政府委托相应的第三方能效测评机构进行理论值测评，若理论计算达不到相应的能效标识的等级水平，则可以降低申请等级。在理论测评达到申请标准要求时，再进行能效实测值测评。测评需要由获得主管部门认可的具备相应资质的第三方测评机构根据项目的实际情况，对设计、施工等物化阶段进行评估，特别是对运营中的暖通空调、照明、电器等能耗情况进行统计、监测，对能耗量和节能率等性能参数进行检测和计算，通过对建筑全寿命过程综合数据进行分析，获得建筑能效的实测值并出具测评报告。测评机构根据理论计算的能效和实际测定的能效数据进行综合分析，最终根据能效所处的区间范围确定建筑物的标识等级，向建筑主管部门提交相应的测评报告，建设主管部门对提交的评估报告进行审定，最终确定建筑能效等级证书。建筑能效标识流程如图 6.9 所示。

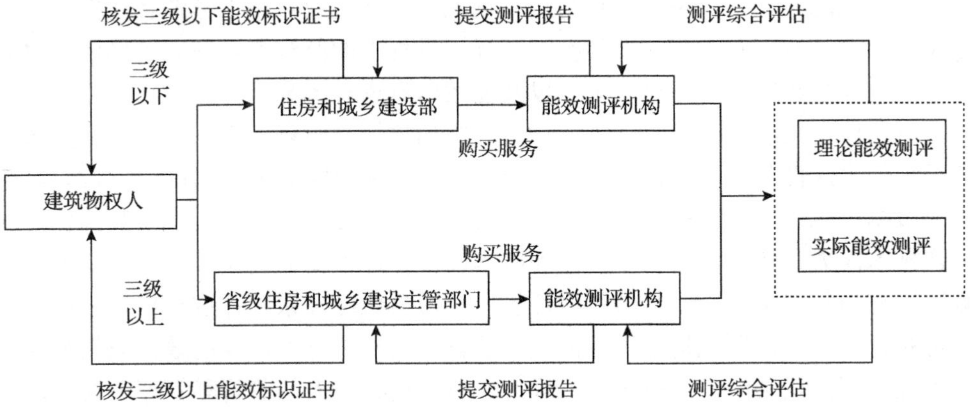

图 6.9　建筑能效标识流程

通过该方法进行建筑能效标识等级评价，具有客观公正性。根据能效标识等级，进行碳排放基准配额，业主或者产权人可以将减排碳量进入碳交易市场进行交易，获取相应的减排收益。这样，潜在的消费者会愿意选择标识等级高、实际排放低的建筑，这也从另外一个方面提高投资人建造能效标识等级高的建筑的意愿，有利于推动绿色低碳建筑的可持续发展和节能减排战略目标的实现。

6.6　绿色低碳建筑能效标识有效实施的保证措施

任何一个制度的实施和执行都需要政府的有效监督和管理，建筑能效标识的有效实施比其他机制更需要政府的作用。首先，建筑能效标识是解决建筑节能中的信息不对称问题，投资人对建筑能效的信息占有量完全处于优势，消费者完全处于劣势，若没有政府的监督和管理，保证建筑能效标识的公开、透明和科学性，消费者就不能判断投资人所提供的建筑节能的可信度。其次，从经济人视角，投资人在没有强制约束条件下，从自身收益角度，不愿意多投入相应的成本来建造绿色低碳建筑，这样，市场就会形成一种逆向选择，也就是“劣币驱逐良币”问题。另外，政府是市场公平的有力推动者，是维护市场秩序和公信力的主要承担者，在能效标识过程中，通过对投资人、能效标识测评机构以及其他相关参与人的监督管理，能够保证建筑能效标识制度的有效执行，既保证了投资人群体之间相互信任，也保证了能效标识机构的公正性、公平性。加强建筑能效测评监督管理的能力建设，培育新型的政府监督机制，特别是强化政府对投资人及能效测评机构的监督和管理，是建筑能效标识顺利实施的有力保障。

建筑能效测评的政府监督管理，从监督和管理的对象上来讲，可分为对投资人的监督和管理、对建筑能效测评机构的监督和管理、对相关参与建筑能效建设的单位的监督和管理(图 6.10)。监督和管理的主要内容在于对投资人群体和测评机构在建筑能效标识体系中的行为进行规范，保证能效标识工作的客观性、公正性及可靠性。政府对投资人群体在能效标识过程中的监督和管理主要体现在对其所开发的建筑物的过程审查和监督以及能效信息进行备案，并作为今后跟踪检查的对象，监督投资人在建筑能效标识过程中的质量行为和工作行为，保证能效测评过程的合法性和公正性，同时接受社会公众对建筑实际节能情况的投诉。对建筑能效测评机构在测评标识过程中的监督和管理主要体现在定期检查测评机构的测评技术能力，包括仪器设备、测评技术以及测评人员的资质和行为，受理能效测评机构的测评报告，监督检查测评机构的质量保证体系，并进行核查和评估，监督和管理能效测评机构在进行能效标识评定过程中有无违反能效标识的客观、公正性及其他相关法律法规规定的行为。对其他参与人的监督和管理主要体现在为实施能效标识等级之前的组织、行为，并接受社会公众的投诉处理，例如，设计标准是否满足相应标识等级的初始目标要求，施工过程中是否按照设计节能标准开展施工，是否采取技术措施和积极方式保证施工过程的绿色低碳化。材料和设备供应商是否按照规定的要求提供绿色低碳节能材料和设备。

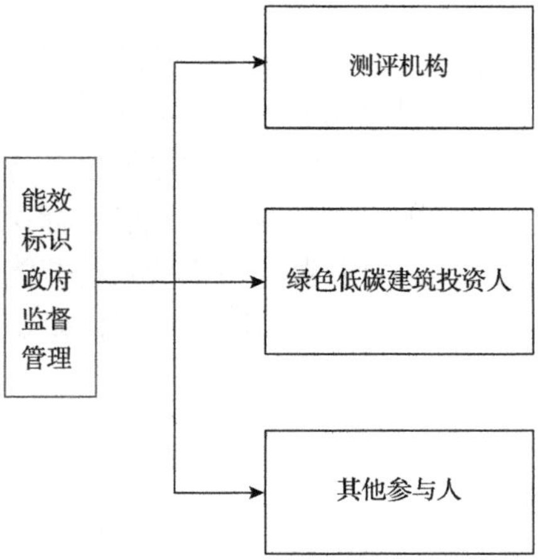

图 6.10　建筑能效标识政府监督管理对象

从监督和管理方式上，政府可采取承诺备案、抽查以及审查监督方式。承诺备案是要求投资人将建筑整体或建材、设备产品的真实能效水平等能效信息主动提交政府主管机构备案并进行承诺。在备案审查时，政府主要是对投资人所提供的相关材料进行书面核验，不对能效标识进行技术审查。在完成备案核验后，主管机构对备案的技术数据和参数进行存档。同时，备案要求能效测评机构提供详细的测评方案和测评依据、测评方式、评定方式和评定结论。通过能效测评机构提供的能效测评报告书，政府获取建筑能效的相关信息并进行备案，以利于对能效测评建筑物的能效情况进行跟踪检查和监督，为最终进行能效等级审定提供决策依据。能效标识数据备案管理实施成本小、效率高，且对投资人和能效标识服务机构都有约束作用。建筑能效测评标识抽查监督管理是针对申请能效标识的建筑物或其使用的建材和设备产品的能效标识数据进行随机抽查检验的一种监督管理方式。政府根据备案材料的审核，对可疑点进行抽查并可依据公众和消费者的投诉或掌握的其他信息进行随机抽检，并根据检测的结果来判定能效标识信息的真实性或准确性，将抽检结果以适当的方式向社会公布，并对进行虚假能效标识的申请人或能效测评机构按照其行为进行相应的处罚。建筑能效测评标识审查监督是能效标识的关键步骤，通过前述的承诺备案、抽查监督，最终按照综合指标进行审查评估，为投资人出具申请标识建筑最终核定的能效标识等级证书，并通过媒体和政府网络平台对社会公示，提供具体的审查内容和评估依据。公众和消费者根据政府提供的核定建筑能效标识等级，按照自身意愿选择相应的建筑产品并有权对投资人是否利用标识进行虚假和误导性的宣传等方面进行投诉和监督。

6.7 本章小结

建筑能效标识是一种基于市场的建筑节能管理方式，能够有效解决建筑节能领域存在的信息不对称问题，具有明显的市场特征。本章分析了建筑能效标识与需求侧的关系，指出消费者在整个过程中占主导地位，从被动的接受者变成市场的主导者，有利于整个产业链的良性发展。建筑能效标识是一种基于市场的建筑节能管理方式，改变了现有的以行政监管为主的政府节能管理方式，是建筑节能领域一种创新性的管理机制，对建筑节能减排和可持续发展具有重要意义。

第7章　绿色低碳建筑政策体系设计

对绿色低碳建筑的外部性特征分析可知，绿色低碳建筑具有代际外部性特征。考虑到当代人的自利性，代际利益无法制衡当代人选择有利于自己的能源消费模式和消费量，也就是说，当能源消耗和减排与当代人经济利益冲突时，在没有采取相应措施的情况下，人们就会选择有利于自身经济利益的方式。鉴于“理性生态经济人”目标模式的实现主要依赖于外界指令与指导性政策的引导，政府应该从社会可持续发展和节能减排战略实施的大局出发，从绿色低碳建筑的推广对推动社会的可持续发展和节能减排战略实施具有积极的现实意义与长远的战略意义出发，首先必须认识到其公共外部性特征，社会能从投资和消费绿色低碳建筑中增加社会收益；其次，考虑绿色低碳建筑的代际外部性特征，理性的政府必定会采取措施，减少非可再生资源的消耗，确保能源在代际间分配公平，降低环境污染和排放，实现人类社会的可持续发展。要实现这样的目标，仅有单一或分散的政策实施是很难达到的，必须要有与绿色低碳建筑可持续发展相配套的一系列政策体系和监管机制，才能实现既定目标。

7.1　低碳建筑政策体系设计

张文显等在《新时期中国法理学的发展与反思》中指出，政策是国家为实现一定的政治、经济、文化等目标任务而确定的行动指导原则与准则。通过制定政策，以确定行动的目的、方针和措施。政策和法律有着统一的指导思想、政治方向和利益基础，本质上是一致的。政策是法律的灵魂和依据，在法律的制定和实施中政策具有指导作用，在出现法律空白时，相应的政策可以给予补充或补白。但法律与政策还是有一定的区别的，主要表现在法律与政策在制定机关和程序、表现方式、实施方式、效力范围等方面存在着区别，这些区别表明法律与政策各有其独特的、虽相辅相成但不能取代的调整机制。有关法律的制定需要根据实际情况和条件，通过立法机关把长期的政策上升为法律、法规。

尽管对于建筑节能和可再生能源应用我国已有相应的强制性法律，如《中华人民共和国可再生能源法》《中华人民共和国建筑法》《中华人民共和国节约能源法》，但对于绿色低碳建筑的推广，需要在现有相关法律的基础上，制定适合绿色低碳建筑发展的引导性政策，鼓励投资者从节能减排、社会可持续发展的战略高度出发，建造绿色低碳建筑。经济激励政策对促进具有正外部性特征的产业发展具有重要作用，从某种意义上说，就是在政府宏观指导下，通过实施具体的经济措施不断调整各行为主体的经济利益关系，限制负外部性行为，奖励正外部性活动，把行为主体的局部利益、短期利益同全社会的共同利益、长期利益有机结合起来[86]。对于绿色低碳建筑，经济性政策制定和实施的原则就是在提高投资人积极性的同时，通过实施一系列有针对性的经济政策，减少投资主体的投资增量成本，对社会所获得的收益进行补偿，提高社会参与主体的认可和接受程度，从这一层面上说明了经济激励政策对绿色低碳建筑发展具有重要意义。

7.1.1　政策措施

1. 美国绿色低碳建筑发展政策

美国是世界能源生产和消费最多的国家，2017 年美国的石油消费量为 8.7 亿 t，占世界石油消费总量的 19.5%，为世界第一，碳排放量为全球第二。美国人均住房面积近 $60m^2$，居世界首位，其中大部分住宅都是 3 层以下的独立房屋，供暖、空调全部是分户设置，电力、煤气、燃油等能源是家庭日常开销的一个主要部分。美国政府深刻认识到建筑节能的重要性和必要性，最为典型的是美国国家环境保护局和美国能源部联合推动的“能源之星”项目。同时，政府还制定和实施了一系列低碳建筑方面的激励政策，如克林顿政府时期的“百万太阳能屋顶计划”、《2005 年美国能源政策法案》。加利福尼亚等州补贴购买高效耗能器具的用户，新建节能住宅的开发商、设计者和业主，对于新建节能住宅建筑，可以获得税收减免。另外，一些贷款机构还提供“能源之星”抵押贷款服务，居民在购买经“能源之星”认证的建筑时均可向这些银行申请抵押贷款。此外，这些贷款机构还采取返还现金、低利息等措施刺激居民购买经“能源之星”认证住宅，申请节能住宅抵押贷款。抵押贷款项目的实施，不仅有效地促进了节能建筑的建设和开发，降低了建筑物的能耗和维护运行管理费用，还带动了墙体、屋面保温隔热技术的发展，刺激了建材市场，增加了就业机会，促进了美国社会经济的发展。美国住房和城市发展部提供了便于独户住宅翻新或装修节省能源的高能源效率房屋抵押贷款。从 2009 年开始，美国联邦政府推出地源热泵的可再生能源建筑相关补贴政策，给予采用地源热泵技术的建设项目进行补贴。加利福尼亚州政府对实施建筑节能和屋顶太阳能的单位和个人都采取相应的经济激励政策。加利福尼亚州能源委员会制定和实施了美国最严格的建筑物和家电的节能标准和标识体系，大力度的补贴政策和研究经费支持相关研究机构将新的再生能源利用技术带入建筑节能市场，促进建筑节能产业的发展。

2. 德国绿色低碳建筑发展政策

德国是一个能源匮乏的国家，除煤炭资源较丰富，其余几乎全靠进口。1973

年爆发全球石油危机，德国开始大力发展可再生能源，联邦政府和各级地方政府都制定了有针对性的措施，来推进建筑绿色低碳发展。德国政府采取的激励政策措施有两个主要特点：一是以市场发展为导向，与市场规律相符；二是政策的制定随市场发展变化及时调整，能确保政策对市场的及时导向作用，以保障国家相关预算的有效使用。德国复兴信贷银行专为建筑节能改造推出了多项资助计划，另外，各州、市、乡镇政府及能源供应企业提供了各种地区性的资助计划，如联邦政府光伏屋顶、高速公路两侧光伏工程补贴、巴伐利亚州学校建筑节能“50/50”计划等，以达到 EnEV-2009 德国节能标准 100（KFW100）的基本要求，建设达到 KFW85 标准的建筑。2002 年，德国《能源节约条例》（EnEV2002）要求，要对建筑物中的能源使用情况进行量化（包括供暖、空调、热水供应等方面），要建立建筑物的能源认证证书系统。这与家用电器上的能效标签一样。德国能源署会同有关部门，在全国范围内对建筑能源证书实施情况进行了调研，结果表明，能源认证证书制度已被市场广泛接受。根据德国法律规定，自 2009 年 1 月 1 日起，所有新建、出售或出租的居住建筑都必须出具能源证书，以便购房者或租房者了解在房屋能源消费方面可能支出的费用。对非居住建筑，同时要求面积超过 1000m^2 的公共建筑必须在建筑物显著位置悬挂能源证书。

3. 日本绿色低碳建筑发展政策

从全球范围看，日本由于在能源资源方面“先天不足”，节能工作水平处于世界公认的领先地位。日本是最早制定扶持光伏产业发展政策的国家。1993 年日本政府制订了“新阳光计划”来支持新能源产业。自 1994 年起，政府对居民安装太阳能光伏发电系统提供补贴，2002 年日本颁布《电力企业利用新能源特别措施法》（简称 RPS 法），将新能源定位为政策性支持对象，2003 年又出台了《可再生能源配额制法》，要求能源公司提供的能源总量中新能源和可再生能源要占有一定的份额，以促进节能技术的发展。2011 年 8 月，日本政府还颁布立法，对光伏实行强制上网电价。2011 年 3 月福岛核事故之后，日本全国对发展再生能源和绿色能源达成一致共识。日本的建筑节能经历了一个从自发到成熟的演变过程，一是国家立法机关和政府通过法律和法规等形式积极介入，推进住宅的节能环保设计和应用；二是通过相关机构，如建筑环境节省能源机构、环境共生住宅推进协会、产业环境管理协会等，认定、评价、普及和表彰住宅节能环保企业。日本政府着重借力各种民间非政府团体（NGO）、非营利团体（NPO），制定各种认定、认证制度，如知名度较高、创始于 1974 年的优良住宅部品制度。此外，依据 2000 年开始实施的《住宅品质确保促进法》而产生的住宅性能表示制度中，对住宅的热工环境、节能等项目设定了评价基准，对于通过了专门检查评价机关评价的住宅，将得到一份评价书，如果事后因住宅因品质问题而发生纠纷，只需要付 1 万日元就可以得到相应机关的帮助。日本建筑节能市场发展可以归纳为三个方面：一是政府积极引导和大力扶持；二是实施了电力公司有效的电价政策和上网收购制度；三是通过广泛宣传，民众的认可和参与积极性高。

4. 我国绿色低碳建筑发展政策

1997 年 11 月 1 日，《中华人民共和国节约能源法》正式颁布，使中国的能源节约有了法律依据，但这部法律中并没有针对经济激励的相关规定。2007 年根据能源利用形势，国家对《中华人民共和国节约能源法》进行了修订，2016 年又再次进行修订。修订后的《中华人民共和国节约能源法》专门对节约能源的经济激励进行了相当详细的明确规定，中央财政和省级地方财政安排节能专项资金，支持节能技术研究开发、节能技术和产品的示范与推广。国家运用财税、价格等政策，支持推广电力需求侧管理、合同能源管理、节能自愿协议等节能办法来推动能源节约与可再生能源利用。《中华人民共和国可再生能源法》在第 6 章专门规定国家财政设立可再生能源发展专项资金，制定相应的经济激励和监督措施，用于支持可再生能源开发利用的科学技术研究、标准制定和示范工程建设；金融机构可以提供有财政贴息的优惠贷款；税务机构应当给可再生能源发展项目提供一定的税收优惠。

我国还通过制定和实施相应的产业发展规划来推进建筑节能和绿色低碳建筑产业发展，制定了绿色低碳建筑发展目标，见表 7.1。

表 7.1　中国建筑低碳发展阶段目标

目标		2015 年(示范期)	2020 年(推广期)	2050 年(普及期)
新建建筑节能执行率		—	—	—
绿色建筑	单体建筑	20%	30%	100%
	绿色生态城	100 个	100%	100%
	农村绿色建筑	示范类	20%	70%
既有居住建筑	北方采暖区	4 亿 m^2	100%	—
	夏热冬冷区	5000 万 m^2	3 亿 m^2	100%
	夏热冬暖区	—	5000 万 m^2	100%
公共建筑	CDM-碳交易	试点	20%	100%
	节能改造	1.2 亿 m^2	4.2 亿 m^2	100%
可再生能源低碳建筑		25 亿 m^2	50%	100%
节能配套产业	新型墙体材料应用比例	—	90%	100%
	住宅产业化	10 个试点城市	30%	50%
	住宅全装修率	—	30%	100%

7.1.2 激励政策比较

从上述国内外绿色低碳建筑和建筑节能减排相关法律法规和政策的比较可以看出，美国、日本和欧洲诸国都通过立法，认可了建筑节能在整个能源节约系统中的重要地位，同时也鼓励积极发展绿色低碳建筑。我国政府对建筑节能一直非常重视，先后颁布了《中华人民共和国节约能源法》《中华人民共和国可再生能源法》以及相关的行业标准，来推动建筑节能的发展，特别是在“十二五”期间以及“十三五”规划制定中对建筑的节能减排和绿色低碳发展问题高度重视，政策的制定也考虑了宏观性和灵活性，但实施过程中缺乏与之配套的细则和多部门的联动机制，还需要在“十四五”及以后很长的时期内调整相关政策。

通过比较美国、德国、日本等国的建筑节能相关的法律法规和相关政策，每个国家都在相关法律的基础上，制定了具体的实施政策，既有宏观性的政策框架，同时也具有与之配套的实施细则，实施政策明确具体、界限清楚、要求严格，具有针对性。国外的建筑节能政策在制定的框架内，考虑了绿色低碳建筑的市场特性和外部特征，细化有绿色低碳建筑的类型以及激励目标，特别是针对单个建筑都有相应的激励措施，同时考虑了政策实施的时变特性，根据实施情况和形势变化不断调整，政策执行的操作性更强。

综上所述，我国在制定绿色低碳建筑发展的政策时，需要结合我国国情，结合我国建筑的特点和分部特征，充分考虑经济水平以及地理条件。在此基础上，通过相关法律作为依据，相关部门需要制定配套完善的综合政策体系，这样才能保证政策实施的通畅和政策执行的连续性。

7.1.3 各种政策作用及实施建议

绿色低碳建筑产业的可持续发展，需要配套的实施政策作为支撑。按照当前绿色低碳建筑发展存在的障碍分析，政府在制定政策时，需要综合考虑财政政策、金融政策、产业政策、科技政策、市场政策等多个方面政策的综合运用，政策体系的设计必须考虑到各种政策以及各种政策实施手段的组合利用，才能保证政策实施的有效性，才能有利于绿色低碳建筑推广的目标以及建筑节能减排的战略目标的实现。

1. 财政政策设计

财政政策是指政府变动税收和支出以便影响总需求进而影响就业和国民收入的政策。对于绿色低碳建筑发展所要实施的财政政策，主要考虑财政补贴或税收优惠的财政政策手段来实施，提高投资人的积极性。

1)财政政策手段

绿色低碳建筑发展的财政政策措施主要有四种，即财政直接补贴、强制税收、税收优惠及财政投资，各种政策措施所起的激励作用不同，如图 7.1 所示。

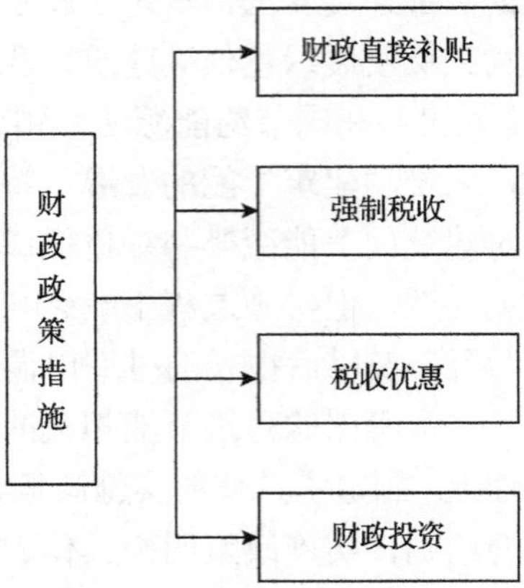

图 7.1　绿色低碳建筑发展的财政政策措施

(1)财政直接补贴政策。

财政补贴政策研究最早可以追溯到 20 世纪 20 年代，1920 年庇古的《福利经济学》一书出版。他认为，政府应当干预市场决定收入分配的过程，一方面通过税收限制那些边际私人纯产值小于边际社会纯产值的产业发展，另一方面通过补贴政策，鼓励那些边际私人纯产值大于边际社会纯产值的产业发展，实现社会福利最大化。此后，很多的研究都围绕着福利和利益分享、公益事业的定价、补贴与税收的关系等问题而展开，如 R.A.马斯格雷夫和 P.B.马斯格雷夫从社会产品理论出发，对补贴理论进行了进一步的研究，他们认为一切产品都是介于纯私人产品和纯公共产品之间的。对在建筑中利用可再生能源的投资人实施补贴，间接降低投资人的投资成本，可以提高投资人的积极性。由于绿色低碳建筑不仅对节能有益，减少的碳排放同时还能带来社会收益，从某种意义上说，具有社会产品性质，因此可以从社会产品理论出发，通过实施财政补贴政策提高投资人的积极性，提高建筑市场中可再生能源建筑的比例，促进公众对绿色低碳建筑的认可和接受程度，改变当前建筑节能的方向，有利于实现绿色低碳建筑的可持续发展。

财政直接补贴手段是指由政府或公共事业机构提供的财政补贴来推动绿色低碳建筑产业发展。财政直接补贴政策的实施原则是不从某一项投入中寻求直接的经济收益或回报。该政策手段从 20 世纪 70 年代开始，在很多西方发达国家就有实施，成为政府支持能效投资和改善用能结构的首选措施，至今仍被广泛应用。设立绿色低碳建筑专项基金，对投资和消费绿色低碳建筑节省一次能源消耗的法人组织和家庭进行经济补贴，都是国际通行的做法，因为政府向行为主体提供补贴会直接影响行为决策制定的过程。若没有相关的补贴政策，行为主体在进行行为决策时，往往首先会考虑决策行为的经济性。补贴政策的实施各国一般会依据国情，按照固定补贴金额、投资额的百分比、成本增量或绿色低碳建筑的能效标识等级等多个方面对行为主体进行补贴，目的就是加大绿色低碳建筑投资和消费比例，激励社会公众积极参与到政府制定的建筑节能减排工作中去。

财政补贴政策的制定一般从两个方向考虑，一是对绿色低碳建筑主体市场的补贴，二是对辅助市场的补贴。主体市场的补贴主要是对从事与绿色低碳建筑相关的生产者、投资者或消费者进行补贴，如对设备生产厂商的补贴、对投资和消费绿色低碳建筑者的补贴等，这种补贴方式的优点就是可以直接调动绿色低碳建筑主体市场的积极性，提高政府推广绿色低碳建筑的效率，但这种补贴具有即时性，与企业的生产及经营无关，基本不能起到刺激企业更新技术、降低行业成本的作用，具有一定的缺陷。辅助市场的补贴主要是对融资市场、技术市场、人才市场的补贴，如降低相关研发企业的融资门槛，对引进的行业高端人才和技术进行补贴能促使企业引进高端人才、更新技术，提高行业发展水平，提高核心竞争力等，最终可以实现绿色低碳建筑产业整体目标，这种补贴具有可持续性。

财政补贴政策的经济激励性对促进绿色低碳建筑发展的作用机制与《国际社会科学百科全书》中提出的补贴可以看成负的税收相似，可以运用税收分析工具来预测补贴所产生的效果。但是根据财政学原理，任何补贴形式都会造成不同程度的社会福利损失[87]。财政补贴的方式有很多，有现金补贴、实物补贴、税式支出、价格补贴以及财政贴息等。现金补贴和实物补贴，实际上减少投资者的增量成本，相当于政府补贴了投资者的实际投资成本，激励的直接作用会更加明显；税式支出是政府为实现特定的宏观调控目标或为促进某些特定产业的发展，通过制定税收优惠政策，相当于政府提供了财政支持，其作用原理与现金补贴较为相似；价格补贴财政贴息政策，实际上就是政府承担投资者贷款利息，降低了投资者的贷款成本，激励投资者的积极性和主动性，其作用原理与实物补贴较为相似。

绿色低碳建筑产业发展中的财政补贴政策，是政府为了实现产业发展目标而向投资者或消费者所提供的无偿财政经济补助。住房和城乡建设部联合财政部等国家相关部委制定了绿色低碳建筑产业发展的很多补贴政策，例如，2012 年 4 月，《关于加快推动我国绿色建筑发展的实施意见》(财建[2012]167 号)，奖励标准为：二星级绿色建筑 45 元/m^2，三星级绿色建筑 80 元/m^2。绿色生态城区给予资金定额补助 5000 万元。《夏热冬冷地区既有居住建筑节能改造补助资金管理暂行办法》(财建[2012]148 号)，地区补助基准：东部地区 15 元/m^2、中部地区 20 元/m^2、西部地区 25 元/m^2。各省、市、自治区等在国家政策基础上，纷纷出台了相应的激励政策，来推进建筑节能事业发展。但政策主要针对投资人，而对于消费者，激励政策缺乏。若要加大绿色低碳建筑的推广力度，建议政策制定和实施中，在政府财力允许范围内，综合考虑对绿色低碳建筑的参与主体，采取灵活的激励政策，既要考虑对投资人激励，更要从需求侧考虑对消费者的激励，这样的激励政策实施难度会加大，但实施的效果会更好。

(2) 强制税收政策。

税收政策是在一定的经济理论和税收理论的指导下，根据国家一定时期的政治经济形势要求制定的。其制定的原则是既要保证财政收入，又要有利于促进经济发展。绿色低碳建筑推广中税收政策实施原则，首先应该是对一般建筑实施严格征税，增加使用一般建筑的投资和消费成本，同时对投资和消费绿色低碳建筑者实施税收优惠政策，通过减税和免税等政策降低投资者和消费者的成本。税收政策发挥作用的途径可以有两个方面：一是通过税率设置体现税收差别，如对投资和使用一般能源建筑实施高税率，对投资和消费绿色低碳建筑实施税收优惠，从而向社会公众表明政府对绿色低碳建筑发展和推动的政策导向，改变社会公众对绿色低碳建筑的态度和认识，形成符合政策导向的行为动机和意愿；二是通过征税与税收优惠可以调整行为的成本，进而约束或激励相关行为的实施。

(3) 税收优惠政策。

税收优惠政策是利用我国税收制度的各项优惠规定，对绿色低碳建筑的相关税种实施优惠或减免。根据我国绿色低碳建筑发展的现有情况，建议对相关设备研发生产商的所得税实行税收优惠政策，促进绿色低碳建筑生产过程中配套产品的研发和生产。对绿色低碳建筑的投资者，可以按绿色低碳建筑的能效标识等级制定相应的免税、减税等政策，以鼓励和引导更多的投资人参与绿色低碳建筑的开发。例如，《厦门市绿色建筑行动实施方案》指出，自 2016 年 1 月 1 日起，新获得建设用地的民用建筑(包括居住建筑和民用建筑)将全面执行绿色建筑标准。所有新开工存量土地的民用建筑项目，也将披上“绿色”外衣，减少建筑及施工过程中的碳排放，实现节能环保。消费者购买三星级绿色住宅可返 40%契税的税收优惠政策。

(4) 财政投资政策。

财政直接投资手段也是值得考虑的绿色低碳建筑的激励手段，政府可以尝试成立专项国有建设投资公司，用政府投资的方式引导绿色低碳建筑的建设和投资，带动其他投资主体积极参与到绿色低碳建筑的投资和建设中来，形成政府引导、市场参与的积极状态。

2) 财政政策实施建议

上述四种财政政策中，财政直接补贴和税收优惠手段是直接针对绿色低碳建筑投资人所采取的积极财政政策。强制税收手段是指针对一般建筑所采取的税收政策，用以约束和引导投资人多开发绿色低碳建筑。财政投资手段是指将财政投资中可以用于激励绿色低碳建筑相关产业发展的部分用于扶持和引导绿色低碳建筑相关产业的发展。在财政政策实施中，建议首先要考虑财政直接补贴和税收优惠政策的实施，引导公众投资和消费绿色低碳建筑的积极性，同时，在相关法律法规完善的基础上，对投资和消费一般建筑采取强制税收手段，可以采取征收环境税或碳排放税的方式，变相促进绿色低碳建筑的发展。

2. 金融政策设计

金融政策是指中央银行为实现宏观经济调控目标而采取的各种方针和措施的总称。促进绿色低碳建筑产业发展的金融政策主要应考虑第三方金融扶持或在政府层面上提供金融优惠政策，缓解投资人的资金压力，有效提高投资人的投资积极性。

1) 金融政策手段

促进绿色低碳建筑产业发展的金融政策主要包括第三方金融扶持、金融担保和金融优惠三种(图 7.2)。第三方金融扶持是指政府金融部门对促进绿色低碳建筑发展的第三方所采取的积极的金融扶持政策；金融担保是指为促进绿色低碳建筑推广，政府应采取措施，通过适当的方式，提供金融担保平台，积极扶持绿色低碳建筑主体市场和辅助市场的发展；金融优惠是指直接针对绿色低碳建筑投资人的信贷优惠手段。

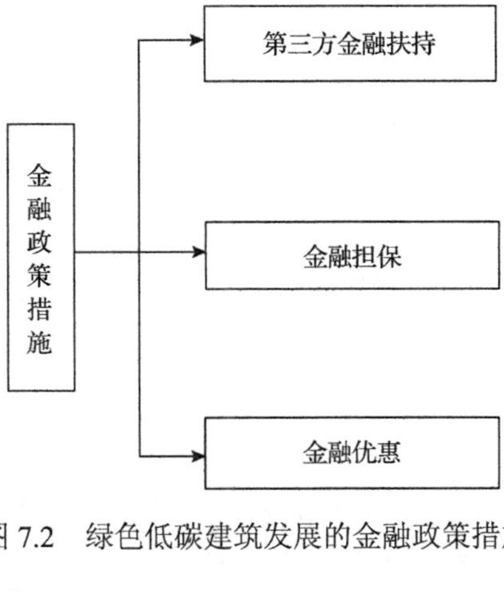

图 7.2　绿色低碳建筑发展的金融政策措施

2) 金融政策实施建议

金融政策是推动绿色低碳建筑发展非常重要的激励政策之一，作为具有外部性特征的产业，政府提供一定的金融支持和扶持政策，能提高绿色低碳建筑投资人的投资积极性，由于绿色低碳建筑会增加初始投资，政府能提供解决初始投资资金的金融政策，对于全生命周期有很大收益的绿色低碳建筑，金融政策的支持能有效解决投资人的初始投资增量资金问题，有利于绿色低碳建筑发展政府政策的实施。

财政政策的激励具有及时性特点，而金融政策的激励具有长期性，在建筑长期的使用过程中能逐渐体现金融政策的激励效果，同时金融政策具有与市场结合的优点，政府通过自身的行政职能，建立相应的平台，为潜在的投资人提供相应的金融优惠政策，不提供实质性的直接财政经济支持，绿色低碳建筑发展长期实施过程中，金融政策比财政政策更具有优势，制定长期政策时，更应考虑设定有针对性的专项金融政策支持。

3. 产业政策设计

产业发展政策是指围绕某一产业发展，旨在实现一定的产业发展目标或政府的宏观政策目标而使用多种手段所制定的一系列具体政策的总称。产业政策从研究的视角划分，主要有三种：一是将之理解为各种指向产业的特定政策，即政府有关产业的一切政策的总和；二是将之理解为弥补市场缺陷的政策，即当市场调节发生障碍时，由政府采取的一系列补救或调节的政策；三是将之理解为产业赶超政策。推动绿色低碳建筑产业发展的政策主要是指第二种产业政策，政策制定的目的主要是弥补市场缺陷，促进产业发展。产业发展政策的作用机制主要通过一系列的配套机制的协同作用来实施。

1) 产业政策手段

绿色低碳建筑产业具有一定的特殊性，涉及面范围广，公众的认知程度低，产品生产过程情况复杂，产业发展需要有与之配套的短期政策和中长期政策。

(1) 产业发展的短期政策。

绿色低碳建筑产业发展的短期政策，应以《中华人民共和国可再生能源法》《中华人民共和国可再生能源法修正案》《中华人民共和国节约能源法》为法律依据，以“十三五”规划为指导原则，首先要在现有应用示范工程的基础上，组织开展低碳城市示范工作，做到由点到面展开推广工作。产业发展的短期政策应该在当前财政部、住房和城乡建设部两部委的基础上，联合国家发展和改革委员会、税务等部门联合实施，扶持和鼓励绿色低碳建筑产业相关产业的发展，提高技术及人才的竞争力。短期政策应该以对上游产业，如设备、低碳节能材料研发、生产企业进行税收减免、财政贴息等经济激励为主，对绿色低碳建筑投资者应该以财政专项补助为主，辅以税收减免等财政政策，对绿色低碳建筑消费者或使用者应该辅以消费者补贴。短期政策可以是对消费者进行直接经济补贴，用以提高社会对绿色低碳建筑及相关产业的投资积极性并提高消费者或使用者的积极性，促进绿色低碳建筑产业短期目标的实现。

(2)产业发展的中长期政策。

绿色低碳建筑产业的中长期政策，应以《中华人民共和国节约能源法》《中华人民共和国可再生能源法》《民用建筑节能条例》《公共机构节能条例》为主线的建筑节能法律框架体系为基础，依照国家发展和改革委员会制定的指导思想和基本原则来实施。通过制定中长期产业政策，使绿色低碳建筑走上法治化、规范化、目标化的发展道路，逐步确立绿色低碳建筑制度框架体系，明确产业发展的中长期目标。树立绿色、低碳发展理念，健全激励与约束机制，以增强可持续发展能力为目标，扩大绿色低碳建筑产业发展目标。产业发展的中长期政策应以引导社会资金投入为主，充分发挥市场机制作用，综合采用财政补助、贷款贴息、以奖代补、资本金注入等政策，放大资金使用范围，孵化和培育地方绿色低碳建筑市场，逐步确立绿色低碳建筑产业长期制度，有利于政策目标的持久性和长期性。

产业政策构成需要考虑绿色低碳建筑产业的特点，相应的产业政策的制定需要考虑节能减排的预期效果，依据《中华人民共和国节约能源法》《中华人民共和国可再生能源法》等有关法律，结合建筑节能的相关部委规章条例，产业政策实施手段可以划分为绿色低碳技术专项扶持政策、建筑节能减排专项扶持政策以及节能减排管理的 EMC 扶持政策。绿色低碳建筑产业政策的构成如图 7.3 所示。

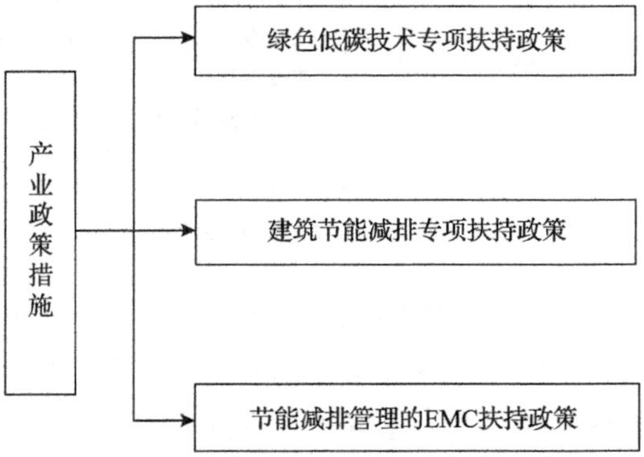

图 7.3　绿色低碳建筑产业政策措施(EMC 指能源管理公司)

2) 产业政策实施建议

绿色低碳建筑产业政策的制定必须以《中华人民共和国节约能源法》《中华人民共和国可再生能源法》《中华人民共和国建筑法》的相关规定为依据，依靠绿色低碳建筑专项扶持政策和建筑节能专项扶持政策配套实施，为发展绿色低碳建筑提供初始资金支持和政策支持，同时应重点考虑和积极支持与绿色低碳建筑节能相关的服务产业，特别是大力扶持和发展基于合同能源管理的建筑节能专业服务公司(ESCO)参与到绿色低碳建筑的用能管理中来，发展基于建筑节能管理的绿色低碳节能管理“代建制”模式，来提高能源利用的管理效率，降低单位面积的能源使用成本。

当前专业能源管理服务主要由EMC来承担，EMC是一种基于“合同能源管理”机制运作的、以赢利为直接目的的专业化能源服务公司。EMC与业主签订节能服务合同，提供能源使用效率管理、设备运行维护、节能量监测等一条龙综合性管理服务，并通过与客户分享项目实施后产生的节能效益来获取收益。EMC运作的核心是提供节能设备并以科学的管理来节约能源费用，获得相应收益。EMC能够生存的核心是在实施合同能源管理过程中不增加业主单位的使用成本，还能使对方在EMC的科学专业化的管理下，降低能源的消耗，获得节能的收益，实现双方的合作双赢。EMC的性质如图7.4所示。

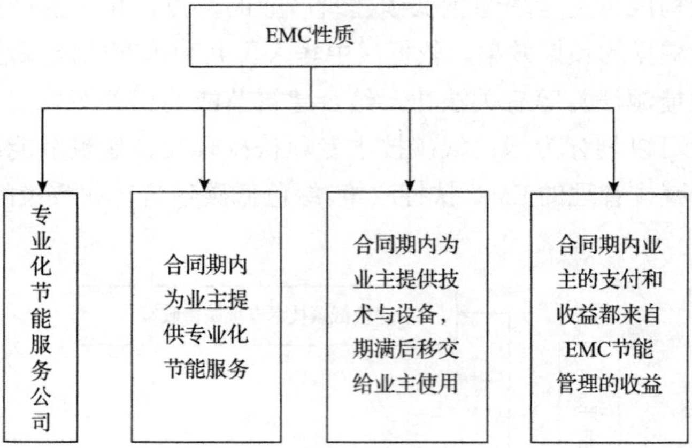

图7.4　EMC的性质分解图

“合同能源管理”在很多国家和地区都已实施应用，是被实践证明了的一种先进的能源管理模式，是节能市场化运作的新机制，联合国支持我国引进这种新模式、新机制。我国国家经济贸易委员会、世界银行、世界银行/GEF(全球环境基金)中国节能促进项目办公室积极支持成立并发展专业化的能源服务公司，通过示范项目推广上述合同能源管理的节能服务模式和运作机制，住房和城乡建设部建筑节能与科技司也在建筑行业积极推行合同能源管理，培育以节能服务市场为主体的节能服务体系。

4. 科技政策设计

1) 科技政策措施

绿色低碳建筑产业科技政策措施可以参照目前国家有关节能减排的科技方针，针对绿色低碳建筑的节能低碳指标，大致可划分为三种：国家级科技攻关政策、低碳技术集成创新激励政策、绿色低碳生态城市集成政策，如图 7.5 所示。

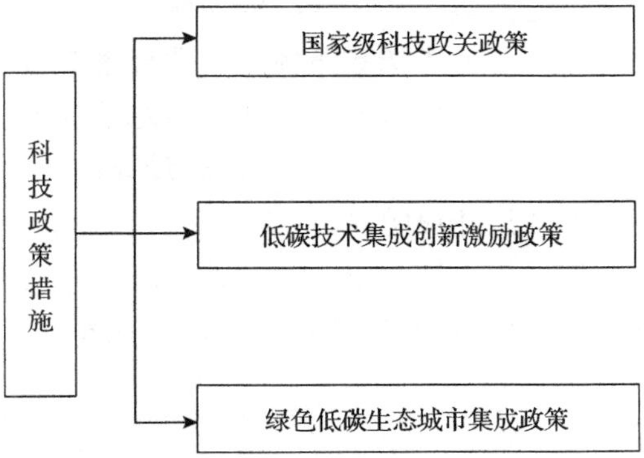

图 7.5　绿色低碳建筑科技政策措施

国家级科技攻关政策是指由国家科技主管部门或建筑主管部门联合实施的针对绿色低碳建筑特点的产品研发、技术进步、培育自主知识产权，为提高绿色低碳建筑的能源利用效率和降低碳排放进行的科学研究政策；低碳技术集成创新激励政策是指建设主管部门为提高绿色低碳建筑低碳化而实施的科技创新，对相关研发机构或企业创新进行激励并积极扶持的政策；对绿色低碳技术研发机构提供科技政策支持。

2) 科技政策实施

科技进步和技术产业化是产业发展的重要基础，没有科技进步，产业不能发展，没有技术的产业化，高额的成本因素也会阻碍产业的发展。绿色低碳建筑对实现节能减排具有重要意义。掌握低碳的核心科技，降低初始投资成本已是当前绿色低碳建筑推广工作中的重要组成部分。除了国家的激励政策，科技进步和核心技术也是阻碍绿色低碳建筑推广的关键因素。国家级科技攻关能集高层次的研发力量，为本土产业发展提供核心竞争力，是科技政策实施的核心手段，也是其他科技政策手段的实施基础和首要前提，能降低绿色低碳建筑相关材料和设备的成本，从而有效提高投资者的积极性。

科技政策的实施能促进行业的科技进步，提高产品的质量和服务水平，增强投资者的投资热情；科技政策能增强绿色低碳建筑的市场竞争力，引导消费者节能减排和绿色低碳生活的倾向。通过科技政策的实施可以提升可再生能源建筑的科技含量和技术水平，提升绿色低碳建筑的性价比，提高绿色低碳建筑的市场份额，从而能实现市场的良性发展。

5. 市场政策设计

1) 市场政策手段构成

市场政策，狭义上称为公共政策。市场政策本质上属于政府对经济活动的一种微观控制。市场经济发达的国家和地区经验表明，一个成熟的市场，总是包含着一种相对完善和与之相匹配的市场政策体系。适合采取市场政策的通常包括垄断、完全竞争、竞争不适用、外部效应等行业。而对于绿色低碳建筑这一具有外部性特征的产业，市场政策显得尤为必要，虽然市场政策这一概念在学术界还不被广泛认可，但其产生的效果却很明显。

按照本书作者研究的设想，适合于绿色低碳建筑推广应用的市场政策主要有排污权交易市场、碳交易市场和期权市场，如图 7.6 所示。

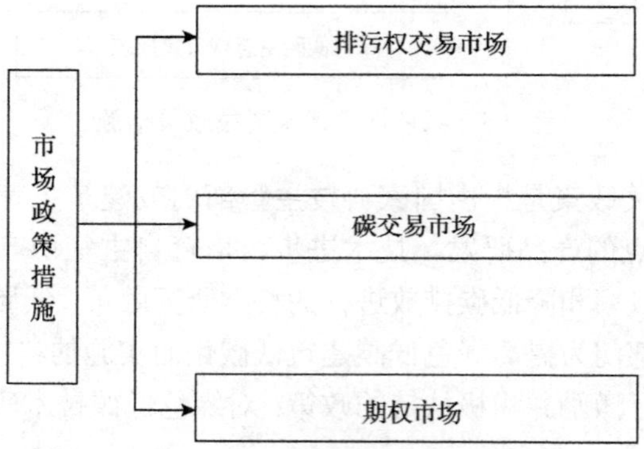

图 7.6　绿色低碳建筑市场政策措施

(1) 排污权交易市场。

排污权是 1968 年由戴尔斯首先提出的，其内涵是政府作为社会的代表及环境资源的拥有者，把排放一定污染物的权利出卖给出价最高的竞买者。排污权交易同传统的管理政策相比，具有市场经济特征，能够更多、更快地实现污染物排放的削减。建立建筑排污权交易市场，可以使绿色低碳建筑的外部价值得到相当大程度的补偿，也使一般建筑的外部成本得到相当大程度的支付。排污权交易已经在很多国家有效运用，我国很多与环境治理相关的行业也在摸索排污权交易。由于建筑在建造和使用中的能耗已远超社会总能耗的 1/3，而绝大部分建筑还是不节能建筑或不节能使用的建筑，因此在建筑领域先行开设排污权交易市场有利于促进绿色低碳建筑发展，更有利于建筑节能减排政策的实施。

(2) 碳交易市场。

碳交易市场是一个由人为规定而形成的市场，碳交易市场的运行机制有基于配额的交易和基于项目的交易两种方式。基于配额的交易是在有关机构控制和约束下，有减排指标的国家、企业或组织即包括在该市场中。管理者在总量管制与配额交易制度下，向参与者制定、分配排放配额，通过市场化的交易手段将环境绩效和灵活性结合起来，使得参与者以尽可能低的成本达到遵约要求；基于项目的交易是通过项目的合作，买方向卖方提供资金支持，获得温室气体减排额度。建筑碳交易市场的研究主要是基于项目的交易。

建立建筑碳交易市场，需要明确碳交易的供给方和买受方，当前建筑碳交易市场还处于起步阶段，主要起引导和导向作用，供给方包括节能条件好的项目开发商和业主等减排成本较低的排放实体；需求方主要是节能条件差的项目开发商和业主。建立建筑碳交易市场，可以明确各种类型建筑的排放指标，对于超指标的开发商可以经碳交易市场购买相应的排放指标，这有利于建筑节能减排的可持续发展，也能从另一方面促进绿色低碳建筑的发展。建立建筑碳交易市场是当前绿色低碳建筑发展具有重要研究价值的课题。

(3)期权市场。

期权是指一种买卖期权(又称选择权)的场所，是期货市场的延伸和扩展。探索建立绿色低碳建筑期权市场，可有效体现绿色低碳建筑潜在市场价值。有了这种期权市场，按照市场规律，社会资本和投资会积极投入绿色低碳建筑市场，来获取相应的期权价值收益。由于期权市场不同于一般的金融市场，它只是面向少数既有能力也敢冒险的投资者，因此在探索建立绿色低碳建筑期权市场时，初始阶段可以将交易门槛设得高一些，根据市场变化情况进行阶段性调整。

2)市场政策实施建议

市场政策对绿色低碳建筑发展具有一定的促进作用。首先，市场政策是促进绿色低碳建筑发展的一个可持续的政策形式，特别是排污权交易市场和碳交易市场能长远有效地解决绿色低碳建筑的外部价值内在化问题，能激发市场的投资动力，最终形成市场化的投资方式。其次，市场政策可以实现绿色低碳建筑潜在价值向期权价值的转变，设立绿色低碳建筑的期权市场，政府通过制定政策为投资期权的投资人提供相应的政策保证，这样就能吸引期权投资人投资绿色低碳建筑，从而可以促进绿色低碳建筑产业的市场化发展。

7.2　激励政策体系建设

上述绿色低碳建筑政策激励体系可以划分为5种政策和16种政策实施策略，各种政策都有相应的主导政策实施手段，为进一步明确各政策及政策实施手段的具体功能和作用，取最有利于绿色低碳建筑推广的政策并综合利用各种政策实施手段进行组合，将上述各政策及政策实施手段进行归纳分析，找出各政策实施的作用主体，指出各政策实施的功能作用，对各种政策的实施将会产生的结果进行分析，分析结果汇总如表 7.2 所示。

表 7.2 绿色低碳建筑政策及作用汇总表

政策类型	政策工具	主要手段	实施结果	作用主体	政策实施功能
财政政策	财政直接补贴	财政直接补贴 税收优惠	实现外部性的内在转换	投资人 消费者	通过税收杠杆，提高投资人的投资主动性
	强制税收				
	税收优惠				
	财政投资				
金融政策	第三方金融扶持	第三方金融扶持	提高绿色低碳建筑比例	投资人	提高投资人的投资能力
	金融担保				
	金融优惠				
产业政策	绿色低碳技术专项扶持	建筑节能减排专项扶持	提高绿色低碳建筑比例	投资人 服务管理者	提高市场积极性和主动性
	建筑节能减排专项扶持				
	节能减排管理的“EMC”扶持				
科技政策	国家级科技攻关	国家级科技攻关	将潜在市场转换为常规市场	研发者 生产者	增强市场竞争力
	低碳技术集成创新激励				
	绿色低碳生态城市集成				
市场政策	排污权交易市场	碳交易市场	实现绿色低碳建筑经济效益	投资人	经济诱致功能
	碳交易市场				
	期权市场				

7.2.1 强制性与激励性结合

对于绿色低碳建筑这种有着综合价值的长期使用产品，在推广初期，政府必须要制定有针对性的激励政策。有效的激励政策及实施手段的协调综合运用，对绿色低碳建筑推广才能起到预期的效果。当前我国绿色低碳建筑推广主要是建设部门会同财政部门的经济补贴政策，从产业发展来说，这只能起到示范作用，很难能使产业得到完全的市场化发展。按照上述激励政策设计以及各种政策的作用和功能分析可知，推广绿色低碳建筑，需要多个部门配合，多种政策工具综合运用。例如，对于产业政策和科技政策，其运用基本是由财政政策来直接支付，因此，财政政策和产业政策与科技政策必须要协调起来，其实质就是与行业相关的部门之间的协调。又如，科技政策中的低碳集成技术需要电力部门和建设部门的协调，各种政策的实施实际上是涉及多个部门的协调。绿色低碳建筑多项政策综合实施的协调与配合关系可用图 7.7 表示。

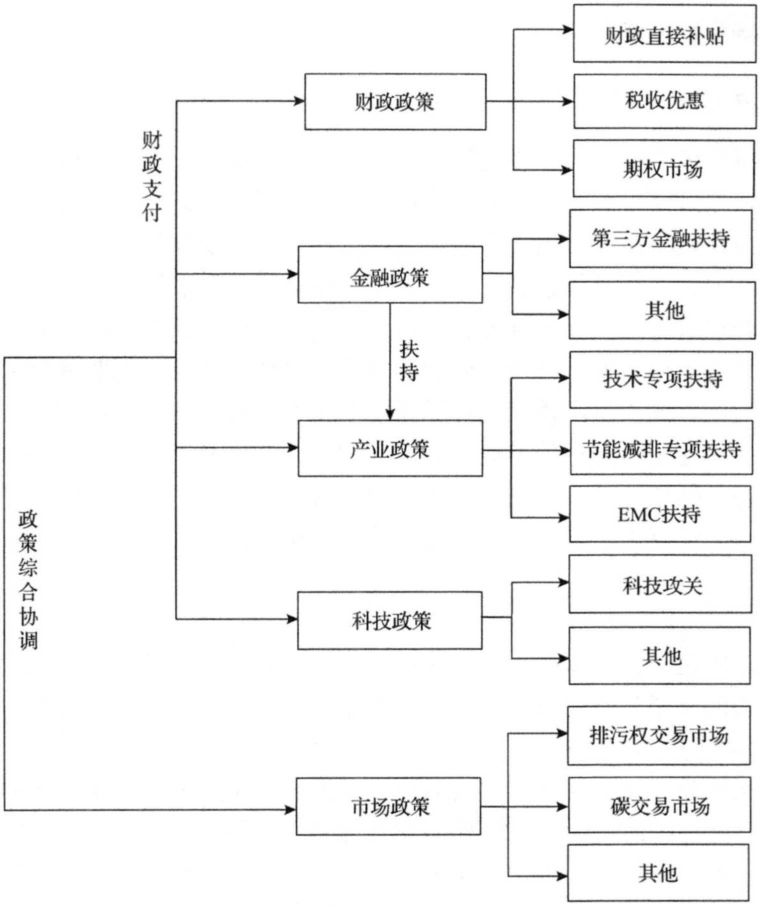

图 7.7　绿色低碳建筑推广政策综合实施系统图

综合上述绿色低碳建筑的各种实施政策的分析可知，仅凭单一的实施政策是很难达到预期的推广目标和效果的，需要政府实施系统的激励政策。上述分析的 5 种政策和 16 种政策实施手段的协调应用对绿色低碳建筑推广具有重要的意义，特别是在绿色低碳建筑推广初期，要考虑到财政政策和产业政策主要应用，加以金融扶持；在产业发展过程中，注重科技政策的应用，确保绿色低碳建筑要走市场发展的道路，注重培育具有自主知识产权的科技核心技术，确保绿色低碳建筑的科技持续性和市场认可性，同时能做好绿色低碳技术科学综合利用；在产业发展的成熟阶段，要注重市场政策的实施，特别是要建立起规范可行的针对绿色低碳建筑的排污权交易市场和碳交易市场，这样就可以使绿色低碳建筑不但具有节能的效益，同时还能收到一定的外部性经济收益，可以提高市场的积极性和主动性，引导和推进以市场机制为主导的绿色低碳建筑推广模式，保证该政策实施的良性循环，最终实现政府制定的绿色低碳建筑发展目标和建筑节能减排的战略目标。

7.2.2 市场化发展路径

1. 低碳建筑市场角色定位

推动绿色低碳建筑的发展初始阶段，政府和投资人处于主导地位，政府应该承担重任，通过制定和完善相关法律法规和实施配套政策，调动市场参与的积极性。由于绿色低碳建筑市场具有较强的社会性特点，仅仅依靠市场机制是很难奏效的，只有通过实施政策组合，充分运用法律、行政及经济激励等手段，才能引导、规范和促进该项工作的开展。目前，政府在绿色低碳建筑推广方面存在一定的角色缺位或越位问题，解决问题的关键是政府要转变自己的职能目标和方向，制定相关规则、维护推广秩序，可以通过两个途径实施：一是制定相对完善的法律、法规，构建市场运行的游戏规则，维护公平竞争；二是制定市场、行业准入标准，对绿色低碳建筑实施过程和效果进行有力监督。目前绿色低碳建筑推广处于初期阶段，还有很多问题需要政府通过机制和政策调整进行解决。

2. 现有法律法规存在的缺陷

绿色低碳建筑推广需要相应的法律法规和有效的政策措施做保障。目前与建筑节能相关的法律法规主要有《中华人民共和国建筑法》《中华人民共和国节约能源法》《中华人民共和国可再生能源法》，但《中华人民共和国建筑法》只是对建筑工程质量的规定是强制性的，而对建筑节能、新型建材和建筑科技的利用条款中仅用“支持”、“鼓励”和“提倡”，缺少强制性，没有约束力，实际工程应用中缺乏可操作性。同样，《中华人民共和国节约能源法》只是对固定资产投资工程项目的设计和建造提出必须遵循合理的用能标准和节能设计规范，对达不到合理的用能标准和节能设计规范要求的工程不予验收，但是该法的罚则部分没有对违反法律的法律责任明确说明，缺乏法律执行的约束力，存在“软政策约束”问题。另外，我国自 1986 年颁发了第一部民用建筑节能行业标准《民用建筑节能设计标准(采暖居住建筑部分)》(JGJ 26—1986)，即节能 30%的标准以来，到目前为止先后颁布实施了《夏热冬冷地区居住建筑节能设计标准》(JGJ 134—2001)、《夏热冬暖地区居住建筑节能设计标准》(JGJ 75—2003)及《公共建筑节能设计标准》(GB 50189—2005)等覆盖全国三个气候区的节能标准体系。为在建筑领域贯彻节能方针，从 2002 年建设部建科[2002]175 号文印发《建设部建筑节能“十五”计划纲要》开始，连续发布《节能中长期专项规划》(国家发改委)、《“十二五”建筑节能专项规划》。但在“十三五”期间，规划名称改为《建筑节能与绿色建筑发展“十三五”规划》，首次把绿色建筑发展用规划确定下来。在上述标准和规划中，均对建筑节能大力提倡，但对绿色低碳建筑的发展目标是在“十三五”刚提出来，这些都说明绿色低碳建筑推广是当前和今后一段时间建筑节能工作的重要内容，但现有的法规和部门规章还有很多细节部分需要修订和完善，才能保证绿色低碳建筑推广能按照既定目标进行。

3. 现有监管机制存在的缺陷

目前对于绿色低碳建筑的监管主要是在现有《中华人民共和国建筑法》的法律框架内，由国务院组织实施，通过各有关部委形成各行业内的监管机制。绿色低碳建筑目前的监管体系结构主要是国务院→住房和城乡建设部→建筑节能中心→各地方政府建设管理机构→建筑节能(办)与科研设计处(室)，而与绿色低碳建筑相关的其他部门实际上并没有起到监管作用，这是监管机制设置的缺陷，也不便于绿色低碳建筑朝着深度和广度方面的发展，现有绿色低碳建筑监管体系结构如图 7.8 所示。

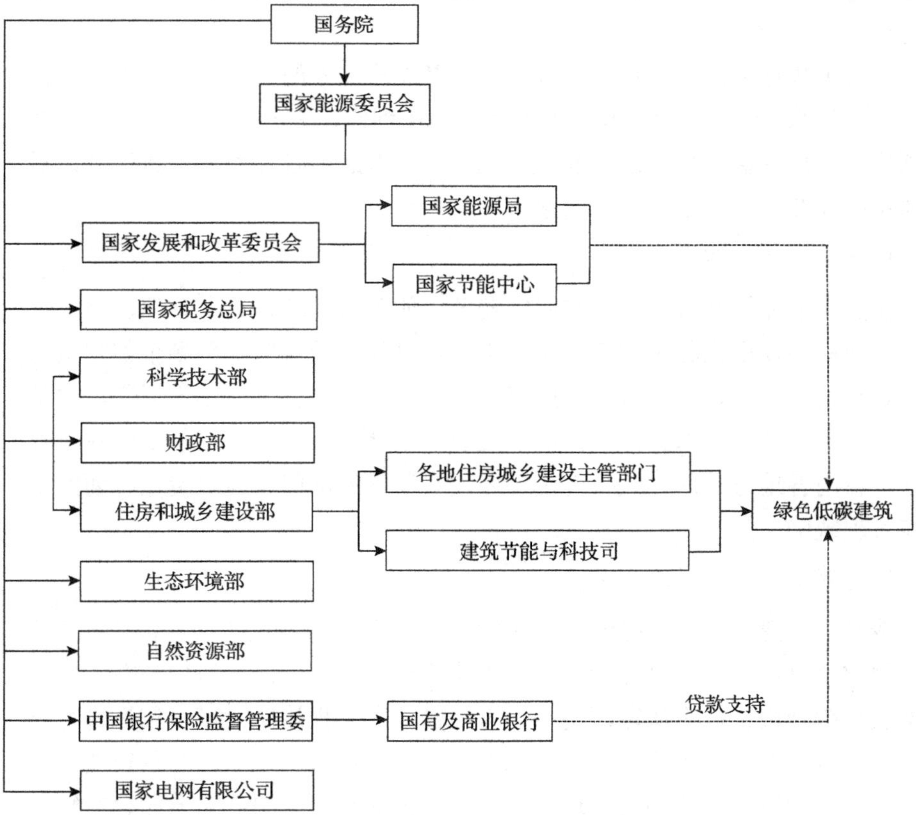

图 7.8　现有绿色低碳建筑监管体系结构

图 7.8 的现有绿色低碳建筑监管系统中，当前绿色低碳建筑推广的监管是在国务院及国家能源委员会的指导之下，由住房和城乡建设部负责绿色低碳建筑的规划和实施，建筑节能与科技司负责具体指导和督查工作。各地建筑主管部门在住房和城乡建设部与各地方政府的指导之下，按照规定要求负责具体的工作，主要由建筑节能(办)与科研设计处(室)负责相关工程项目的审查与监督。其他涉及绿色低碳建筑的相关部委在实施过程中，从当前的情况来看，相关部门有科学技术部和财政部。财政部联合住房和城乡建设部主要是在具体推广的工程项目进行经济补贴方面承担财政支付，科学技术部只是在绿色低碳技术方面有相应的科技项目支撑，不承担具体的项目实施。而其他与绿色低碳建筑发展相关的部委和单位实际上未能参与到绿色低碳建筑发展过程中来，只是在制度上有所体现，没有具体实施机制和要求，也没有具体负责的部门，使得机制和体系都不完整。

建筑节能管理问题中存在的“无人管理、交叉管理、多头管理”等问题，也会在绿色低碳建筑推广过程中出现。因此，政府在相关问题的管理方面需要在制度完善的基础上进行改进和提高。

具有可执行力的监管体系是政策和制度能够实施的重要保障，若没有行之有效的监管体系，再好的政策和制度也不能落实到位，在绿色低碳建筑推广过程中，必须注意到建立监管体系的重要性，同时还要考虑监管体系的可执行性，目前监管体系中存在以下几个方面的问题。

1) 管理机构不健全

在建筑节能管理方面，存在问题较多，如多头管理、无人管理、交叉管理等问题。政府即使要求相关部门负责也不知道具体问题该落实到哪个部门负哪方面的责。黎涛指出，建筑节能中政府管理方面的缺陷主要是体制不适应、政策不配套、结构不合理、技术支撑不到位、法制不完善[88]。而对于绿色低碳建筑推广的管理，目前各地方政府相关管理机构还没有独立的部门专门负责这方面的工作，存在管理缺陷。

2) 监管不到位，措施不明确

按照绿色建筑认证依据的《绿色建筑评价标准》《绿色建筑评价技术细则》等文件规定，可以申请“设计标识”和“建筑标识”。“设计标识”是在工程施工前根据设计图纸进行标识认定，“建筑标识”需要在工程竣工交付一年后进行测评评价。从现有情况看，申请“建筑标识”的较少，从另一方面表明了投资人对建筑的运营阶段的节能信心不足。这与政府对绿色低碳建筑的监管方面存在缺位和脱节问题有一定的关系。现有的监管没有形成全过程的管理联动机制，导致“节能建筑”不节能、徒有虚名等现实性问题。另外，对建筑全生命周期的用能监管还没有形成一套机制，缺乏建筑能耗测评、能耗标识、能耗审计等方面系统的、相互配套的管理制度，更缺乏相应的管理手段。虽然住房和城乡建设部推广建筑能耗测评、能耗标识、能源审计制度，但各地建设管理部门还没有相应的管理机构和行之有效的落实措施，目前只在大型公共建筑、政府机构和申请绿色低碳建筑示范性工程中尝试实施，实施效果评价标准也不科学，公众的认可和接受程度低。

3) 缺乏有针对性的政策体系和监管机制

我国自 20 世纪 80 年代中后期开始推行建筑节能，但在建筑节能中推广绿色低碳建筑时间还不长。由于绿色低碳建筑的外部性特征，政府必须发挥重要作用，采取一定的激励和监管措施，并且配套相应的政策，提高投资者的积极性和主动性，但这方面的工作也是处于起步探索阶段，主要问题表现在政策及激励措施力度不够，市场保障机制还不够完善，技术开发能力和产业体系薄弱等几个方面。

4. 监管体系的构建建议

推动绿色低碳建筑的发展，市场起基础性作用，政府在推动市场发展中起制定规则和监督管理作用，需要科学的制度和完善的监管体系做保障。绿色低碳建筑能够按照既定的目标和建筑节能减排的任务目标，需要相应的监管机构来行使管理职能，防止多头管理、无序管理问题的发生。保持监管机构的相对独立性是建立现代监管体制的基础，从国家层面，当前我国节能减排问题是国家战略问题，是由国家发展和改革委员会制定战略和政策，专业性的能源管理机构主要负责本行业内的相关能源应用管理和节能政策的执行，如住房和城乡建设部依照国务院以及国家发展和改革委员会制定的节能减排战略，负责本系统内的节能目标的制定、执行和监管，保证本行业内的节能减排符合国家的战略规划和目标。从地方层面，各地区也可以根据自身特点，在国家政策前提下，建立相应的监管机构，以体现因地制宜的原则，既保证国家战略和政策的贯彻执行，也能符合地方经济社会发展需要。但从绿色低碳建筑推广情况来看，目前存在着地区发展严重不平衡的问题。这既与各地区的经济、地理环境条件有关，但更重要的是地方对中央制定的政策的执行力问题，需要解决好政府监管中的“缺位”与“越位”问题。

政府对绿色低碳建筑的管理重点应该考虑到生命周期各阶段，监管的侧重点应该有所不同。首先是要制定科学的能耗统计制度和能源审计制度。将绿色低碳建筑的监管重点逐渐从重审批转向建设和运营，核查能源利用效率和碳排放，保证实施过程中的绿色低碳指标执行，强调政策的导向性和透明性。其次是监管模式应适当集中职能，主要监管职能分散于各部门的配置格局，会削弱政府的管理效率，要推动绿色低碳建筑发展，需改变传统的监管模式，整合职能，从中央到地方，组建专门的绿色低碳建筑的运营管理机构，制定适合绿色低碳建筑全产业链的管理制度。绿色低碳建筑除了有必要的经济激励以及相关政策配套，还必须要有与之相适应的制度建设，来保证实施过程的规范性和可持续性，确保政策实施的效果。

绿色低碳建筑的可持续发展，需要建立在完善的监管体系的基础上，而监管体系的完善建立在相应的配套机制的基础上。除了现有的对绿色低碳建筑审批、验收的监管，当前监管的侧重点要转移到解决建筑运营阶段的低碳化问题，建立可行的能耗统计、能源审计、能效公示、能效认证与标识制度，在执行上做到“客观、公正、公平、科学”。相关配套机制必须在《中华人民共和国建筑法》《中华人民共和国节约能源法》《中华人民共和国统计法》《民用建筑节能条例》等法规规定的条件下制定。

1) 建立能耗统计制度

建筑能耗统计属于能源统计的范畴，但推广应用情况并不如所愿。有关法律法规中虽要求加强能耗统计，但对于建筑能耗统计的各责任主体并未明确，导致建筑能耗统计工作的可操作性差，发展缓慢。近几年，随着建筑耗能占社会总能耗的比例不断增大，建筑节能以及加强能耗统计工作才得到重视。住房和城乡建设部要求各地继续深入贯彻《中华人民共和国节约能源法》及《民用建筑节能条例》，进一步强化体制机制建设，但目前的建筑能耗统计还仅仅局限于部分政府公共建筑和大型建筑（单体建筑面积 20000m^2 以上），而且统计对象比较单一，缺乏系统性，是能耗统计工作的瓶颈。为了更加清晰地掌握我国建筑能耗的基本情况，更加科学地分析绿色低碳建筑的节能减排效果，有必要建立科学合理的建筑能耗的统计制度。科学合理的能耗统计制度，可以使有关部门客观掌握不同地区、不同建筑的实际能耗水平，以便采取相应措施进行管理。建立科学合理的建筑能耗统计制度，有利于全面了解我国建筑能耗水平，特别是对绿色低碳建筑更具有重要的意义，有利于改变建筑终端能耗结构组成，最终将会带来建筑用能模式的改变。

针对建筑能耗统计的现状，建议建筑能耗统计应该按以下路线来实施：

(1) 建立科学合理的能耗统计指标体系，根据不同气候区的特征，建立不同气候区不同种类建筑的按年、季或夏季、冬季的能耗总量统计指标体系，同时要对各类建筑安装能源分类计量装置，确保统计结果的科学性和有效性，能对下一步的用能管理起指导作用。

(2) 完善建筑能耗统计的技术措施，完善用电分项计量和远程采集技术，提高数据的科学性和真实性。目前远程采集技术已能够实现，但针对单个建筑用能的用电分项计量问题由于建筑电器及智能化设计中没有强制性标准而在实际设计中基本未能考虑，给能耗统计工作带来很大的困难。住房和城乡建设部建筑节能与科技司按照《财政部 住房城乡建设部关于进一步推进公共建筑节能工作的通知》(财建[2011]207 号)的要求，切实推进和加强国家机关办公建筑和大型公共建筑节能监管体系建设，指导各省(市)级监测系统的数据上传工作，组织编制了《国家机关办公建筑和大型公共建筑能耗监测系统数据上报规范》，各试点省市根据地区情况，在部委指导下建立适合地区特点的能耗统计和计量要求。

(3)在现有针对国家机关办公建筑和大型公共建筑能耗监测的基础上，做好典型建筑和标杆建筑的能耗统计工作。典型建筑，就是在一定的技术水平和科学的管理水平条件下，单位能耗方面具有一定的代表性，能作为其他类似建筑能耗测定参考依据的建筑。政府与各类建筑业主之间对能耗问题关心的侧重点不同，政府关心的是总的建筑能耗以及能耗高的建筑，业主关心的是自身的能耗。政府希望采取一定的技术及资金投入来促进节能降耗，业主则希望在目标不明的情况下，少投入建筑能耗统计的技术和资金。因此，在建筑能耗统计的初始阶段，做好对典型建筑和标杆建筑的能耗统计工作，供其他业主参考对比，同时为政府制定相关标准提供依据。

2)建立能源审计制度

能源审计，就是由独立的、专业的能源审计机构通过对用能单位的调查，分析其能源利用状况，并确认其能源利用水平，查找存在的问题和漏洞，分析对比挖掘节能潜力，提出切实可行的节能措施和建议，指导用能单位提高能源管理水平。能源审计包括三项内容：一是查阅用能系统、设备台账资料，核对能源消耗计量记录；二是检查用能系统、设备及能源计量器具的运行状况，审查节能管理制度及能源消耗定额执行情况；三是查找存在节能潜力的用能环节或者部位，提出合理使用能源的建议。主要目的都是对用能单位建筑能源使用的效率、消耗水平和能源利用的经济效果进行客观考察；对用能单位建筑能源利用状况进行定量分析；对建筑能源利用效率、消耗水平、能源经济和环境效果进行审计、监测、诊断和评价，发现建筑节能的潜力，提出节能措施。

3)建立能效公示制度

能效公示制度建立在能耗统计制度和能效审计制度的基础上，将能耗统计和审计结果以一定方式向社会公示。建立能效公示制度目的主要有：

(1)通过建立能效公示制度，让公众了解同类建筑之间的能耗差异水平，使公众了解绿色低碳建筑的节能效果，提高社会对绿色低碳建筑的认知程度，同时给高能耗的业主有提高节能措施和管理水平的动力。

(2)通过建立能效公示制度，公众可以对各类建筑的能耗成本进行比较，通过能耗数据的公示，公众可以找到同类型一般建筑和绿色低碳建筑能效之间的差距，认识到绿色低碳建筑的优势。科学合理的能效公示制度，能够激发绿色低碳建筑的投资和消费热情，同时也可以激发用能单位提高管理水平，实现节能减排目标。

5. 监管体系的优化

绿色低碳建筑的监管中存在一定的缺陷，一是缺少专业的管理机构，目前，住房和城乡建设部把绿色低碳建筑划分在建筑节能的管理机构中，主要考虑的是节能减排的问题，施工中没有相应的监督检查机构，导致绿色低碳建筑的节能减排效果评价上公信力不足，同时没有协调能力强、管理职能相对集中、整合各相关职能部门行政权力的综合性绿色低碳建筑管理机构。

绿色低碳建筑推广需要政府多个相关部门的配套机制，而当前在政策制定和执行上主要是通过建设行政主管部门联合相关部门以文件形式下发，没有联合的执行机构，导致办事效率低下，社会参与的积极性不高，这些原因使得跨部门的综合协调能力差，缺乏长远、持久的政策措施。绿色低碳建筑实施的监管，必须在现有的管理模式下做相应的调整。当前绿色低碳建筑由住房和城乡建设部建筑节能管理中心负责，需要得到诸多相关部门的协调配合才能有效实施。监管体系的完善是绿色低碳建筑推广的前提条件，没有完善的监管体系，绿色低碳建筑推广的效率很难提高，推广的广度和深度也很难达到预期的效果。只有高效、公正、公平的监管体系，才能有效激励和监督各实施主体的实践活动与行为，如果监管体系不完善，监管机构缺位，即使存在完善的法律制度，也会存在监管不严、执行不力、执行不公的问题。由于绿色低碳建筑推广不仅涉及建筑行业的问题，更涉及多个行业管理部门。为加强部门协调，避免多头管理和无人管理问题，政府应统筹制定监管机制，优化现有监管机制，加强各部门的组织协调，明确各部门的职责和义务。在管理方式上，要遵循政府引导和市场推动相结合，形成有利于行业可持续发展的制度环境。为避免政府部门重审批、轻管理的现实情况，建立综合性的绿色低碳建筑管理机构是当务之急，机构设置包括政策制定组、战略规划组、实施监督组。政策制定组负责可再生能源项目的政策制定和修正。在监督上要避免管理体制缺陷，建议按照“政监分离”的原则，由战略规划组和实施监督组分别负责项目实施规划的制定和具体实施的监督执行，必须赋予监管机构实质性的监管内容和权力，使其发挥不可替代的作用。监管体系可以按照如图 7.9 所示的管理模式来制定。

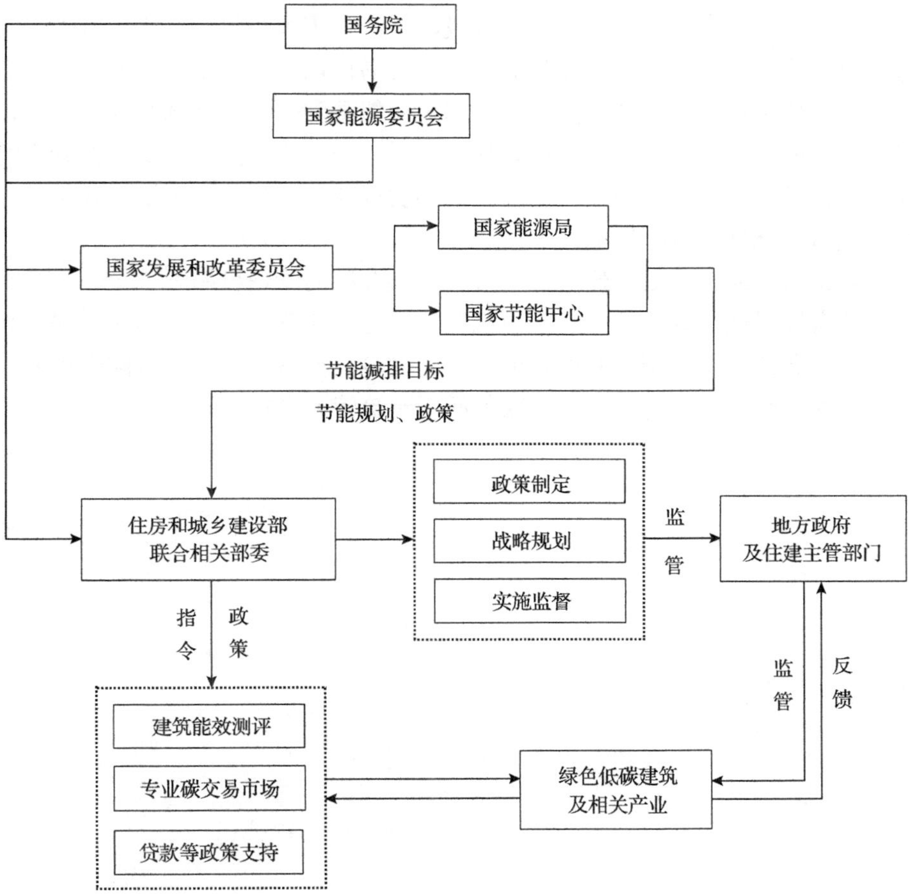

图 7.9　绿色低碳建筑管理模式

7.3　本章小结

绿色低碳建筑具有外部性特征，政府需要在现有相关法律的基础上，制定适合绿色低碳建筑发展的引导性政策，通过分析，我国绿色低碳建筑政策体系可分为 5 种政策，政策实施过程中，需要综合考虑政策的目的和作用，考虑政策的组合。当前我国绿色低碳建筑推广主要是建设部门会同财政部门的经济补贴政策，从产业发展来说，仅凭单一的实施政策是很难达到预期的推广目标和效果的，需要政府实施系统的激励政策。在绿色低碳建筑推广初期，要考虑到财政政策和产业政策的主要应用场景，加以金融扶持；在产业发展过程中，注重科技政策的应用，确保绿色低碳建筑走市场发展的道路，注重培育具有自主知识产权的科技核心技术，确保绿色低碳建筑的科技持续性和市场认可性，同时能做好绿色低碳技术科学综合利用；在产业发展的成熟阶段，要注重市场政策的实施，特别是要建立起规范可行的针对绿色低碳建筑的排污权交易市场和碳交易市场，这样就可以使绿色低碳建筑不但具有节能的效益，同时还能得到一定的外部性经济收益，可以提高市场的积极性和主动性，引导和推进以市场机制为主导的绿色低碳建筑推广模式，保证该政策实施的良性循环，最终实现政府制定的绿色低碳建筑发展目标和建筑节能减排的战略目标。

本章指出当前绿色低碳建筑推广监管机制存在的管理机构不健全、监管不到位、缺乏有针对性的政策体系和监管机制、措施不明确等方面的问题，提出相应的完善措施和建立能耗统计制度、能源审计制度、能效公示制度等配套机制，优化了现有的监管体系，构建了新的绿色低碳建筑管理模式。

第8章　绿色低碳建筑发展之路展望

8.1　研究结论

本书基于可持续发展视角，分析国内外绿色低碳建筑发展的实际情况，从市场特征分析入手，剖析了绿色建筑、低碳建筑的特征以及我国发展绿色低碳建筑的重要性。依据相关经济学和管理学理论，分析了绿色低碳建筑的外部经济特性和市场特征，建立绿色低碳建筑发展政府激励机制，分析了建筑碳排放交易的作用和实施的难点，提出了建筑能效标识制度对绿色低碳建筑发展的影响，并对能效标识与建筑碳排放之间的关系进行了分析，指出两种基于市场的建筑节能方式的有机结合对绿色低碳建筑发展的有利作用，最后对现有的政策体系、激励政策等进行分析，指出当前政策实施存在的缺陷，提出了相应的政策建议。

通过系统研究，得出如下主要研究结论：

(1) 绿色低碳建筑对我国建筑节能减排具有战略意义，有利于建筑用能的可持续发展和实现建筑节能减排的既定目标。对于具有正外部性特征的产业，政府应对市场机制部分失灵的领域进行干预，通过合理的经济、政策激励，完善相应的政策体系和监管机制，提高绿色低碳建筑投资人、消费者以及与之相关的上下游配套市场的积极性。

(2) 基于成本-效益分析原理，考虑碳减排的经济价值，分析了绿色低碳建筑的投资经济性评价中社会环境效益评价的重要作用，指出在产业发展初期，政府应该采取经济激励政策，对投资人的投资增量成本给予一定比例的经济激励，使私人边际成本向社会边际成本靠拢。绿色低碳建筑推广初始阶段，基于成本的激励模式具有直接性和针对性，能促进投资人的投资信心，而在配套产业发展进入成熟期，市场和制度相对规范的情况下，基于性能的激励模式会更有效。随着产业发展，通过基于增量成本的经济激励向基于性能的激励模式的改变，有利于提高建筑的绿色率和低碳度。

(3) 运用机制设计理论分析在非对称信息条件下，投资人获得的经济激励应该与其保留效用、经济收益、获得的社会收益补偿以及努力成本系数和风险厌恶程度有关，随着投资人的风险厌恶程度加大，经济激励作用会减弱。在产业发展初始阶段，激励政策要由点到面，重点突出，经济激励应重点考虑支持具有示范作用的大型公共建筑和新建住宅小区。

(4)在经济激励投资人方面，由于存在信息不对称问题，在没有一定的约束机制条件下，政府难以真实有效地观测到投资者的实际努力水平以及投入增量成本，将产生一定量的代理成本，政府花费大量的成本去监测每个投资人的投入水平，不如测算绿色低碳建筑所产生的社会收益，依据社会收益，给予投资人增量成本补贴。根据非对称信息条件下建立的委托-代理关系模型分析得出，代理人的最优努力水平严格小于对称信息条件下的努力水平，因此政府应该加大对投资人信誉、资金实力等方面的评价，选择信用程度高、经济实力强的投资人作为经济激励选择对象，有利于政府激励政策的实施。

(5)对产业发展政策进行了分析，指出仅凭单一政策是很难达到预期的目标和效果的，政府需要实施系统的激励政策，特别是在产业发展初期，要考虑到财政政策和产业政策综合应用，加以金融政策扶持，财政政策的激励具有及时性特点，金融政策的激励具有长期性特点，政府制定长期政策中，金融政策比财政政策更具有优势。在产业发展过程中，应注重科技政策，注重培育具有自主知识产权的科技核心技术，鼓励研发绿色低碳建筑材料、鼓励绿色施工技术。在产业发展成熟阶段，要注重市场政策的实施，特别是要建立起规范可行的针对绿色低碳建筑的排污权交易市场和碳交易专业市场，积极推进建筑能效标识制度。

(6)通过对现有相关法律法规研究，分析现有监管机构设置的缺陷，指出建立能耗统计制度、能源审计制度、能效标识制度等监管体系配套机制的重要性，并对监管机构的设置提出建议。在调动投资人的积极性方面，激励与监管机制相辅相成，缺一不可。

8.2 主要创新

本书主要创新点如下：

(1)划分了绿色低碳建筑的市场构成，在分析绿色低碳建筑外部性的基础上，提出了利用修正的成本-效益分析方法，分析绿色低碳建筑的投资经济性；把碳排放交易模式引入建筑节能减排政策实施过程中，分析了基于碳交易的绿色低碳建筑节能减排经济收益；提出了考虑刚性碳排放指标的成本-效益相对效果指标修正模型，用于分析绿色低碳建筑的增量成本与社会收益更具有科学意义。

(2)对经济激励的主体和客体进行分析和界定，运用博弈理论，构建了政府与投资人之间完全信息动态博弈模型，并分析了博弈模型的四种博弈结果，得出投资收益是投资人是否选择投资绿色低碳建筑的最核心的影响因素；运用委托-代理理论，设计信息对称和信息不对称条件下绿色低碳建筑推广激励机制，并重点分析了信息非对称条件下经济激励与风险厌恶程度的关系，研究表明，随着投资人风险厌恶程度的加大，经济激励作用会减弱。

(3) 在分析相关法律法规和政策的基础上，指出当前产业发展政策体系设计的不足之处，提出了建立系统的政策体系和政策实施手段对绿色低碳建筑可持续发展的重要作用，分析了当前政府监管存在的问题，在现有监管体系优化的基础上，提出了管理流程和监管体系。

8.3　研究不足与展望

本书研究结合我国绿色低碳建筑发展现状，在分析绿色低碳建筑市场特征的基础上，对绿色低碳建筑的经济性和可行性进行了分析，为绿色低碳建筑发展的政策体系和监管机制构建提供了建议，在分析探讨的过程中逐渐认识到政府激励政策设计涉及的问题很多，范围也很广，但受作者研究水平、精力和时间限制，本书还有很多不足之处，未来可以在以下几个方面展开研究：

(1) 关于绿色低碳建筑市场中的碳交易问题，本书只是在国外现有碳交易条件以及我国当前碳交易体系下，分析了建筑碳交易实施的可行性。现阶段我国既没有专门的建筑碳交易市场，也没有统一的碳交易体系，建筑领域探索碳交易模式处于起步探索阶段。针对我国建筑物碳排放的现状及特点，在建立我国绿色低碳建筑碳排放指标时，可以从计算的方法和框架、指标的设定等方面得到启示与借鉴。把绿色建筑评估体系与碳排放量化研究相结合，展开绿色建筑碳排放指标的研究，将为我国绿色建筑评估体系的进一步完善与发展提供技术参考，并将为绿色建筑的健康发展提供重要保障。另外，由于建筑排污权交易市场和期权市场还没有建立，现有的研究只是对可行性和科学性进行探索性研究，特别是绿色低碳建筑是否还存在其他潜在市场价值有待进一步深入研究。

(2) 本书试用层次分析法来分析和评价政府经济激励政策实施的效果，但由于评价指标的建立受多种因素的影响，多指标综合评价体系的建立考虑定量分析和定性分析因素，而环境效益和社会效益很难就单个项目进行评价，这是由建筑的特殊性决定的。本书只提供了政府实施政策效果评价指标体系构建思路和评价方法，但未能对各指标的权重进行具体的计算，主要是因为在目前的各种政策法规和配套措施不完善的情况下，单个项目的社会效益很难评价，也没有量化的依据，这将在以后的工作中加以研究。

(3) 本书侧重于中央政府与投资主体之间的经济激励政策的理论研究，对于政府间层级关系的研究以及政府与其他参与主体之间的激励政策未做研究。实际上，我国幅员辽阔，各地经济社会发展不平衡，气候区差异明显，这些都会对政策有很大的影响，因此政策的实施需要地方政府的配套政策支撑。经济激励的资金投入在多个激励客体之间如何分配与政策的有效实施也密切相关，这是本书研究的不足之处，也是需要进一步研究的内容。

(4)能效标识方法通过理论和实践证明可以用于建筑领域，在现有的建筑能源供应、能耗统计、能效分析等基础条件下，通过确定资源类型、排放值以及用能形式，可以计算一个区域内多种类型建筑的能耗和能效，结合单体建筑的性能指标与基准目标之间的比较，从理论上来说是科学可行的。但如何综合考虑建筑全生命周期内的能耗以及排放问题，以现有的标识标准为指导，确定一个可以根据气候区特点的可执行的标识评价标准，需要进一步研究。

参 考 文 献

[1] 住房和城乡建设部. 住房城乡建设部办公厅关于 2016 年建筑节能与绿色建筑工作进展专项检查情况的通报[EB/OL]. [2020-02-03]. http://www.mohurd.gov.cn/wjfb/201707/t20170731_232796.html.

[2] 建筑英才网. 建筑节能投入仅占房价 1%“低碳”改造大有潜力[EB/OL]. [2020-01-10]. http://news.buildhr.com/1260234481/74292/1/ 0.html.

[3] 土木工程网. 我国发展低碳建筑的必要性[EB/OL]. [2019-08-10]. http://www.civilcn.com/huanbao/hblw/lvse/1491789926296616.html.

[4] 国家建筑标准设计网. 让节能建筑“绿”染城镇[EB/OL]. [2019-07-06]. http://www.chinabuilding.com.cn/article-4540.html.

[5] 国家能源局. 建筑节能要抢抓新型城镇化的历史机遇. [2020-05-08]. http://www.nea.gov.cn/2013-03/13/c_132230338.htm.

[6] 住房和城乡建设部政策研究中心课题组. 发展绿色建筑存在的问题及对策建议[J]. 建筑节能, 2011, 3: 4-6.

[7] 魏埙. 现代西方经济学教程[M]. 天津: 南开大学出版社, 2004.

[8] 莱斯特·R·布朗. 生态经济——一个有利于地球的经济构想[M]. 林自新, 译. 北京: 东方出版社, 2002.

[9] World Commission on Environment and Development. Our Common Future[M]. Oxford: Oxford University Press, 1987.

[10] 曲振涛, 杨恺钧. 规制经济学[M]. 上海: 复旦大学出版社, 2006.

[11] 郑秉文. 市场缺陷分析[M]. 沈阳: 辽宁人民出版社, 1993.

[12] 鲁传一. 资源与环境经济学[M]. 北京: 清华大学出版社, 2004.

[13] 黄有光. 福利经济学[M]. 周建明, 等译. 北京: 中国友谊出版公司, 1991.

[14] 王俊豪. 政府管制经济学导论: 基本理论及其在政府管制实践中的应用[M]. 北京: 商务印书馆, 2001.

[15] 张国东. 促进地源热泵在建筑中应用的经济激励机制研究[D]. 哈尔滨: 哈尔滨工业大学, 2008.

[16] Pearce D, Atkinson G, Mourato S. Cost-Benefit Analysis and the Environment Recent Developments[M]. Paris: OECD Publishing, 2006.

[17] Steven S, Jos S. Carbon trading in the policy mix[J]. Oxford Review of Economic Policy, 2003, 10: 947-956.

[18] 黄有亮, 徐向阳, 等. 工程经济学[M]. 南京: 东南大学出版社, 2009.

[19] 韩丽红. 基于市场机制的建筑节能对策研究[D]. 北京: 中国地质大学, 2008.

[20] Hurwicz L. Optimality and Informational Efficiency in Resource Allocation Processes[M]. Palo Alto: Stanford University Press, 1960.

[21] 田国强. 激励、信息及经济机制设计理论[M]. 北京: 商务印书馆, 2002.

[22] Gibbard A. Manipulation of voting schemes: A general result[J]. Econometrica, 1973, 41(4): 587-601.

[23] Maskin E S, Riley J G. Optimal auctions with risk averse buyers[J]. Econometrica, 1984, 52(6): 1473-1518.

[24] 何祚庥. 寻求建筑结构节能和可再生能源节能的结合[J]. 城市发展研究, 2009, (8): 24-28.

[25] Alchian A, Demsetz H. Production, information costs and economic organization[J]. American Econnmic Review, 1972, 62(9): 777-795.

[26] 张维迎. 博弈论与信息经济学[M]. 上海: 致格出版社+上海三联书店+上海人民出版社, 2007.

[27] 谢识予. 经济博弈论[M]. 上海: 复旦大学出版社, 2009.

[28] 韩青苗, 刘长滨. 非对称信息下既有建筑节能改造经济激励合约设计[J]. 土木工程学报, 2009, 42(8): 129-133.

[29] 赖茂生, 王芳. 信息经济学[M]. 北京: 北京大学出版社, 2006.

[30] 陆钟武. 穿越“环境高山”工业生态学研究[M]. 北京: 科学出版社, 2008.

[31] 陆钟武, 岳强. 工业生态学研究(英文版)[M]. 北京: 科学出版社, 2015.

[32] Sartori I, Hestnes A G. Energy use in the life cycle of conventional and low-energy buildings: A review article[J]. Energy and Buildings, 2007, 39(3): 249-257.

[33] Blengini G A. Life cycle of buildings, demolition and recycling potential: A case study in Turin, Italy [J]. Building and Environment, 2009, 44(2): 319-330.

[34] Ortiz O, Castells F, Sonnemann G. Sustainability in the construction industry: A review of recent developments based on LCA[J]. Construction and Building Materials, 2009, 23(1): 28-39.

[35] Kellenberger D, Althaus H. Relevance of simplifications in LCA of building components[J]. Building and Environment, 2009, 44(4): 818-825.

[36] Blengini G A, Carlo T D. The changing role of life cycle phases, subsystems and materials in the LCA of low energy buildings[J]. Energy and Buildings, 2010, 42(6): 869-880.

[37] Gustavsson L, Joelsson A. Life cycle primary energy analysis of residential buildings[J]. Energy and Buildings, 2010, 42(2): 210-220.

[38] Li X D, Zhu Y M, Zhang Z H. An LCA-based environmental impact assessment model for construction processes[J]. Building and Environment, 2010, 45(3): 766-775.

[39] Steen B. A systematic approach to environmental priority strategies in product development (EPS)[R]. Version 2000-general system characteristics, Centre for Environmental Assessment of Products and Material Systems(1999).

[40] Itsubo N, Inaba A. A new LCIA method: LIME has been completed[J]. The International Journal of Life Cycle Assessment, 2003, 8(5): 305.

[41] 林波荣, 刘念雄, 彭渤, 等. 国际建筑生命周期能耗和 CO_2 排放比较研究[J]. 建筑科学, 2013, 29(8): 22-27.

[42] 宋金昭, 苑向阳, 王晓平. 中国建筑业碳排放强度影响因素分析[J]. 环境工程, 2018, 36(1): 178-182.

[43] Sharrard A L, Scott Matthews H, Ries R. Estimating construction project environmental effects using an input-output-based hybrid life-cycle assessment model[J]. Journal of Infrastructure Systems, 2008, 14(4): 327-336.

[44] 杜书廷, 张献梅. 不同结构住宅建筑物化阶段碳排放对比分析[J]. 建筑经济, 2013, 34(8): 105-108.

[45] 祁神军, 佘洁卿, 张云波. 基于 SD 的公共建筑全生命周期碳排放特性及敏感性仿真: 以夏热冬暖地区为实证[J]. 西安建筑科技大学学报(自然科学版), 2016, 48(1): 101-108.

[46] 金伟良, 王竹君. 建筑结构全生命周期的绿色指标与绿色建造分析[J]. 建筑施工, 2016, 38(9): 1322-1325.

[47] 刘夏璐, 王洪涛, 陈建, 等. 中国生命周期参考数据库的建立方法与基础模型[J]. 环境科学学报, 2010, 30(10): 2136-2144.

[48] Adalberth K. Energy use during the life cycle of single-unit dwellings: Examples[J]. Building and Environment, 1997, 32(4): 321-329.

[49] You F, Hu D, Zhang H, et al. Carbon emissions in the life cycle of urban building system in China—A case study of residential buildings[J]. Ecological Complexity, 2011, 8(2): 201-212.

[50] 王成武, 马振东. 建设工程施工碳排放定额估算方法及应用展望[J]. 建筑经济, 2016, 37(4): 59-61.

[51] Ji C Y , Taehoon H, Park H S. Comparative analysis of decision-making methods for integrating cost and CO_2 emission-focus on building structural design[J]. Energy and Buildings, 2014, 72: 186-194.

[52] 刘鸣, 葛小榕, 李维珊, 等. 方案设计阶段低碳建筑影响因子研究[J]. 大连理工大学学报(社会科学版), 2016, 37(2): 119-123.

[53] Lin B Q , Liu H X . CO_2 mitigation potential in China's building construction industry: A comparison of energy performance[J]. Building and Environment , 2015, 94: 239-251.

[54] 张智慧, 尚春静, 钱坤. 建筑生命周期碳排放评价[J]. 节能经济, 2010, 31(2): 44-46.

[55] 尚春静, 张智慧. 建筑生命周期碳排放核算[J]. 工程管理学报, 2010, 24(1): 7-12.

[56] 尹波, 武涌, 刘应宗. 建筑能效标识体系的国际经验及启示[J]. 施工技术, 2007, 36(10): 54-56, 64.

[57] Brown R E, Webber C A, Koomcy J G. Status and future directions of the Energy Star program[J]. Energy, 2002, 27(5): 505-520.

[58] Lopes A D C P, Filho D O, Altoe L, et al. Energy efficiency labeling program for buildings in Brazil compared to the United States' and Portugal's[J]. Renewable & Sustainable Energy Reviews, 2016, 66: 207-219.

[59] Tan M, Tan R, Khoo H. Prospects of carbon labelling: A life cycle point of view[J]. Journal of Cleaner Production, 2014, 72: 76-88.

[60] Liu T T, Wang Q W, Su B. A review of carbon labeling: Standards, implementation, and impact[J]. Renewable and Sustainable Energy Reviews, 2016, 53: 68-79.

[61] Pérez-Lombard L, Ortiz J, González R, et al. A review of benchmarking, rating and labelling concepts within the framework of building energy certification schemes[J]. Energy and Buildings, 2009, 41(3): 272-278.

[62] Liu Y C, Wang Z, Lin B R, et al. Occupant satisfaction in three-star-certified office buildings based on comparative study using LEED and BREEAM[J]. Building and Environment, 2018, 132: 1-10.

[63] Intergovernmental Panel on Climate Change. Climate Change 2001: Mitigation[M]. Cambridge: Cambridge University Press, 2001.

[64] Ma H T, Du N, Yu S J, et al. Analysis of typical public building energy consumption in northern China[J]. Energy and Buildings, 2017, 136: 139-150.

[65] Wen F S, David A K. Optimal bidding strategies and modeling of imperfect information among competitive generators[J]. IEEE Transactions on Power Systems, 2001, 16(1): 15-21.

[66] Zhao R, Zhou X, Han J J, et al. For the sustainable performance of the carbon reduction labeling policies under an evolutionary game simulation[J]. Technological Forecasting and Social Change, 2016, 112(112): 262-274.

[67] Selten R. Evolutionary stability in extensive two-person games[J]. Mathematical Social Sciences, 1983, 5(3): 269-363.

[68] Maynard S J. The theory of games and the evolution of animal conflicts[J]. Journal of Theoretical Biology, 1974, 47(1): 209-221.

[69] Zhu Q H, Dou Y J. Evolutionary game model between governments and core enterprises in greening supply chains[J]. Systems Engineering—Theory & Practice, 2007, 27(12): 85-89.

[70] 杨玉兰, 李百战, 姚润明, 等. 居住建筑节能评价与能效标识理论模型[J]. 土木建筑与环境工程, 2010, 32(13): 105-112.

[71] 程杰, 骆静文, 彭琛, 等. 基于建筑能效标识数据的研究与分析[J]. 建筑科学, 2015, 31(12): 97-103.

[72] 尹波. 建筑能效标识管理研究[D]. 天津: 天津大学, 2006.

[73] Li D Z, Chen H X, Hui E C M, et al. A methodology for estimating the life-cycle carbon efficiency of a residential building[J]. Building and Environment, 2013, 59: 448-455.

[74] Zhang Z H, Shang C J, Qian K. Carbon emission assessment of building life cycle(in Chinese)[J]. Construction Economy, 2010, 2: 44-46.

[75] Dodoo A, Gustavsson L, Sathre R. Building energy-efficiency standards in a life cycle primary energy perspective[J]. Energy and Buildings, 2011, 43(7): 1589-1597.

[76] Gustavsson L, Joelsson A, Sathre R. Life cycle primary energy use and carbon emission of an eight-storey wood-framed apartment building[J]. Energy and Buildings, 2010, 42(2): 230-242.

[77] Liu N X, Wang J, Li R. Computational method of CO_2 emissions in Chinese urban residential communities (in Chinese) [J]. Journal of Tsinghua University (Science & Technology), 2009, 49(9): 1433-1436.

[78] Guan J, Zhang Z H, Chu C L. Quantification of building embodied energy in China using an input-output-based hybrid LCA model[J]. Energy and Buildings,2016,110: 443-452.

[79] Chen G Q, Chen H, Chen Z M, et al. Low-carbon building assessment and multi-scale input-output analysis[J]. Communications in Nonlinear Science and Numerical Simulation, 2011, 16(1): 583-595.

[80] Wu X Y, Peng B, Lin B R. A dynamic life cycle carbon emission assessment on green and non-green buildings in China[J]. Energy and Buildings, 2017, 149: 272-281.

[81] Gonzalez A B R, Diaz J J V, Caamano A J, et al. Towards a universal energy efficiency index for buildings[J]. Energy and Buildings, 2011, 43(4): 980-987.

[82] 常远，王要武. 基于经济投入-产出生命期评价模型的我国建筑物化能与大气影响分析[J]. 土木工程学报, 2011, 44(5): 136-143.

[83] 张智慧，刘睿劼. 基于投入产出分析的建筑业碳排放核算[J]. 清华大学学报(自然科学版), 2013, 53(1): 53-57.

[84] McNeil M A, Feng W, de la Rue du Can S, et al. Energy efficiency outlook in China's urban buildings sector through 2030[J]. Energy Policy, 2016, 97: 532-539.

[85] 中华人民共和国住房和城乡建设部. 住房城乡建设部关于进一步规范绿色建筑评价管理工作的通知[EB/OL]. [2020-03-05]. http://www.mohurd.gov.cn/wjfb/201712/t20171221_234466.html.

[86] 郭琪. 公众节能行为的经济分析及政策引导研究[D]. 济南：山东大学, 2007.

[87] 李扬. 财政补贴经济分析[M]. 上海：上海三联书店, 1990.

[88] 黎涛. 政府节能政策绩效的动态综合评价方法及应用[D]. 南京：南京航空航天大学, 2007.

附录A　中华人民共和国建筑法

（1997年11月1日第八届全国人民代表大会常务委员会第二十八次会议通过　根据2011年4月22日第十一届全国人民代表大会常务委员会第二十次会议《关于修改〈中华人民共和国建筑法〉的决定》第一次修正　根据2019年4月23日第十三届全国人民代表大会常务委员会第十次会议《关于修改〈中华人民共和国建筑法〉等八部法律的决定》第二次修正）

目　　录

第一章　总　　则

第一条　为了加强对建筑活动的监督管理，维护建筑市场秩序，保证建筑工程的质量和安全，促进建筑业健康发展，制定本法。

第二条　在中华人民共和国境内从事建筑活动，实施对建筑活动的监督管理，应当遵守本法。

本法所称建筑活动，是指各类房屋建筑及其附属设施的建造和与其配套的线路、管道、设备的安装活动。

第三条 建筑活动应当确保建筑工程质量和安全，符合国家的建筑工程安全标准。

第四条 国家扶持建筑业的发展，支持建筑科学技术研究，提高房屋建筑设计水平，鼓励节约能源和保护环境，提倡采用先进技术、先进设备、先进工艺、新型建筑材料和现代管理方式。

第五条 从事建筑活动应当遵守法律、法规，不得损害社会公共利益和他人的合法权益。

任何单位和个人都不得妨碍和阻挠依法进行的建筑活动。

第六条 国务院建设行政主管部门对全国的建筑活动实施统一监督管理。

第二章 建筑许可

第一节 建筑工程施工许可

第七条 建筑工程开工前，建设单位应当按照国家有关规定向工程所在地县级以上人民政府建设行政主管部门申请领取施工许可证；但是，国务院建设行政主管部门确定的限额以下的小型工程除外。

按照国务院规定的权限和程序批准开工报告的建筑工程，不再领取施工许可证。

第八条 申请领取施工许可证，应当具备下列条件：

（一）已经办理该建筑工程用地批准手续；

（二）依法应当办理建设工程规划许可证的，已经取得建设工程规划许可证；

（三）需要拆迁的，其拆迁进度符合施工要求；

（四）已经确定建筑施工企业；

（五）有满足施工需要的资金安排、施工图纸及技术资料；

（六）有保证工程质量和安全的具体措施。

建设行政主管部门应当自收到申请之日起七日内，对符合条件的申请颁发施工许可证。

第九条 建设单位应当自领取施工许可证之日起三个月内开工。因故不能按期开工的，应当向发证机关申请延期；延期以两次为限，每次不超过三个月。既不开工又不申请延期或者超过延期时限的，施工许可证自行废止。

第十条 在建的建筑工程因故中止施工的，建设单位应当自中止施工之日起一个月内，向发证机关报告，并按照规定做好建筑工程的维护管理工作。

建筑工程恢复施工时，应当向发证机关报告；中止施工满一年的工程恢复施工前，建设单位应当报发证机关核验施工许可证。

第十一条　按照国务院有关规定批准开工报告的建筑工程，因故不能按期开工或者中止施工的，应当及时向批准机关报告情况。因故不能按期开工超过六个月的，应当重新办理开工报告的批准手续。

第二节　从业资格

第十二条　从事建筑活动的建筑施工企业、勘察单位、设计单位和工程监理单位，应当具备下列条件：

（一）有符合国家规定的注册资本；

（二）有与其从事的建筑活动相适应的具有法定执业资格的专业技术人员；

（三）有从事相关建筑活动所应有的技术装备；

（四）法律、行政法规规定的其他条件。

第十三条　从事建筑活动的建筑施工企业、勘察单位、设计单位和工程监理单位，按照其拥有的注册资本、专业技术人员、技术装备和已完成的建筑工程业绩等资质条件，划分为不同的资质等级，经资质审查合格，取得相应等级的资质证书后，方可在其资质等级许可的范围内从事建筑活动。

第十四条　从事建筑活动的专业技术人员，应当依法取得相应的执业资格证书，并在执业资格证书许可的范围内从事建筑活动。

第三章　建筑工程发包与承包

第一节　一般规定

第十五条 建筑工程的发包单位与承包单位应当依法订立书面合同，明确双方的权利和义务。

发包单位和承包单位应当全面履行合同约定的义务。不按照合同约定履行义务的，依法承担违约责任。

第十六条　建筑工程发包与承包的招标投标活动，应当遵循公开、公正、平等竞争的原则，择优选择承包单位。

建筑工程的招标投标，本法没有规定的，适用有关招标投标法律的规定。

第十七条　发包单位及其工作人员在建筑工程发包中不得收受贿赂、回扣或者索取其他好处。

承包单位及其工作人员不得利用向发包单位及其工作人员行贿、提供回扣或者给予其他好处等不正当手段承揽工程。

第十八条　建筑工程造价应当按照国家有关规定，由发包单位与承包单位在合同中约定。公开招标发包的，其造价的约定，须遵守招标投标法律的规定。

发包单位应当按照合同的约定，及时拨付工程款项。

第二节　发　包

第十九条　建筑工程依法实行招标发包，对不适于招标发包的可以直接发包。

第二十条　建筑工程实行公开招标的，发包单位应当依照法定程序和方式，发布招标公告，提供载有招标工程的主要技术要求、主要的合同条款、评标的标准和方法以及开标、评标、定标的程序等内容的招标文件。

开标应当在招标文件规定的时间、地点公开进行。开标后应当按照招标文件规定的评标标准和程序对标书进行评价、比较，在具备相应资质条件的投标者中，择优选定中标者。

第二十一条　建筑工程招标的开标、评标、定标由建设单位依法组织实施，并接受有关行政主管部门的监督。

第二十二条　建筑工程实行招标发包的，发包单位应当将建筑工程发包给依法中标的承包单位。建筑工程实行直接发包的，发包单位应当将建筑工程发包给具有相应资质条件的承包单位。

第二十三条　政府及其所属部门不得滥用行政权力，限定发包单位将招标发包的建筑工程发包给指定的承包单位。

第二十四条　提倡对建筑工程实行总承包，禁止将建筑工程肢解发包。

建筑工程的发包单位可以将建筑工程的勘察、设计、施工、设备采购一并发包给一个工程总承包单位，也可以将建筑工程勘察、设计、施工、设备采购的一项或者多项发包给一个工程总承包单位；但是，不得将应当由一个承包单位完成的建筑工程肢解成若干部分发包给几个承包单位。

第二十五条　按照合同约定，建筑材料、建筑构配件和设备由工程承包单位采购的，发包单位不得指定承包单位购入用于工程的建筑材料、建筑构配件和设备或者指定生产厂、供应商。

第三节　承　包

第二十六条　承包建筑工程的单位应当持有依法取得的资质证书，并在其资质等级许可的业务范围内承揽工程。

禁止建筑施工企业超越本企业资质等级许可的业务范围或者以任何形式用其他建筑施工企业的名义承揽工程。禁止建筑施工企业以任何形式允许其他单位或者个人使用本企业的资质证书、营业执照，以本企业的名义承揽工程。

第二十七条　大型建筑工程或者结构复杂的建筑工程，可以由两个以上的承包单位联合共同承包。共同承包的各方对承包合同的履行承担连带责任。

两个以上不同资质等级的单位实行联合共同承包的，应当按照资质等级低的单位的业务许可范围承揽工程。

第二十八条　禁止承包单位将其承包的全部建筑工程转包给他人，禁止承包单位将其承包的全部建筑工程肢解以后以分包的名义分别转包给他人。

第二十九条　建筑工程总承包单位可以将承包工程中的部分工程发包给具有相应资质条件的分包单位；但是，除总承包合同中约定的分包外，必须经建设单位认可。施工总承包的，建筑工程主体结构的施工必须由总承包单位自行完成。

建筑工程总承包单位按照总承包合同的约定对建设单位负责；分包单位按照分包合同的约定对总承包单位负责。总承包单位和分包单位就分包工程对建设单位承担连带责任。

禁止总承包单位将工程分包给不具备相应资质条件的单位。禁止分包单位将其承包的工程再分包。

第四章　建筑工程监理

第三十条　国家推行建筑工程监理制度。

国务院可以规定实行强制监理的建筑工程的范围。

第三十一条　实行监理的建筑工程，由建设单位委托具有相应资质条件的工程监理单位监理。建设单位与其委托的工程监理单位应当订立书面委托监理合同。

第三十二条　建筑工程监理应当依照法律、行政法规及有关的技术标准、设计文件和建筑工程承包合同，对承包单位在施工质量、建设工期和建设资金使用等方面，代表建设单位实施监督。

工程监理人员认为工程施工不符合工程设计要求、施工技术标准和合同约定的，有权要求建筑施工企业改正。

工程监理人员发现工程设计不符合建筑工程质量标准或者合同约定的质量要求的，应当报告建设单位要求设计单位改正。

第三十三条　实施建筑工程监理前，建设单位应当将委托的工程监理单位、监理的内容及监理权限，书面通知被监理的建筑施工企业。

第三十四条　工程监理单位应当在其资质等级许可的监理范围内，承担工程监理业务。

工程监理单位应当根据建设单位的委托，客观、公正地执行监理任务。

工程监理单位与被监理工程的承包单位以及建筑材料、建筑构配件和设备供应单位不得有隶属关系或者其他利害关系。

工程监理单位不得转让工程监理业务。

第三十五条　工程监理单位不按照委托监理合同的约定履行监理义务，对应当监督检查的项目不检查或者不按照规定检查，给建设单位造成损失的，应当承担相应的赔偿责任。

工程监理单位与承包单位串通，为承包单位谋取非法利益，给建设单位造成损失的，应当与承包单位承担连带赔偿责任。

第五章　建筑安全生产管理

第三十六条　建筑工程安全生产管理必须坚持安全第一、预防为主的方针，建立健全安全生产的责任制度和群防群治制度。

第三十七条　建筑工程设计应当符合按照国家规定制定的建筑安全规程和技术规范，保证工程的安全性能。

第三十八条　建筑施工企业在编制施工组织设计时，应当根据建筑工程的特点制定相应的安全技术措施；对专业性较强的工程项目，应当编制专项安全施工组织设计，并采取安全技术措施。

第三十九条　建筑施工企业应当在施工现场采取维护安全、防范危险、预防火灾等措施；有条件的，应当对施工现场实行封闭管理。

施工现场对毗邻的建筑物、构筑物和特殊作业环境可能造成损害的，建筑施工企业应当采取安全防护措施。

第四十条　建设单位应当向建筑施工企业提供与施工现场相关的地下管线资料，建筑施工企业应当采取措施加以保护。

第四十一条　建筑施工企业应当遵守有关环境保护和安全生产的法律、法规的规定，采取控制和处理施工现场的各种粉尘、废气、废水、固体废物以及噪声、振动对环境的污染和危害的措施。

第四十二条　有下列情形之一的，建设单位应当按照国家有关规定办理申请批准手续：

（一）需要临时占用规划批准范围以外场地的；

（二）可能损坏道路、管线、电力、邮电通讯等公共设施的；

（三）需要临时停水、停电、中断道路交通的；

（四）需要进行爆破作业的；

（五）法律、法规规定需要办理报批手续的其他情形。

第四十三条　建设行政主管部门负责建筑安全生产的管理，并依法接受劳动行政主管部门对建筑安全生产的指导和监督。

第四十四条　建筑施工企业必须依法加强对建筑安全生产的管理，执行安全生产责任制度，采取有效措施，防止伤亡和其他安全生产事故的发生。

建筑施工企业的法定代表人对本企业的安全生产负责。

第四十五条　施工现场安全由建筑施工企业负责。实行施工总承包的，由总承包单位负责。分包单位向总承包单位负责，服从总承包单位对施工现场的安全生产管理。

第四十六条　建筑施工企业应当建立健全劳动安全生产教育培训制度，加强对职工安全生产的教育培训；未经安全生产教育培训的人员，不得上岗作业。

第四十七条　建筑施工企业和作业人员在施工过程中，应当遵守有关安全生产的法律、法规和建筑行业安全规章、规程，不得违章指挥或者违章作业。作业人员有权对影响人身健康的作业程序和作业条件提出改进意见，有权获得安全生产所需的防护用品。作业人员对危及生命安全和人身健康的行为有权提出批评、检举和控告。

第四十八条　建筑施工企业应当依法为职工参加工伤保险缴纳工伤保险费。鼓励企业为从事危险作业的职工办理意外伤害保险，支付保险费。

第四十九条　涉及建筑主体和承重结构变动的装修工程，建设单位应当在施工前委托原设计单位或者具有相应资质条件的设计单位提出设计方案；没有设计方案的，不得施工。

第五十条　房屋拆除应当由具备保证安全条件的建筑施工单位承担，由建筑施工单位负责人对安全负责。

第五十一条　施工中发生事故时，建筑施工企业应当采取紧急措施减少人员伤亡和事故损失，并按照国家有关规定及时向有关部门报告。

第六章　建筑工程质量管理

第五十二条　建筑工程勘察、设计、施工的质量必须符合国家有关建筑工程安全标准的要求，具体管理办法由国务院规定。

有关建筑工程安全的国家标准不能适应确保建筑安全的要求时，应当及时修订。

第五十三条　国家对从事建筑活动的单位推行质量体系认证制度。从事建筑活动的单位根据自愿原则可以向国务院产品质量监督管理部门或者国务院产品质量监督管理部门授权的部门认可的认证机构申请质量体系认证。经认证合格的，由认证机构颁发质量体系认证证书。

第五十四条　建设单位不得以任何理由，要求建筑设计单位或者建筑施工企业在工程设计或者施工作业中，违反法律、行政法规和建筑工程质量、安全标准，降低工程质量。

建筑设计单位和建筑施工企业对建设单位违反前款规定提出的降低工程质量的要求，应当予以拒绝。

第五十五条 建筑工程实行总承包的，工程质量由工程总承包单位负责，总承包单位将建筑工程分包给其他单位的，应当对分包工程的质量与分包单位承担连带责任。分包单位应当接受总承包单位的质量管理。

第五十六条 建筑工程的勘察、设计单位必须对其勘察、设计的质量负责。勘察、设计文件应当符合有关法律、行政法规的规定和建筑工程质量、安全标准、建筑工程勘察、设计技术规范以及合同的约定。设计文件选用的建筑材料、建筑构配件和设备，应当注明其规格、型号、性能等技术指标，其质量要求必须符合国家规定的标准。

第五十七条 建筑设计单位对设计文件选用的建筑材料、建筑构配件和设备，不得指定生产厂、供应商。

第五十八条 建筑施工企业对工程的施工质量负责。

建筑施工企业必须按照工程设计图纸和施工技术标准施工，不得偷工减料。工程设计的修改由原设计单位负责，建筑施工企业不得擅自修改工程设计。

第五十九条 建筑施工企业必须按照工程设计要求、施工技术标准和合同的约定，对建筑材料、建筑构配件和设备进行检验，不合格的不得使用。

第六十条 建筑物在合理使用寿命内，必须确保地基基础工程和主体结构的质量。

建筑工程竣工时，屋顶、墙面不得留有渗漏、开裂等质量缺陷；对已发现的质量缺陷，建筑施工企业应当修复。

第六十一条 交付竣工验收的建筑工程，必须符合规定的建筑工程质量标准，有完整的工程技术经济资料和经签署的工程保修书，并具备国家规定的其他竣工条件。

建筑工程竣工经验收合格后，方可交付使用；未经验收或者验收不合格的，不得交付使用。

第六十二条 建筑工程实行质量保修制度。

建筑工程的保修范围应当包括地基基础工程、主体结构工程、屋面防水工程和其他土建工程，以及电气管线、上下水管线的安装工程，供热、供冷系统工程等项目；保修的期限应当按照保证建筑物合理寿命年限内正常使用，维护使用者合法权益的原则确定。具体的保修范围和最低保修期限由国务院规定。

第六十三条 任何单位和个人对建筑工程的质量事故、质量缺陷都有权向建设行政主管部门或者其他有关部门进行检举、控告、投诉。

第七章　法 律 责 任

第六十四条　违反本法规定，未取得施工许可证或者开工报告未经批准擅自施工的，责令改正，对不符合开工条件的责令停止施工，可以处以罚款。

第六十五条　发包单位将工程发包给不具有相应资质条件的承包单位的，或者违反本法规定将建筑工程肢解发包的，责令改正，处以罚款。

超越本单位资质等级承揽工程的，责令停止违法行为，处以罚款，可以责令停业整顿，降低资质等级；情节严重的，吊销资质证书；有违法所得的，予以没收。

未取得资质证书承揽工程的，予以取缔，并处罚款；有违法所得的，予以没收。

以欺骗手段取得资质证书的，吊销资质证书，处以罚款；构成犯罪的，依法追究刑事责任。

第六十六条　建筑施工企业转让、出借资质证书或者以其他方式允许他人以本企业的名义承揽工程的，责令改正，没收违法所得，并处罚款，可以责令停业整顿，降低资质等级；情节严重的，吊销资质证书。对因该项承揽工程不符合规定的质量标准造成的损失，建筑施工企业与使用本企业名义的单位或者个人承担连带赔偿责任。

第六十七条　承包单位将承包的工程转包的，或者违反本法规定进行分包的，责令改正，没收违法所得，并处罚款，可以责令停业整顿，降低资质等级；情节严重的，吊销资质证书。

承包单位有前款规定的违法行为的，对因转包工程或者违法分包的工程不符合规定的质量标准造成的损失，与接受转包或者分包的单位承担连带赔偿责任。

第六十八条　在工程发包与承包中索贿、受贿、行贿，构成犯罪的，依法追究刑事责任；不构成犯罪的，分别处以罚款，没收贿赂的财物，对直接负责的主管人员和其他直接责任人员给予处分。

对在工程承包中行贿的承包单位，除依照前款规定处罚外，可以责令停业整顿，降低资质等级或者吊销资质证书。

第六十九条　工程监理单位与建设单位或者建筑施工企业串通，弄虚作假、降低工程质量的，责令改正，处以罚款，降低资质等级或者吊销资质证书；有违法所得的，予以没收；造成损失的，承担连带赔偿责任；构成犯罪的，依法追究刑事责任。

工程监理单位转让监理业务的，责令改正，没收违法所得，可以责令停业整顿，降低资质等级；情节严重的，吊销资质证书。

第七十条　违反本法规定，涉及建筑主体或者承重结构变动的装修工程擅自施工的，责令改正，处以罚款；造成损失的，承担赔偿责任；构成犯罪的，依法追究刑事责任。

第七十一条　建筑施工企业违反本法规定，对建筑安全事故隐患不采取措施予以消除的，责令改正，可以处以罚款；情节严重的，责令停业整顿，降低资质等级或者吊销资质证书；构成犯罪的，依法追究刑事责任。

建筑施工企业的管理人员违章指挥、强令职工冒险作业，因而发生重大伤亡事故或者造成其他严重后果的，依法追究刑事责任。

第七十二条　建设单位违反本法规定，要求建筑设计单位或者建筑施工企业违反建筑工程质量、安全标准，降低工程质量的，责令改正，可以处以罚款；构成犯罪的，依法追究刑事责任。

第七十三条　建筑设计单位不按照建筑工程质量、安全标准进行设计的，责令改正，处以罚款；造成工程质量事故的，责令停业整顿，降低资质等级或者吊销资质证书，没收违法所得，并处罚款；造成损失的，承担赔偿责任；构成犯罪的，依法追究刑事责任。

第七十四条　建筑施工企业在施工中偷工减料的，使用不合格的建筑材料、建筑构配件和设备的，或者有其他不按照工程设计图纸或者施工技术标准施工的行为的，责令改正，处以罚款；情节严重的，责令停业整顿，降低资质等级或者吊销资质证书；造成建筑工程质量不符合规定的质量标准的，负责返工、修理，并赔偿因此造成的损失；构成犯罪的，依法追究刑事责任。

第七十五条　建筑施工企业违反本法规定，不履行保修义务或者拖延履行保修义务的，责令改正，可以处以罚款，并对在保修期内因屋顶、墙面渗漏、开裂等质量缺陷造成的损失，承担赔偿责任。

第七十六条　本法规定的责令停业整顿、降低资质等级和吊销资质证书的行政处罚，由颁发资质证书的机关决定；其他行政处罚，由建设行政主管部门或者有关部门依照法律和国务院规定的职权范围决定。

依照本法规定被吊销资质证书的，由工商行政管理部门吊销其营业执照。

第七十七条　违反本法规定，对不具备相应资质等级条件的单位颁发该等级资质证书的，由其上级机关责令收回所发的资质证书，对直接负责的主管人员和其他直接责任人员给予行政处分；构成犯罪的，依法追究刑事责任。

第七十八条　政府及其所属部门的工作人员违反本法规定，限定发包单位将招标发包的工程发包给指定的承包单位的，由上级机关责令改正；构成犯罪的，依法追究刑事责任。

第七十九条　负责颁发建筑工程施工许可证的部门及其工作人员对不符合施工条件的建筑工程颁发施工许可证的，负责工程质量监督检查或者竣工验收的部门及其工作人员对不合格的建筑工程出具质量合格文件或者按合格工程验收的，由上级机关责令改正，对责任人员给予行政处分；构成犯罪的，依法追究刑事责任；造成损失的，由该部门承担相应的赔偿责任。

第八十条　在建筑物的合理使用寿命内，因建筑工程质量不合格受到损害的，有权向责任者要求赔偿。

第八章　附　　则

第八十一条　本法关于施工许可、建筑施工企业资质审查和建筑工程发包、承包、禁止转包，以及建筑工程监理、建筑工程安全和质量管理的规定，适用于其他专业建筑工程的建筑活动，具体办法由国务院规定。

第八十二条　建设行政主管部门和其他有关部门在对建筑活动实施监督管理中，除按照国务院有关规定收取费用外，不得收取其他费用。

第八十三条　省、自治区、直辖市人民政府确定的小型房屋建筑工程的建筑活动，参照本法执行。

依法核定作为文物保护的纪念建筑物和古建筑等的修缮，依照文物保护的有关法律规定执行。

抢险救灾及其他临时性房屋建筑和农民自建低层住宅的建筑活动，不适用本法。

第八十四条　军用房屋建筑工程建筑活动的具体管理办法，由国务院、中央军事委员会依据本法制定。

第八十五条　本法自 1998 年 3 月 1 日起施行。

附录 B　中华人民共和国节约能源法

（1997 年 11 月 1 日第八届全国人民代表大会常务委员会第二十八次会议通过 2007 年 10 月 28 日第十届全国人民代表大会常务委员会第三十次会议修订）

目　录

第一章　总　　则

第一条　为了推动全社会节约能源，提高能源利用效率，保护和改善环境，促进经济社会全面协调可持续发展，制定本法。

第二条　本法所称能源，是指煤炭、石油、天然气、生物质能和电力、热力以及其他直接或者通过加工、转换而取得有用能的各种资源。

第三条　本法所称节约能源（以下简称节能），是指加强用能管理，采取技术上可行、经济上合理以及环境和社会可以承受的措施，从能源生产到消费的各个环节，降低消耗、减少损失和污染物排放、制止浪费，有效、合理地利用能源。

第四条　节约资源是我国的基本国策。国家实施节约与开发并举、把节约放在首位的能源发展战略。

第五条 国务院和县级以上地方各级人民政府应当将节能工作纳入国民经济和社会发展规划、年度计划，并组织编制和实施节能中长期专项规划、年度节能计划。

国务院和县级以上地方各级人民政府每年向本级人民代表大会或者其常务委员会报告节能工作。

第六条 国家实行节能目标责任制和节能考核评价制度，将节能目标完成情况作为对地方人民政府及其负责人考核评价的内容。

省、自治区、直辖市人民政府每年向国务院报告节能目标责任的履行情况。

第七条 国家实行有利于节能和环境保护的产业政策，限制发展高耗能、高污染行业，发展节能环保型产业。

国务院和省、自治区、直辖市人民政府应当加强节能工作，合理调整产业结构、企业结构、产品结构和能源消费结构，推动企业降低单位产值能耗和单位产品能耗，淘汰落后的生产能力，改进能源的开发、加工、转换、输送、储存和供应，提高能源利用效率。

国家鼓励、支持开发和利用新能源、可再生能源。

第八条 国家鼓励、支持节能科学技术的研究、开发、示范和推广，促进节能技术创新与进步。

国家开展节能宣传和教育，将节能知识纳入国民教育和培训体系，普及节能科学知识，增强全民的节能意识，提倡节约型的消费方式。

第九条 任何单位和个人都应当依法履行节能义务，有权检举浪费能源的行为。

新闻媒体应当宣传节能法律、法规和政策，发挥舆论监督作用。

第十条 国务院管理节能工作的部门主管全国的节能监督管理工作。国务院有关部门在各自的职责范围内负责节能监督管理工作，并接受国务院管理节能工作的部门的指导。

县级以上地方各级人民政府管理节能工作的部门负责本行政区域内的节能监督管理工作。县级以上地方各级人民政府有关部门在各自的职责范围内负责节能监督管理工作，并接受同级管理节能工作的部门的指导。

第二章 节能管理

第十一条 国务院和县级以上地方各级人民政府应当加强对节能工作的领导，部署、协调、监督、检查、推动节能工作。

第十二条 县级以上人民政府管理节能工作的部门和有关部门应当在各自

的职责范围内，加强对节能法律、法规和节能标准执行情况的监督检查，依法查处违法用能行为。

履行节能监督管理职责不得向监督管理对象收取费用。

第十三条 国务院标准化主管部门和国务院有关部门依法组织制定并适时修订有关节能的国家标准、行业标准，建立健全节能标准体系。

国务院标准化主管部门会同国务院管理节能工作的部门和国务院有关部门制定强制性的用能产品、设备能源效率标准和生产过程中耗能高的产品的单位产品能耗限额标准。

国家鼓励企业制定严于国家标准、行业标准的企业节能标准。

省、自治区、直辖市制定严于强制性国家标准、行业标准的地方节能标准，由省、自治区、直辖市人民政府报经国务院批准；本法另有规定的除外。

第十四条 建筑节能的国家标准、行业标准由国务院建设主管部门组织制定，并依照法定程序发布。

省、自治区、直辖市人民政府建设主管部门可以根据本地实际情况，制定严于国家标准或者行业标准的地方建筑节能标准，并报国务院标准化主管部门和国务院建设主管部门备案。

第十五条 国家实行固定资产投资项目节能评估和审查制度。不符合强制性节能标准的项目，依法负责项目审批或者核准的机关不得批准或者核准建设；建设单位不得开工建设；已经建成的，不得投入生产、使用。具体办法由国务院管理节能工作的部门会同国务院有关部门制定。

第十六条 国家对落后的耗能过高的用能产品、设备和生产工艺实行淘汰制度。淘汰的用能产品、设备、生产工艺的目录和实施办法，由国务院管理节能工作的部门会同国务院有关部门制定并公布。

生产过程中耗能高的产品的生产单位，应当执行单位产品能耗限额标准。对超过单位产品能耗限额标准用能的生产单位，由管理节能工作的部门按照国务院规定的权限责令限期治理。

对高耗能的特种设备，按照国务院的规定实行节能审查和监管。

第十七条 禁止生产、进口、销售国家明令淘汰或者不符合强制性能源效率标准的用能产品、设备；禁止使用国家明令淘汰的用能设备、生产工艺。

第十八条 国家对家用电器等使用面广、耗能量大的用能产品，实行能源效率标识管理。实行能源效率标识管理的产品目录和实施办法，由国务院管理节能工作的部门会同国务院产品质量监督部门制定并公布。

第十九条 生产者和进口商应当对列入国家能源效率标识管理产品目录的用能产品标注能源效率标识，在产品包装物上或者说明书中予以说明，并按照规定报国务院产品质量监督部门和国务院管理节能工作的部门共同授权的机构备案。

生产者和进口商应当对其标注的能源效率标识及相关信息的准确性负责。禁止销售应当标注而未标注能源效率标识的产品。

禁止伪造、冒用能源效率标识或者利用能源效率标识进行虚假宣传。

第二十条　用能产品的生产者、销售者，可以根据自愿原则，按照国家有关节能产品认证的规定，向经国务院认证认可监督管理部门认可的从事节能产品认证的机构提出节能产品认证申请；经认证合格后，取得节能产品认证证书，可以在用能产品或者其包装物上使用节能产品认证标志。

禁止使用伪造的节能产品认证标志或者冒用节能产品认证标志。

第二十一条　县级以上各级人民政府统计部门应当会同同级有关部门，建立健全能源统计制度，完善能源统计指标体系，改进和规范能源统计方法，确保能源统计数据真实、完整。

国务院统计部门会同国务院管理节能工作的部门，定期向社会公布各省、自治区、直辖市以及主要耗能行业的能源消费和节能情况等信息。

第二十二条　国家鼓励节能服务机构的发展，支持节能服务机构开展节能咨询、设计、评估、检测、审计、认证等服务。

国家支持节能服务机构开展节能知识宣传和节能技术培训，提供节能信息、节能示范和其他公益性节能服务。

第二十三条　国家鼓励行业协会在行业节能规划、节能标准的制定和实施、节能技术推广、能源消费统计、节能宣传培训和信息咨询等方面发挥作用。

第三章　合理使用与节约能源

第一节　一 般 规 定

第二十四条　用能单位应当按照合理用能的原则，加强节能管理，制定并实施节能计划和节能技术措施，降低能源消耗。

第二十五条　用能单位应当建立节能目标责任制，对节能工作取得成绩的集体、个人给予奖励。

第二十六条　用能单位应当定期开展节能教育和岗位节能培训。

第二十七条　用能单位应当加强能源计量管理，按照规定配备和使用经依法检定合格的能源计量器具。

用能单位应当建立能源消费统计和能源利用状况分析制度，对各类能源的消费实行分类计量和统计，并确保能源消费统计数据真实、完整。

第二十八条　能源生产经营单位不得向本单位职工无偿提供能源。任何单位不得对能源消费实行包费制。

第二节　工业节能

第二十九条　国务院和省、自治区、直辖市人民政府推进能源资源优化开发利用和合理配置，推进有利于节能的行业结构调整，优化用能结构和企业布局。

第三十条　国务院管理节能工作的部门会同国务院有关部门制定电力、钢铁、有色金属、建材、石油加工、化工、煤炭等主要耗能行业的节能技术政策，推动企业节能技术改造。

第三十一条　国家鼓励工业企业采用高效、节能的电动机、锅炉、窑炉、风机、泵类等设备，采用热电联产、余热余压利用、洁净煤以及先进的用能监测和控制等技术。

第三十二条　电网企业应当按照国务院有关部门制定的节能发电调度管理的规定，安排清洁、高效和符合规定的热电联产、利用余热余压发电的机组以及其他符合资源综合利用规定的发电机组与电网并网运行，上网电价执行国家有关规定。

第三十三条　禁止新建不符合国家规定的燃煤发电机组、燃油发电机组和燃煤热电机组。

第三节　建筑节能

第三十四条　国务院建设主管部门负责全国建筑节能的监督管理工作。

县级以上地方各级人民政府建设主管部门负责本行政区域内建筑节能的监督管理工作。

县级以上地方各级人民政府建设主管部门会同同级管理节能工作的部门编制本行政区域内的建筑节能规划。建筑节能规划应当包括既有建筑节能改造计划。

第三十五条　建筑工程的建设、设计、施工和监理单位应当遵守建筑节能标准。

不符合建筑节能标准的建筑工程，建设主管部门不得批准开工建设；已经开工建设的，应当责令停止施工、限期改正；已经建成的，不得销售或者使用。

建设主管部门应当加强对在建建筑工程执行建筑节能标准情况的监督检查。

第三十六条　房地产开发企业在销售房屋时，应当向购买人明示所售房屋的节能措施、保温工程保修期等信息，在房屋买卖合同、质量保证书和使用说明书中载明，并对其真实性、准确性负责。

第三十七条　使用空调采暖、制冷的公共建筑应当实行室内温度控制制度。具体办法由国务院建设主管部门制定。

第三十八条　国家采取措施，对实行集中供热的建筑分步骤实行供热分户计量、按照用热量收费的制度。新建建筑或者对既有建筑进行节能改造，应当按照规定安装用热计量装置、室内温度调控装置和供热系统调控装置。具体办法由国务院建设主管部门会同国务院有关部门制定。

第三十九条　县级以上地方各级人民政府有关部门应当加强城市节约用电管理，严格控制公用设施和大型建筑物装饰性景观照明的能耗。

第四十条　国家鼓励在新建建筑和既有建筑节能改造中使用新型墙体材料等节能建筑材料和节能设备，安装和使用太阳能等可再生能源利用系统。

第四节　交通运输节能

第四十一条　国务院有关交通运输主管部门按照各自的职责负责全国交通运输相关领域的节能监督管理工作。

国务院有关交通运输主管部门会同国务院管理节能工作的部门分别制定相关领域的节能规划。

第四十二条　国务院及其有关部门指导、促进各种交通运输方式协调发展和有效衔接，优化交通运输结构，建设节能型综合交通运输体系。

第四十三条　县级以上地方各级人民政府应当优先发展公共交通，加大对公共交通的投入，完善公共交通服务体系，鼓励利用公共交通工具出行；鼓励使用非机动交通工具出行。

第四十四条　国务院有关交通运输主管部门应当加强交通运输组织管理，引导道路、水路、航空运输企业提高运输组织化程度和集约化水平，提高能源利用效率。

第四十五条　国家鼓励开发、生产、使用节能环保型汽车、摩托车、铁路机车车辆、船舶和其他交通运输工具，实行老旧交通运输工具的报废、更新制度。

国家鼓励开发和推广应用交通运输工具使用的清洁燃料、石油替代燃料。

第四十六条　国务院有关部门制定交通运输营运车船的燃料消耗量限值标准；不符合标准的，不得用于营运。

国务院有关交通运输主管部门应当加强对交通运输营运车船燃料消耗检测的监督管理。

第五节　公共机构节能

第四十七条　公共机构应当厉行节约，杜绝浪费，带头使用节能产品、设备，提高能源利用效率。

本法所称公共机构，是指全部或者部分使用财政性资金的国家机关、事业单位和团体组织。

第四十八条　国务院和县级以上地方各级人民政府管理机关事务工作的机

构会同同级有关部门制定和组织实施本级公共机构节能规划。公共机构节能规划应当包括公共机构既有建筑节能改造计划。

第四十九条　公共机构应当制定年度节能目标和实施方案，加强能源消费计量和监测管理，向本级人民政府管理机关事务工作的机构报送上年度的能源消费状况报告。

国务院和县级以上地方各级人民政府管理机关事务工作的机构会同同级有关部门按照管理权限，制定本级公共机构的能源消耗定额，财政部门根据该定额制定能源消耗支出标准。

第五十条　公共机构应当加强本单位用能系统管理，保证用能系统的运行符合国家相关标准。

公共机构应当按照规定进行能源审计，并根据能源审计结果采取提高能源利用效率的措施。

第五十一条　公共机构采购用能产品、设备，应当优先采购列入节能产品、设备政府采购名录中的产品、设备。禁止采购国家明令淘汰的用能产品、设备。

节能产品、设备政府采购名录由省级以上人民政府的政府采购监督管理部门会同同级有关部门制定并公布。

第六节　重点用能单位节能

第五十二条　国家加强对重点用能单位的节能管理。

下列用能单位为重点用能单位：

（一）年综合能源消费总量一万吨标准煤以上的用能单位；

（二）国务院有关部门或者省、自治区、直辖市人民政府管理节能工作的部门指定的年综合能源消费总量五千吨以上不满一万吨标准煤的用能单位。

重点用能单位节能管理办法，由国务院管理节能工作的部门会同国务院有关部门制定。

第五十三条　重点用能单位应当每年向管理节能工作的部门报送上年度的能源利用状况报告。能源利用状况包括能源消费情况、能源利用效率、节能目标完成情况和节能效益分析、节能措施等内容。

第五十四条　管理节能工作的部门应当对重点用能单位报送的能源利用状况报告进行审查。对节能管理制度不健全、节能措施不落实、能源利用效率低的重点用能单位，管理节能工作的部门应当开展现场调查，组织实施用能设备能源效率检测，责令实施能源审计，并提出书面整改要求，限期整改。

第五十五条　重点用能单位应当设立能源管理岗位，在具有节能专业知识、实际经验以及中级以上技术职称的人员中聘任能源管理负责人，并报管理节能工作的部门和有关部门备案。

能源管理负责人负责组织对本单位用能状况进行分析、评价，组织编写本单位能源利用状况报告，提出本单位节能工作的改进措施并组织实施。

能源管理负责人应当接受节能培训。

第四章　节能技术进步

第五十六条　国务院管理节能工作的部门会同国务院科技主管部门发布节能技术政策大纲，指导节能技术研究、开发和推广应用。

第五十七条　县级以上各级人民政府应当把节能技术研究开发作为政府科技投入的重点领域，支持科研单位和企业开展节能技术应用研究，制定节能标准，开发节能共性和关键技术，促进节能技术创新与成果转化。

第五十八条　国务院管理节能工作的部门会同国务院有关部门制定并公布节能技术、节能产品的推广目录，引导用能单位和个人使用先进的节能技术、节能产品。

国务院管理节能工作的部门会同国务院有关部门组织实施重大节能科研项目、节能示范项目、重点节能工程。

第五十九条　县级以上各级人民政府应当按照因地制宜、多能互补、综合利用、讲求效益的原则，加强农业和农村节能工作，增加对农业和农村节能技术、节能产品推广应用的资金投入。

农业、科技等有关主管部门应当支持、推广在农业生产、农产品加工储运等方面应用节能技术和节能产品，鼓励更新和淘汰高耗能的农业机械和渔业船舶。

国家鼓励、支持在农村大力发展沼气，推广生物质能、太阳能和风能等可再生能源利用技术，按照科学规划、有序开发的原则发展小型水力发电，推广节能型的农村住宅和炉灶等，鼓励利用非耕地种植能源植物，大力发展薪炭林等能源林。

第五章　激 励 措 施

第六十条　中央财政和省级地方财政安排节能专项资金，支持节能技术研究开发、节能技术和产品的示范与推广、重点节能工程的实施、节能宣传培训、信息服务和表彰奖励等。

第六十一条　国家对生产、使用列入本法第五十八条规定的推广目录的需要支持的节能技术、节能产品，实行税收优惠等扶持政策。

国家通过财政补贴支持节能照明器具等节能产品的推广和使用。

第六十二条　国家实行有利于节约能源资源的税收政策，健全能源矿产资源有偿使用制度，促进能源资源的节约及其开采利用水平的提高。

第六十三条 国家运用税收等政策，鼓励先进节能技术、设备的进口，控制在生产过程中耗能高、污染重的产品的出口。

第六十四条 政府采购监督管理部门会同有关部门制定节能产品、设备政府采购名录，应当优先列入取得节能产品认证证书的产品、设备。

第六十五条 国家引导金融机构增加对节能项目的信贷支持，为符合条件的节能技术研究开发、节能产品生产以及节能技术改造等项目提供优惠贷款。

国家推动和引导社会有关方面加大对节能的资金投入，加快节能技术改造。

第六十六条 国家实行有利于节能的价格政策，引导用能单位和个人节能。

国家运用财税、价格等政策，支持推广电力需求侧管理、合同能源管理、节能自愿协议等节能办法。

国家实行峰谷分时电价、季节性电价、可中断负荷电价制度，鼓励电力用户合理调整用电负荷；对钢铁、有色金属、建材、化工和其他主要耗能行业的企业，分淘汰、限制、允许和鼓励类实行差别电价政策。

第六十七条 各级人民政府对在节能管理、节能科学技术研究和推广应用中有显著成绩以及检举严重浪费能源行为的单位和个人，给予表彰和奖励。

第六章　法 律 责 任

第六十八条 负责审批或者核准固定资产投资项目的机关违反本法规定，对不符合强制性节能标准的项目予以批准或者核准建设的，对直接负责的主管人员和其他直接责任人员依法给予处分。

固定资产投资项目建设单位开工建设不符合强制性节能标准的项目或者将该项目投入生产、使用的，由管理节能工作的部门责令停止建设或者停止生产、使用，限期改造；不能改造或者逾期不改造的生产性项目，由管理节能工作的部门报请本级人民政府按照国务院规定的权限责令关闭。

第六十九条 生产、进口、销售国家明令淘汰的用能产品、设备的，使用伪造的节能产品认证标志或者冒用节能产品认证标志的，依照《中华人民共和国产品质量法》的规定处罚。

第七十条 生产、进口、销售不符合强制性能源效率标准的用能产品、设备的，由产品质量监督部门责令停止生产、进口、销售，没收违法生产、进口、销售的用能产品、设备和违法所得，并处违法所得一倍以上五倍以下罚款；情节严重的，由工商行政管理部门吊销营业执照。

第七十一条 使用国家明令淘汰的用能设备或者生产工艺的，由管理节能工作的部门责令停止使用，没收国家明令淘汰的用能设备；情节严重的，可以由管理节能工作的部门提出意见，报请本级人民政府按照国务院规定的权限责令停业整顿或者关闭。

第七十二条 生产单位超过单位产品能耗限额标准用能，情节严重，经限期治理逾期不治理或者没有达到治理要求的，可以由管理节能工作的部门提出意见，报请本级人民政府按照国务院规定的权限责令停业整顿或者关闭。

第七十三条 违反本法规定，应当标注能源效率标识而未标注的，由产品质量监督部门责令改正，处三万元以上五万元以下罚款。

违反本法规定，未办理能源效率标识备案，或者使用的能源效率标识不符合规定的，由产品质量监督部门责令限期改正；逾期不改正的，处一万元以上三万元以下罚款。

伪造、冒用能源效率标识或者利用能源效率标识进行虚假宣传的，由产品质量监督部门责令改正，处五万元以上十万元以下罚款；情节严重的，由工商行政管理部门吊销营业执照。

第七十四条 用能单位未按照规定配备、使用能源计量器具的，由产品质量监督部门责令限期改正；逾期不改正的，处一万元以上五万元以下罚款。

第七十五条 瞒报、伪造、篡改能源统计资料或者编造虚假能源统计数据的，依照《中华人民共和国统计法》的规定处罚。

第七十六条 从事节能咨询、设计、评估、检测、审计、认证等服务的机构提供虚假信息的，由管理节能工作的部门责令改正，没收违法所得，并处五万元以上十万元以下罚款。

第七十七条 违反本法规定，无偿向本单位职工提供能源或者对能源消费实行包费制的，由管理节能工作的部门责令限期改正；逾期不改正的，处五万元以上二十万元以下罚款。

第七十八条 电网企业未按照本法规定安排符合规定的热电联产和利用余热余压发电的机组与电网并网运行，或者未执行国家有关上网电价规定的，由国家电力监管机构责令改正；造成发电企业经济损失的，依法承担赔偿责任。

第七十九条 建设单位违反建筑节能标准的，由建设主管部门责令改正，处二十万元以上五十万元以下罚款。

设计单位、施工单位、监理单位违反建筑节能标准的，由建设主管部门责令改正，处十万元以上五十万元以下罚款；情节严重的，由颁发资质证书的部门降低资质等级或者吊销资质证书；造成损失的，依法承担赔偿责任。

第八十条 房地产开发企业违反本法规定，在销售房屋时未向购买人明示所售房屋的节能措施、保温工程保修期等信息的，由建设主管部门责令限期改正，逾期不改正的，处三万元以上五万元以下罚款；对以上信息作虚假宣传的，由建设主管部门责令改正，处五万元以上二十万元以下罚款。

第八十一条 公共机构采购用能产品、设备，未优先采购列入节能产品、设备政府采购名录中的产品、设备，或者采购国家明令淘汰的用能产品、设备的，由政府采购监督管理部门给予警告，可以并处罚款；对直接负责的主管人员和其他直接责任人员依法给予处分，并予通报。

第八十二条　重点用能单位未按照本法规定报送能源利用状况报告或者报告内容不实的，由管理节能工作的部门责令限期改正；逾期不改正的，处一万元以上五万元以下罚款。

第八十三条　重点用能单位无正当理由拒不落实本法第五十四条规定的整改要求或者整改没有达到要求的，由管理节能工作的部门处十万元以上三十万元以下罚款。

第八十四条　重点用能单位未按照本法规定设立能源管理岗位，聘任能源管理负责人，并报管理节能工作的部门和有关部门备案的，由管理节能工作的部门责令改正；拒不改正的，处一万元以上三万元以下罚款。

第八十五条　违反本法规定，构成犯罪的，依法追究刑事责任。

第八十六条　国家工作人员在节能管理工作中滥用职权、玩忽职守、徇私舞弊，构成犯罪的，依法追究刑事责任；尚不构成犯罪的，依法给予处分。

第七章　附　　则

第八十七条　本法自 2008 年 4 月 1 日起施行。

附录C　中华人民共和国可再生能源法

（2005 年 2 月 28 日第十届全国人民代表大会常务委员会第十四次会议通过 根据 2009 年 12 月 26 日第十一届全国人民代表大会常务委员会第十二次会议《关于修改〈中华人民共和国可再生能源法〉的决定》修正）

目　　录

第一章　总　　则

第一条　为了促进可再生能源的开发利用，增加能源供应，改善能源结构，保障能源安全，保护环境，实现经济社会的可持续发展，制定本法。

第二条　本法所称可再生能源，是指风能、太阳能、水能、生物质能、地热能、海洋能等非化石能源。

水力发电对本法的适用，由国务院能源主管部门规定，报国务院批准。

通过低效率炉灶直接燃烧方式利用秸秆、薪柴、粪便等，不适用本法。

第三条　本法适用于中华人民共和国领域和管辖的其他海域。

第四条　国家将可再生能源的开发利用列为能源发展的优先领域，通过制定可再生能源开发利用总量目标和采取相应措施，推动可再生能源市场的建立和发展。

国家鼓励各种所有制经济主体参与可再生能源的开发利用，依法保护可再生能源开发利用者的合法权益。

第五条　国务院能源主管部门对全国可再生能源的开发利用实施统一管理。国务院有关部门在各自的职责范围内负责有关的可再生能源开发利用管理工作。

县级以上地方人民政府管理能源工作的部门负责本行政区域内可再生能源开发利用的管理工作。县级以上地方人民政府有关部门在各自的职责范围内负责有关的可再生能源开发利用管理工作。

第二章　资源调查与发展规划

第六条　国务院能源主管部门负责组织和协调全国可再生能源资源的调查，并会同国务院有关部门组织制定资源调查的技术规范。

国务院有关部门在各自的职责范围内负责相关可再生能源资源的调查，调查结果报国务院能源主管部门汇总。

可再生能源资源的调查结果应当公布；但是，国家规定需要保密的内容除外。

第七条　国务院能源主管部门根据全国能源需求与可再生能源资源实际状况，制定全国可再生能源开发利用中长期总量目标，报国务院批准后执行，并予公布。

国务院能源主管部门根据前款规定的总量目标和省、自治区、直辖市经济发展与可再生能源资源实际状况，会同省、自治区、直辖市人民政府确定各行政区域可再生能源开发利用中长期目标，并予公布。

第八条　国务院能源主管部门会同国务院有关部门，根据全国可再生能源开发利用中长期总量目标和可再生能源技术发展状况，编制全国可再生能源开发利用规划，报国务院批准后实施。

国务院有关部门应当制定有利于促进全国可再生能源开发利用中长期总量目标实现的相关规划。

省、自治区、直辖市人民政府管理能源工作的部门会同本级人民政府有关部门，依据全国可再生能源开发利用规划和本行政区域可再生能源开发利用中长期目标，编制本行政区域可再生能源开发利用规划，经本级人民政府批准后，报国务院能源主管部门和国家电力监管机构备案，并组织实施。

经批准的规划应当公布；但是，国家规定需要保密的内容除外。

经批准的规划需要修改的，须经原批准机关批准。

第九条　编制可再生能源开发利用规划，应当遵循因地制宜、统筹兼顾、合理布局、有序发展的原则，对风能、太阳能、水能、生物质能、地热能、海洋能等可再生能源的开发利用作出统筹安排。规划内容应当包括发展目标、主要任务、区域布局、重点项目、实施进度、配套电网建设、服务体系和保障措施等。

组织编制机关应当征求有关单位、专家和公众的意见，进行科学论证。

第三章　产业指导与技术支持

第十条　国务院能源主管部门根据全国可再生能源开发利用规划，制定、公布可再生能源产业发展指导目录。

第十一条　国务院标准化行政主管部门应当制定、公布国家可再生能源电力的并网技术标准和其他需要在全国范围内统一技术要求的有关可再生能源技术和产品的国家标准。

对前款规定的国家标准中未作规定的技术要求，国务院有关部门可以制定相关的行业标准，并报国务院标准化行政主管部门备案。

第十二条　国家将可再生能源开发利用的科学技术研究和产业化发展列为科技发展与高技术产业发展的优先领域，纳入国家科技发展规划和高技术产业发展规划，并安排资金支持可再生能源开发利用的科学技术研究、应用示范和产业化发展，促进可再生能源开发利用的技术进步，降低可再生能源产品的生产成本，提高产品质量。

国务院教育行政部门应当将可再生能源知识和技术纳入普通教育、职业教育课程。

第四章　推广与应用

第十三条　国家鼓励和支持可再生能源并网发电。

建设可再生能源并网发电项目，应当依照法律和国务院的规定取得行政许可或者报送备案。

建设应当取得行政许可的可再生能源并网发电项目，有多人申请同一项目许可的，应当依法通过招标确定被许可人。

第十四条　国家实行可再生能源发电全额保障性收购制度。

国务院能源主管部门会同国家电力监管机构和国务院财政部门，按照全国可再生能源开发利用规划，确定在规划期内应当达到的可再生能源发电量占全部发电量的比重，制定电网企业优先调度和全额收购可再生能源发电的具体办法，并由国务院能源主管部门会同国家电力监管机构在年度中督促落实。

电网企业应当与按照可再生能源开发利用规划建设，依法取得行政许可或者报送备案的可再生能源发电企业签订并网协议，全额收购其电网覆盖范围内符合并网技术标准的可再生能源并网发电项目的上网电量。发电企业有义务配合电网企业保障电网安全。

电网企业应当加强电网建设，扩大可再生能源电力配置范围，发展和应用智能电网、储能等技术，完善电网运行管理，提高吸纳可再生能源电力的能力，为可再生能源发电提供上网服务。

第十五条　国家扶持在电网未覆盖的地区建设可再生能源独立电力系统，为当地生产和生活提供电力服务。

第十六条　国家鼓励清洁、高效地开发利用生物质燃料，鼓励发展能源作物。

利用生物质资源生产的燃气和热力，符合城市燃气管网、热力管网的入网技术标准的，经营燃气管网、热力管网的企业应当接收其入网。

国家鼓励生产和利用生物液体燃料。石油销售企业应当按照国务院能源主管部门或者省级人民政府的规定，将符合国家标准的生物液体燃料纳入其燃料销售体系。

第十七条　国家鼓励单位和个人安装和使用太阳能热水系统、太阳能供热采暖和制冷系统、太阳能光伏发电系统等太阳能利用系统。

国务院建设行政主管部门会同国务院有关部门制定太阳能利用系统与建筑结合的技术经济政策和技术规范。

房地产开发企业应当根据前款规定的技术规范，在建筑物的设计和施工中，为太阳能利用提供必备条件。

对已建成的建筑物，住户可以在不影响其质量与安全的前提下安装符合技术规范和产品标准的太阳能利用系统；但是，当事人另有约定的除外。

第十八条　国家鼓励和支持农村地区的可再生能源开发利用。

县级以上地方人民政府管理能源工作的部门会同有关部门，根据当地经济社会发展、生态保护和卫生综合治理需要等实际情况，制定农村地区可再生能源发展规划，因地制宜地推广应用沼气等生物质资源转化、户用太阳能、小型风能、小型水能等技术。

县级以上人民政府应当对农村地区的可再生能源利用项目提供财政支持。

第五章　价格管理与费用补偿

第十九条　可再生能源发电项目的上网电价，由国务院价格主管部门根据不同类型可再生能源发电的特点和不同地区的情况，按照有利于促进可再生能源开发利用和经济合理的原则确定，并根据可再生能源开发利用技术的发展适时调整。上网电价应当公布。

依照本法第十三条第三款规定实行招标的可再生能源发电项目的上网电价，按照中标确定的价格执行；但是，不得高于依照前款规定确定的同类可再生能源发电项目的上网电价水平。

第二十条　电网企业依照本法第十九条规定确定的上网电价收购可再生能源

电量所发生的费用，高于按照常规能源发电平均上网电价计算所发生费用之间的差额，由在全国范围对销售电量征收可再生能源电价附加补偿。

第二十一条　电网企业为收购可再生能源电量而支付的合理的接网费用以及其他合理的相关费用，可以计入电网企业输电成本，并从销售电价中回收。

第二十二条　国家投资或者补贴建设的公共可再生能源独立电力系统的销售电价，执行同一地区分类销售电价，其合理的运行和管理费用超出销售电价的部分，依照本法第二十条的规定补偿。

第二十三条　进入城市管网的可再生能源热力和燃气的价格，按照有利于促进可再生能源开发利用和经济合理的原则，根据价格管理权限确定。

第六章　经济激励与监督措施

第二十四条　国家财政设立可再生能源发展基金，资金来源包括国家财政年度安排的专项资金和依法征收的可再生能源电价附加收入等。

可再生能源发展基金用于补偿本法第二十条、第二十二条规定的差额费用，并用于支持以下事项：

(一)可再生能源开发利用的科学技术研究、标准制定和示范工程；

(二)农村、牧区的可再生能源利用项目；

(三)偏远地区和海岛可再生能源独立电力系统建设；

(四)可再生能源的资源勘查、评价和相关信息系统建设；

(五)促进可再生能源开发利用设备的本地化生产。

本法第二十一条规定的接网费用以及其他相关费用，电网企业不能通过销售电价回收的，可以申请可再生能源发展基金补助。

可再生能源发展基金征收使用管理的具体办法，由国务院财政部门会同国务院能源、价格主管部门制定。

第二十五条　对列入国家可再生能源产业发展指导目录、符合信贷条件的可再生能源开发利用项目，金融机构可以提供有财政贴息的优惠贷款。

第二十六条　国家对列入可再生能源产业发展指导目录的项目给予税收优惠。具体办法由国务院规定。

第二十七条　电力企业应当真实、完整地记载和保存可再生能源发电的有关资料，并接受电力监管机构的检查和监督。

电力监管机构进行检查时，应当依照规定的程序进行，并为被检查单位保守商业秘密和其他秘密。

第七章 法律责任

第二十八条 国务院能源主管部门和县级以上地方人民政府管理能源工作的部门和其他有关部门在可再生能源开发利用监督管理工作中，违反本法规定，有下列行为之一的，由本级人民政府或者上级人民政府有关部门责令改正，对负有责任的主管人员和其他直接责任人员依法给予行政处分；构成犯罪的，依法追究刑事责任：

(一) 不依法作出行政许可决定的；

(二) 发现违法行为不予查处的；

(三) 有不依法履行监督管理职责的其他行为的。

第二十九条 违反本法第十四条规定，电网企业未按照规定完成收购可再生能源电量，造成可再生能源发电企业经济损失的，应当承担赔偿责任，并由国家电力监管机构责令限期改正；拒不改正的，处以可再生能源发电企业经济损失额一倍以下的罚款。

第三十条 违反本法第十六条第二款规定，经营燃气管网、热力管网的企业不准许符合入网技术标准的燃气、热力入网，造成燃气、热力生产企业经济损失的，应当承担赔偿责任，并由省级人民政府管理能源工作的部门责令限期改正；拒不改正的，处以燃气、热力生产企业经济损失额一倍以下的罚款。

第三十一条 违反本法第十六条第三款规定，石油销售企业未按照规定将符合国家标准的生物液体燃料纳入其燃料销售体系，造成生物液体燃料生产企业经济损失的，应当承担赔偿责任，并由国务院能源主管部门或者省级人民政府管理能源工作的部门责令限期改正；拒不改正的，处以生物液体燃料生产企业经济损失额一倍以下的罚款。

第八章 附 则

第三十二条 本法中下列用语的含义：

(一) 生物质能，是指利用自然界的植物、粪便以及城乡有机废物转化成的能源。

(二) 可再生能源独立电力系统，是指不与电网连接的单独运行的可再生能源电力系统。

(三) 能源作物，是指经专门种植，用以提供能源原料的草本和木本植物。

(四) 生物液体燃料，是指利用生物质资源生产的甲醇、乙醇和生物柴油等液体燃料。

第三十三条 本法自 2006 年 1 月 1 日起施行。

附录D　民用建筑节能条例

第一章　总　　则

第一条　为了加强民用建筑节能管理，降低民用建筑使用过程中的能源消耗，提高能源利用效率，制定本条例。

第二条　本条例所称民用建筑节能，是指在保证民用建筑使用功能和室内热环境质量的前提下，降低其使用过程中能源消耗的活动。

本条例所称民用建筑，是指居住建筑、国家机关办公建筑和商业、服务业、教育、卫生等其他公共建筑。

第三条　各级人民政府应当加强对民用建筑节能工作的领导，积极培育民用建筑节能服务市场，健全民用建筑节能服务体系，推动民用建筑节能技术的开发应用，做好民用建筑节能知识的宣传教育工作。

第四条　国家鼓励和扶持在新建建筑和既有建筑节能改造中采用太阳能、地热能等可再生能源。

在具备太阳能利用条件的地区，有关地方人民政府及其部门应当采取有效措施，鼓励和扶持单位、个人安装使用太阳能热水系统、照明系统、供热系统、采暖制冷系统等太阳能利用系统。

第五条　国务院建设主管部门负责全国民用建筑节能的监督管理工作。县级以上地方人民政府建设主管部门负责本行政区域民用建筑节能的监督管理工作。

县级以上人民政府有关部门应当依照本条例的规定以及本级人民政府规定的职责分工，负责民用建筑节能的有关工作。

第六条　国务院建设主管部门应当在国家节能中长期专项规划指导下，编制全国民用建筑节能规划，并与相关规划相衔接。

县级以上地方人民政府建设主管部门应当组织编制本行政区域的民用建筑节能规划，报本级人民政府批准后实施。

第七条　国家建立健全民用建筑节能标准体系。国家民用建筑节能标准由国务院建设主管部门负责组织制定，并依照法定程序发布。

国家鼓励制定、采用优于国家民用建筑节能标准的地方民用建筑节能标准。

第八条　县级以上人民政府应当安排民用建筑节能资金，用于支持民用建筑节能的科学技术研究和标准制定、既有建筑围护结构和供热系统的节能改造、可再生能源的应用，以及民用建筑节能示范工程、节能项目的推广。

政府引导金融机构对既有建筑节能改造、可再生能源的应用，以及民用建筑节能示范工程等项目提供支持。

民用建筑节能项目依法享受税收优惠。

第九条　国家积极推进供热体制改革，完善供热价格形成机制，鼓励发展集中供热，逐步实行按照用热量收费制度。

第十条　对在民用建筑节能工作中做出显著成绩的单位和个人，按照国家有关规定给予表彰和奖励。

第二章　新建建筑节能

第十一条　国家推广使用民用建筑节能的新技术、新工艺、新材料和新设备，限制使用或者禁止使用能源消耗高的技术、工艺、材料和设备。国务院节能工作主管部门、建设主管部门应当制定、公布并及时更新推广使用、限制使用、禁止使用目录。

国家限制进口或者禁止进口能源消耗高的技术、材料和设备。

建设单位、设计单位、施工单位不得在建筑活动中使用列入禁止使用目录的技术、工艺、材料和设备。

第十二条　编制城市详细规划、镇详细规划，应当按照民用建筑节能的要求，确定建筑的布局、形状和朝向。

城乡规划主管部门依法对民用建筑进行规划审查，应当就设计方案是否符合民用建筑节能强制性标准征求同级建设主管部门的意见；建设主管部门应当自收到征求意见材料之日起 10 日内提出意见。征求意见时间不计算在规划许可的期限内。

对不符合民用建筑节能强制性标准的，不得颁发建设工程规划许可证。

第十三条　施工图设计文件审查机构应当按照民用建筑节能强制性标准对施工图设计文件进行审查；经审查不符合民用建筑节能强制性标准的，县级以上地方人民政府建设主管部门不得颁发施工许可证。

第十四条　建设单位不得明示或者暗示设计单位、施工单位违反民用建筑节能强制性标准进行设计、施工，不得明示或者暗示施工单位使用不符合施工图设计文件要求的墙体材料、保温材料、门窗、采暖制冷系统和照明设备。

按照合同约定由建设单位采购墙体材料、保温材料、门窗、采暖制冷系统和照明设备的，建设单位应当保证其符合施工图设计文件要求。

第十五条　设计单位、施工单位、工程监理单位及其注册执业人员，应当按照民用建筑节能强制性标准进行设计、施工、监理。

第十六条　施工单位应当对进入施工现场的墙体材料、保温材料、门窗、采暖制冷系统和照明设备进行查验；不符合施工图设计文件要求的，不得使用。

工程监理单位发现施工单位不按照民用建筑节能强制性标准施工的，应当要求施工单位改正；施工单位拒不改正的，工程监理单位应当及时报告建设单位，并向有关主管部门报告。

墙体、屋面的保温工程施工时，监理工程师应当按照工程监理规范的要求，采取旁站、巡视和平行检验等形式实施监理。

未经监理工程师签字，墙体材料、保温材料、门窗、采暖制冷系统和照明设备不得在建筑上使用或者安装，施工单位不得进行下一道工序的施工。

第十七条　建设单位组织竣工验收，应当对民用建筑是否符合民用建筑节能强制性标准进行查验；对不符合民用建筑节能强制性标准的，不得出具竣工验收合格报告。

第十八条　实行集中供热的建筑应当安装供热系统调控装置、用热计量装置和室内温度调控装置；公共建筑还应当安装用电分项计量装置。居住建筑安装的用热计量装置应当满足分户计量的要求。

计量装置应当依法检定合格。

第十九条　建筑的公共走廊、楼梯等部位，应当安装、使用节能灯具和电气控制装置。

第二十条　对具备可再生能源利用条件的建筑，建设单位应当选择合适的可再生能源，用于采暖、制冷、照明和热水供应等；设计单位应当按照有关可再生能源利用的标准进行设计。

建设可再生能源利用设施，应当与建筑主体工程同步设计、同步施工、同步验收。

第二十一条　国家机关办公建筑和大型公共建筑的所有权人应当对建筑的能源利用效率进行测评和标识，并按照国家有关规定将测评结果予以公示，接受社会监督。

国家机关办公建筑应当安装、使用节能设备。

本条例所称大型公共建筑，是指单体建筑面积2万平方米以上的公共建筑。

第二十二条　房地产开发企业销售商品房，应当向购买人明示所售商品房的能源消耗指标、节能措施和保护要求、保温工程保修期等信息，并在商品房买卖合同和住宅质量保证书、住宅使用说明书中载明。

第二十三条　在正常使用条件下，保温工程的最低保修期限为5年。保温工程的保修期，自竣工验收合格之日起计算。

保温工程在保修范围和保修期内发生质量问题的，施工单位应当履行保修义务，并对造成的损失依法承担赔偿责任。

第三章 既有建筑节能

第二十四条 既有建筑节能改造应当根据当地经济、社会发展水平和地理气候条件等实际情况，有计划、分步骤地实施分类改造。

本条例所称既有建筑节能改造，是指对不符合民用建筑节能强制性标准的既有建筑的围护结构、供热系统、采暖制冷系统、照明设备和热水供应设施等实施节能改造的活动。

第二十五条 县级以上地方人民政府建设主管部门应当对本行政区域内既有建筑的建设年代、结构形式、用能系统、能源消耗指标、寿命周期等组织调查统计和分析，制定既有建筑节能改造计划，明确节能改造的目标、范围和要求，报本级人民政府批准后组织实施。

中央国家机关既有建筑的节能改造，由有关管理机关事务工作的机构制定节能改造计划，并组织实施。

第二十六条 国家机关办公建筑、政府投资和以政府投资为主的公共建筑的节能改造，应当制定节能改造方案，经充分论证，并按照国家有关规定办理相关审批手续方可进行。

各级人民政府及其有关部门、单位不得违反国家有关规定和标准，以节能改造的名义对前款规定的既有建筑进行扩建、改建。

第二十七条 居住建筑和本条例第二十六条规定以外的其他公共建筑不符合民用建筑节能强制性标准的，在尊重建筑所有权人意愿的基础上，可以结合扩建、改建，逐步实施节能改造。

第二十八条 实施既有建筑节能改造，应当符合民用建筑节能强制性标准，优先采用遮阳、改善通风等低成本改造措施。

既有建筑围护结构的改造和供热系统的改造，应当同步进行。

第二十九条 对实行集中供热的建筑进行节能改造，应当安装供热系统调控装置和用热计量装置；对公共建筑进行节能改造，还应当安装室内温度调控装置和用电分项计量装置。

第三十条 国家机关办公建筑的节能改造费用，由县级以上人民政府纳入本级财政预算。

居住建筑和教育、科学、文化、卫生、体育等公益事业使用的公共建筑节能改造费用，由政府、建筑所有权人共同负担。

国家鼓励社会资金投资既有建筑节能改造。

第四章　建筑用能系统运行节能

第三十一条　建筑所有权人或者使用权人应当保证建筑用能系统的正常运行，不得人为损坏建筑围护结构和用能系统。

国家机关办公建筑和大型公共建筑的所有权人或者使用权人应当建立健全民用建筑节能管理制度和操作规程，对建筑用能系统进行监测、维护，并定期将分项用电量报县级以上地方人民政府建设主管部门。

第三十二条　县级以上地方人民政府节能工作主管部门应当会同同级建设主管部门确定本行政区域内公共建筑重点用电单位及其年度用电限额。

县级以上地方人民政府建设主管部门应当对本行政区域内国家机关办公建筑和公共建筑用电情况进行调查统计和评价分析。国家机关办公建筑和大型公共建筑采暖、制冷、照明的能源消耗情况应当依照法律、行政法规和国家其他有关规定向社会公布。

国家机关办公建筑和公共建筑的所有权人或者使用权人应当对县级以上地方人民政府建设主管部门的调查统计工作予以配合。

第三十三条　供热单位应当建立健全相关制度，加强对专业技术人员的教育和培训。

供热单位应当改进技术装备，实施计量管理，并对供热系统进行监测、维护，提高供热系统的效率，保证供热系统的运行符合民用建筑节能强制性标准。

第三十四条　县级以上地方人民政府建设主管部门应当对本行政区域内供热单位的能源消耗情况进行调查统计和分析，并制定供热单位能源消耗指标；对超过能源消耗指标的，应当要求供热单位制定相应的改进措施，并监督实施。

第五章　法 律 责 任

第三十五条　违反本条例规定，县级以上人民政府有关部门有下列行为之一的，对负有责任的主管人员和其他直接责任人员依法给予处分；构成犯罪的，依法追究刑事责任：

(一)对设计方案不符合民用建筑节能强制性标准的民用建筑项目颁发建设工程规划许可证的；

(二)对不符合民用建筑节能强制性标准的设计方案出具合格意见的；

(三)对施工图设计文件不符合民用建筑节能强制性标准的民用建筑项目颁发施工许可证的；

(四)不依法履行监督管理职责的其他行为。

第三十六条　违反本条例规定，各级人民政府及其有关部门、单位违反国家有关规定和标准，以节能改造的名义对既有建筑进行扩建、改建的，对负有责任的主管人员和其他直接责任人员，依法给予处分。

第三十七条 违反本条例规定，建设单位有下列行为之一的，由县级以上地方人民政府建设主管部门责令改正，处 20 万元以上 50 万元以下的罚款：

(一) 明示或者暗示设计单位、施工单位违反民用建筑节能强制性标准进行设计、施工的；

(二) 明示或者暗示施工单位使用不符合施工图设计文件要求的墙体材料、保温材料、门窗、采暖制冷系统和照明设备的；

(三) 采购不符合施工图设计文件要求的墙体材料、保温材料、门窗、采暖制冷系统和照明设备的；

(四) 使用列入禁止使用目录的技术、工艺、材料和设备的。

第三十八条 违反本条例规定，建设单位对不符合民用建筑节能强制性标准的民用建筑项目出具竣工验收合格报告的，由县级以上地方人民政府建设主管部门责令改正，处民用建筑项目合同价款 2%以上 4%以下的罚款；造成损失的，依法承担赔偿责任。

第三十九条 违反本条例规定，设计单位未按照民用建筑节能强制性标准进行设计，或者使用列入禁止使用目录的技术、工艺、材料和设备的，由县级以上地方人民政府建设主管部门责令改正，处 10 万元以上 30 万元以下的罚款；情节严重的，由颁发资质证书的部门责令停业整顿，降低资质等级或者吊销资质证书；造成损失的，依法承担赔偿责任。

第四十条 违反本条例规定，施工单位未按照民用建筑节能强制性标准进行施工的，由县级以上地方人民政府建设主管部门责令改正，处民用建筑项目合同价款 2%以上 4%以下的罚款；情节严重的，由颁发资质证书的部门责令停业整顿，降低资质等级或者吊销资质证书；造成损失的，依法承担赔偿责任。

第四十一条 违反本条例规定，施工单位有下列行为之一的，由县级以上地方人民政府建设主管部门责令改正，处 10 万元以上 20 万元以下的罚款；情节严重的，由颁发资质证书的部门责令停业整顿，降低资质等级或者吊销资质证书；造成损失的，依法承担赔偿责任：

(一) 未对进入施工现场的墙体材料、保温材料、门窗、采暖制冷系统和照明设备进行查验的；

(二) 使用不符合施工图设计文件要求的墙体材料、保温材料、门窗、采暖制冷系统和照明设备的；

(三) 使用列入禁止使用目录的技术、工艺、材料和设备的。

第四十二条 违反本条例规定，工程监理单位有下列行为之一的，由县级以上地方人民政府建设主管部门责令限期改正；逾期未改正的，处 10 万元以上 30

万元以下的罚款；情节严重的，由颁发资质证书的部门责令停业整顿，降低资质等级或者吊销资质证书；造成损失的，依法承担赔偿责任：

（一）未按照民用建筑节能强制性标准实施监理的；

（二）墙体、屋面的保温工程施工时，未采取旁站、巡视和平行检验等形式实施监理的。

对不符合施工图设计文件要求的墙体材料、保温材料、门窗、采暖制冷系统和照明设备，按照符合施工图设计文件要求签字的，依照《建设工程质量管理条例》第六十七条的规定处罚。

第四十三条　违反本条例规定，房地产开发企业销售商品房，未向购买人明示所售商品房的能源消耗指标、节能措施和保护要求、保温工程保修期等信息，或者向购买人明示的所售商品房能源消耗指标与实际能源消耗不符的，依法承担民事责任；由县级以上地方人民政府建设主管部门责令限期改正；逾期未改正的，处交付使用的房屋销售总额2%以下的罚款；情节严重的，由颁发资质证书的部门降低资质等级或者吊销资质证书。

第四十四条　违反本条例规定，注册执业人员未执行民用建筑节能强制性标准的，由县级以上人民政府建设主管部门责令停止执业3个月以上1年以下；情节严重的，由颁发资格证书的部门吊销执业资格证书，5年内不予注册。

第六章　附　　则

第四十五条　本条例自2008年10月1日起施行。

附录 E　绿色建筑评价标准(GB/T 50378—2019)

住房和城乡建设部关于发布国家标准《绿色建筑评价标准》的公告

现批准《绿色建筑评价标准》为国家标准，编号为 GB/T 50378—2019，自 2019 年 8 月 1 日起实施。原《绿色建筑评价标准》GB/T 50378—2014 同时废止。

1　总　　则

1.0.1 为贯彻落实绿色发展理念，推进绿色建筑高质量发展，节约资源，保护环境，满足人民日益增长的美好生活需要，制定本标准。

1.0.2 本标准适用于民用建筑绿色性能的评价。

1.0.3 绿色建筑评价应遵循因地制宜的原则，结合建筑所在地域的气候、环境、资源、经济和文化等特点，对建筑全寿命期内的安全耐久、健康舒适、生活便利、资源节约、环境宜居等性能进行综合评价。

1.0.4 绿色建筑应结合地形地貌进行场地设计与建筑布局，且建筑布局应与场地的气候条件和地理环境相适应，并应对场地的风环境、光环境、热环境、声环境等加以组织和利用。

1.0.5 绿色建筑的评价除应符合本标准的规定外，尚应符合国家现行有关标准的规定。

2　术　　语

2.0.1 绿色建筑 green building

在全寿命期内，节约资源、保护环境、减少污染，为人们提供健康、适用、高效的使用空间，最大限度地实现人与自然和谐共生的高质量建筑。

2.0.2 绿色性能 green performance

涉及建筑安全耐久、健康舒适、生活便利、资源节约(节地、节能、节水、节材)和环境宜居等方面的综合性能。

2.0.3 全装修 decorated

在交付前，住宅建筑内部墙面、顶面、地面全部铺贴、粉刷完成，门窗、固定家具、设备管线、开关插座及厨房、卫生间固定设施安装到位；公共建筑公共区域的固定面全部铺贴、粉刷完成，水、暖、电、通风等基本设备全部安装到位。

2.0.4 热岛强度 heat island intensity

城市内一个区域的气温与郊区气温的差别，用二者代表性测点气温的差值表示，是城市热岛效应的表征参数。

2.0.5 绿色建材 green building material

在全寿命期内可减少对资源的消耗、减轻对生态环境的影响，具有节能、减排、安全、健康、便利和可循环特征的建材产品。

3 基 本 规 定

3.1 一般规定

3.1.1 绿色建筑评价应以单栋建筑或建筑群为评价对象。评价对象应落实并深化上位法定规划及相关专项规划提出的绿色发展要求；涉及系统性、整体性的指标，应基于建筑所属工程项目的总体进行评价。

3.1.2 绿色建筑评价应在建筑工程竣工后进行。在建筑工程施工图设计完成后，可进行预评价。

3.1.3 申请评价方应对参评建筑进行全寿命期技术和经济分析，选用适宜技术、设备和材料，对规划、设计、施工、运行阶段进行全过程控制，并应在评价时提交相应分析、测试报告和相关文件。申请评价方应对所提交资料的真实性和完整性负责。

3.1.4 评价机构应对申请评价方提交的分析、测试报告和相关文件进行审查，出具评价报告，确定等级。

3.1.5 申请绿色金融服务的建筑项目，应对节能措施、节水措施、建筑能耗和碳排放等进行计算和说明，并应形成专项报告。

3.2 评价与等级划分

3.2.1 绿色建筑评价指标体系应由安全耐久、健康舒适、生活便利、资源节约、环境宜居 5 类指标组成，且每类指标均包括控制项和评分项；评价指标体系还统一设置加分项。

3.2.2 控制项的评定结果应为达标或不达标；评分项和加分项的评定结果应为分值。

3.2.3 对于多功能的综合性单体建筑，应按本标准全部评价条文逐条对适用的区域进行评价，确定各评价条文的得分。

3.2.4 绿色建筑评价的分值设定应符合表 3.2.4 的规定。

表 3.2.4　绿色建筑评价分值

	控制项基础分值	评价指标评分项满分值					提高与创新加分项满分值
		安全耐久	健康舒适	生活便利	资源节约	环境宜居	
预评价分值	400	100	100	70	200	100	100
评价分值	400	100	100	100	200	100	100

注：预评价时，本标准第 6.2.10、6.2.11、6.2.12、6.2.13、9.2.8 条不得分。

3.2.5 绿色建筑评价的总得分应按下式进行计算：

$$Q=(Q_0+Q_1+Q_2+Q_3+Q_4+Q_5+Q_A)/10 \tag{3.2.5}$$

式中：Q——总得分；

Q_0——控制项基础分值，当满足所有控制项的要求时取 400 分；

Q_1～Q_5——分别为评价指标体系 5 类指标（安全耐久、健康舒适、生活便利、资源节约、环境宜居）评分项得分；

Q_A——提高与创新加分项得分。

3.2.6 绿色建筑划分应为基本级、一星级、二星级、三星级 4 个等级。

3.2.7 当满足全部控制项要求时，绿色建筑等级应为基本级。

3.2.8 绿色建筑星级等级应按下列规定确定：

1 一星级、二星级、三星级 3 个等级的绿色建筑均应满足本标准全部控制项的要求，且每类指标的评分项得分不应小于其评分项满分值的 30%；

2 一星级、二星级、三星级 3 个等级的绿色建筑均应进行全装修，全装修工程质量、选用材料及产品质量应符合国家现行有关标准的规定；

3 当总得分分别达到 60 分、70 分、85 分且应满足表 3．2．8 的要求时，绿色建筑等级分别为一星级、二星级、三星级。

表 3.2.8　一星级、二星级、三星级绿色建筑的技术要求

	一星级	二星级	三星级
围护结构热工性能的提高比例，或建筑供暖空调负荷降低比例	围护结构提高 5%，或负荷降低 5%	围护结构提高 10%，或负荷降低 10%	围护结构提高 20%，或负荷降低 15%
严寒和寒冷地区住宅建筑外窗传热系数降低比例	5%	10%	20%
节水器具用水效率等级	3 级	2 级	
住宅建筑隔声性能	—	室外与卧室之间，分户墙（楼板）两侧卧室之间的空气声隔声性能以及卧室楼板的撞击声隔声性能达到低限标准限值和高要求标准限值的平均值	室外与卧室之间，分户墙（楼板）两侧卧室之间的空气声隔声性能以及卧室楼板的撞击声隔声性能达到高要求标准限值

续表

	一星级	二星级	三星级
室内主要空气污染物浓度降低比例	10%	20%	
外窗气密性能	符合国家现行相关节能设计标准的规定，且外窗洞口与外窗本体的结合部位应严密		

注：1 围护结构热工性能的提高基准、严寒和寒冷地区住宅建筑外窗传热系数降低基准均为国家现行相关建筑节能设计标准的要求。

2 住宅建筑隔声性能对应的标准为现行国家标准《民用建筑隔声设计规范》GB 50118。

3 室内主要空气污染物包括氨、甲醛、苯、总挥发性有机物、氡、可吸入颗粒物等，其浓度降低基准为现行国家标准《室内空气质量标准》GB/T 18883 的有关要求。

4 安全耐久

4.1 控制项

4.1.1 场地应避开滑坡、泥石流等地质危险地段，易发生洪涝地区应有可靠的防洪涝基础设施；场地应无危险化学品、易燃易爆危险源的威胁，应无电磁辐射、含氡土壤的危害。

4.1.2 建筑结构应满足承载力和建筑使用功能要求。建筑外墙、屋面、门窗、幕墙及外保温等围护结构应满足安全、耐久和防护的要求。

4.1.3 外遮阳、太阳能设施、空调室外机位、外墙花池等外部设施应与建筑主体结构统一设计、施工，并应具备安装、检修与维护条件。

4.1.4 建筑内部的非结构构件、设备及附属设施等应连接牢固并能适应主体结构变形。

4.1.5 建筑外门窗必须安装牢固，其抗风压性能和水密性能应符合国家现行有关标准的规定。

4.1.6 卫生间、浴室的地面应设置防水层，墙面、顶棚应设置防潮层。

4.1.7 走廊、疏散通道等通行空间应满足紧急疏散、应急救护等要求，且应保持畅通。

4.1.8 应具有安全防护的警示和引导标识系统。

4.2 评分项

Ⅰ 安全

4.2.1 采用基于性能的抗震设计并合理提高建筑的抗震性能，评价分值为 10 分。

4.2.2 采取保障人员安全的防护措施，评价总分值为 15 分，并按下列规则分别评分并累计：

1 采取措施提高阳台、外窗、窗台、防护栏杆等安全防护水平，得 5 分；

2 建筑物出入口均设外墙饰面、门窗玻璃意外脱落的防护措施，并与人员通行区域的遮阳、遮风或挡雨措施结合，得 5 分；

3 利用场地或景观形成可降低坠物风险的缓冲区、隔离带，得 5 分。

4.2.3 采用具有安全防护功能的产品或配件，评价总分值为 10 分，并按下列规则分别评分并累计：

1 采用具有安全防护功能的玻璃，得 5 分；

2 采用具备防夹功能的门窗，得 5 分。

4.2.4 室内外地面或路面设置防滑措施，评价总分值为 10 分，并按下列规则分别评分并累计：

1 建筑出入口及平台、公共走廊、电梯门厅、厨房、浴室、卫生间等设置防滑措施，防滑等级不低于现行行业标准《建筑地面工程防滑技术规程》JGJ/T 331 规定的 B_d、B_w 级，得 3 分；

2 建筑室内外活动场所采用防滑地面，防滑等级达到现行行业标准《建筑地面工程防滑技术规程》JGJ/T 331 规定的 A_d、A_w 级，得 4 分；

3 建筑坡道、楼梯踏步防滑等级达到现行行业标准《建筑地面工程防滑技术规程》JGJ/T 331 规定的 A_d、A_w 级或按水平地面等级提高一级，并采用防滑条等防滑构造技术措施，得 3 分。

4.2.5 采取人车分流措施，且步行和自行车交通系统有充足照明，评价分值为 8 分。

Ⅱ 耐 久

4.2.6 采取提升建筑适变性的措施，评价总分值为 18 分，并按下列规则分别评分并累计：

1 采取通用开放、灵活可变的使用空间设计，或采取建筑使用功能可变措施，得 7 分；

2 建筑结构与建筑设备管线分离，得 7 分；

3 采用与建筑功能和空间变化相适应的设备设施布置方式或控制方式，得 4 分。

4.2.7 采取提升建筑部品部件耐久性的措施，评价总分值为 10 分，并按下列规则分别评分并累计：

1 使用耐腐蚀、抗老化、耐久性能好的管材、管线、管件，得 5 分；

2 活动配件选用长寿命产品，并考虑部品组合的同寿命性；不同使用寿命的部品组合时，采用便于分别拆换、更新和升级的构造，得 5 分。

4.2.8 提高建筑结构材料的耐久性，评价总分值为 10 分，并按下列规则评分：

1 按 100 年进行耐久性设计，得 10 分。

2 采用耐久性能好的建筑结构材料，满足下列条件之一，得 10 分：

1)对于混凝土构件，提高钢筋保护层厚度或采用高耐久混凝土；

2)对于钢构件，采用耐候结构钢及耐候型防腐涂料；

3)对于木构件，采用防腐木材、耐久木材或耐久木制品。

4.2.9 合理采用耐久性好、易维护的装饰装修建筑材料，评价总分值为 9 分，并按下列规则分别评分并累计：

1 采用耐久性好的外饰面材料，得 3 分；

2 采用耐久性好的防水和密封材料，得 3 分；

3 采用耐久性好、易维护的室内装饰装修材料，得 3 分。

5 健 康 舒 适

5.1 控制项

5.1.1 室内空气中的氨、甲醛、苯、总挥发性有机物、氡等污染物浓度应符合现行国家标准《室内空气质量标准》GB/T 18883 的有关规定。建筑室内和建筑主出入口处应禁止吸烟，并应在醒目位置设置禁烟标志。

5.1.2 应采取措施避免厨房、餐厅、打印复印室、卫生间、地下车库等区域的空气和污染物串通到其他空间；应防止厨房、卫生间的排气倒灌。

5.1.3 给水排水系统的设置应符合下列规定：

1 生活饮用水水质应满足现行国家标准《生活饮用水卫生标准》GB 5749 的要求；

2 应制定水池、水箱等储水设施定期清洗消毒计划并实施，且生活饮用水储水设施每半年清洗消毒不应少于 1 次；

3 应使用构造内自带水封的便器，且其水封深度不应小于 50mm；

4 非传统水源管道和设备应设置明确、清晰的永久性标识。

5.1.4 主要功能房间的室内噪声级和隔声性能应符合下列规定：

1 室内噪声级应满足现行国家标准《民用建筑隔声设计规范》GB 50118 中的低限要求；

2 外墙、隔墙、楼板和门窗的隔声性能应满足现行国家标准《民用建筑隔声设计规范》GB 50118 中的低限要求。

5.1.5 建筑照明应符合下列规定：

1 照明数量和质量应符合现行国家标准《建筑照明设计标准》GB 50034 的规定；

2 人员长期停留的场所应采用符合现行国家标准《灯和灯系统的光生物安

全性》GB/T 20145 规定的无危险类照明产品；

3 选用 LED 照明产品的光输出波形的波动深度应满足现行国家标准《LED 室内照明应用技术要求》GB/T 31831 的规定。

5.1.6 应采取措施保障室内热环境。采用集中供暖空调系统的建筑，房间内的温度、湿度、新风量等设计参数应符合现行国家标准《民用建筑供暖通风与空气调节设计规范》GB 50736 的有关规定；采用非集中供暖空调系统的建筑，应具有保障室内热环境的措施或预留条件。

5.1.7 围护结构热工性能应符合下列规定：

1 在室内设计温度、湿度条件下，建筑非透光围护结构内表面不得结露；

2 供暖建筑的屋面、外墙内部不应产生冷凝；

3 屋顶和外墙隔热性能应满足现行国家标准《民用建筑热工设计规范》GB 50176 的要求。

5.1.8 主要功能房间应具有现场独立控制的热环境调节装置。

5.1.9 地下车库应设置与排风设备联动的一氧化碳浓度监测装置。

5.2 评分项

Ⅰ 室内空气品质

5.2.1 控制室内主要空气污染物的浓度，评价总分值为 12 分，并按下列规则分别评分并累计：

1 氨、甲醛、苯、总挥发性有机物、氡等污染物浓度低于现行国家标准《室内空气质量标准》GB/T 18883 规定限值的 10%，得 3 分；低于 20%，得 6 分；

2 室内 $PM_{2.5}$ 年均浓度不高于 $25\mu g/m^3$，且室内 PM_{10} 年均浓度不高于 $50\mu g/m^3$，得 6 分。

5.2.2 选用的装饰装修材料满足国家现行绿色产品评价标准中对有害物质限量的要求，评价总分值为 8 分。选用满足要求的装饰装修材料达到 3 类及以上，得 5 分；达到 5 类及以上，得 8 分。

Ⅱ 水质

5.2.3 直饮水、集中生活热水、游泳池水、采暖空调系统用水、景观水体等的水质满足国家现行有关标准的要求，评价分值为 8 分。

5.2.4 生活饮用水水池、水箱等储水设施采取措施满足卫生要求，评价总分值为 9 分，并按下列规则分别评分并累计：

1 使用符合国家现行有关标准要求的成品水箱，得 4 分；

2 采取保证储水不变质的措施，得 5 分。

5.2.5 所有给水排水管道、设备、设施设置明确、清晰的永久性标识，评价分值为8分。

Ⅲ 声环境与光环境

5.2.6 采取措施优化主要功能房间的室内声环境，评价总分值为8分。噪声级达到现行国家标准《民用建筑隔声设计规范》GB 50118中的低限标准限值和高要求标准限值的平均值，得4分；达到高要求标准限值，得8分。

5.2.7 主要功能房间的隔声性能良好，评价总分值为10分，并按下列规则分别评分并累计：

1 构件及相邻房间之间的空气声隔声性能达到现行国家标准《民用建筑隔声设计规范》GB 50118中的低限标准限值和高要求标准限值的平均值，得3分；达到高要求标准限值，得5分；

2 楼板的撞击声隔声性能达到现行国家标准《民用建筑隔声设计规范》GB 50118中的低限标准限值和高要求标准限值的平均值，得3分；达到高要求标准限值，得5分。

5.2.8 充分利用天然光，评价总分值为12分，并按下列规则分别评分并累计：

1 住宅建筑室内主要功能空间至少60%面积比例区域，其采光照度值不低于300lx的小时数平均不少于8h/d，得9分。

2 公共建筑按下列规则分别评分并累计：

1)内区采光系数满足采光要求的面积比例达到60%，得3分；

2)地下空间平均采光系数不小于0.5%的面积与地下室首层面积的比例达到10%以上，得3分；

3)室内主要功能空间至少60%面积比例区域的采光照度值不低于采光要求的小时数平均不少于4h/d，得3分。

3 主要功能房间有眩光控制措施，得3分。

Ⅳ 室内热湿环境

5.2.9 具有良好的室内热湿环境，评价总分值为8分，并按下列规则评分：

1 采用自然通风或复合通风的建筑，建筑主要功能房间室内热环境参数在适应性热舒适区域的时间比例，达到30%，得2分；每再增加10%，再得1分，最高得8分。

2 采用人工冷热源的建筑，主要功能房间达到现行国家标准《民用建筑室内热湿环境评价标准》GB/T 50785规定的室内人工冷热源热湿环境整体评价Ⅱ级的面积比例，达到60%，得5分；每再增加10%，再得1分，最高得8分。

5.2.10 优化建筑空间和平面布局，改善自然通风效果，评价总分值为8分，并按下列规则评分：

1 住宅建筑：通风开口面积与房间地板面积的比例在夏热冬暖地区达到12%，在夏热冬冷地区达到8%，在其他地区达到5%，得5分；每再增加2%，再得1分，最高得8分。

2 公共建筑：过渡季典型工况下主要功能房间平均自然通风换气次数不小于2次/h的面积比例达到70%，得5分；每再增加10%，再得1分，最高得8分。

5.2.11 设置可调节遮阳设施，改善室内热舒适，评价总分值为9分，根据可调节遮阳设施的面积占外窗透明部分的比例按表5.2.11的规则评分。

表 5.2.11 可调节遮阳设施的面积占外窗透明部分比例评分规则

可调节遮阳设施的面积占外窗透明部分比例 S_z	得分
$25\% \leqslant S_z < 35\%$	3
$35\% \leqslant S_z < 45\%$	5
$45\% \leqslant S_z < 55\%$	7
$S_z \geqslant 55\%$	9

6 生 活 便 利

6.1 控制项

6.1.1 建筑、室外场地、公共绿地、城市道路相互之间应设置连贯的无障碍步行系统。

6.1.2 场地人行出入口500m内应设有公共交通站点或配备联系公共交通站点的专用接驳车。

6.1.3 停车场应具有电动汽车充电设施或具备充电设施的安装条件，并应合理设置电动汽车和无障碍汽车停车位。

6.1.4 自行车停车场所应位置合理、方便出入。

6.1.5 建筑设备管理系统应具有自动监控管理功能。

6.1.6 建筑应设置信息网络系统。

6.2 评分项

Ⅰ 出行与无障碍

6.2.1 场地与公共交通站点联系便捷，评价总分值为8分，并按下列规则分别评分并累计：

1 场地出入口到达公共交通站点的步行距离不超过500m，或到达轨道交通站的步行距离不大于800m，得2分；场地出入口到达公共交通站点的步行距离不超过300m，或到达轨道交通站的步行距离不大于500m，得4分；

2 场地出入口步行距离800m范围内设有不少于2条线路的公共交通站点，得4分。

6.2.2 建筑室内外公共区域满足全龄化设计要求，评价总分值为8分，并按下列规则分别评分并累计：

1 建筑室内公共区域、室外公共活动场地及道路均满足无障碍设计要求，得3分；

2 建筑室内公共区域的墙、柱等处的阳角均为圆角，并设有安全抓杆或扶手，得3分；

3 设有可容纳担架的无障碍电梯，得2分。

Ⅱ 服务设施

6.2.3 提供便利的公共服务，评价总分值为10分，并按下列规则评分：

1 住宅建筑，满足下列要求中的4项，得5分；满足6项及以上，得10分。

1)场地出入口到达幼儿园的步行距离不大于300m；

2)场地出入口到达小学的步行距离不大于500m；

3)场地出入口到达中学的步行距离不大于1000m；

4)场地出入口到达医院的步行距离不大于1000m；

5)场地出入口到达群众文化活动设施的步行距离不大于800m；

6)场地出入口到达老年人日间照料设施的步行距离不大于500m；

7)场地周边500m范围内具有不少于3种商业服务设施。

2 公共建筑，满足下列要求中的3项，得5分；满足5项，得10分。

1)建筑内至少兼容2种面向社会的公共服务功能；

2)建筑向社会公众提供开放的公共活动空间；

3)电动汽车充电桩的车位数占总车位数的比例不低于10%；

4)周边500m范围内设有社会公共停车场(库)；

5)场地不封闭或场地内步行公共通道向社会开放。

6.2.4 城市绿地、广场及公共运动场地等开敞空间，步行可达，评价总分值为5分，并按下列规则分别评分并累计：

1 场地出入口到达城市公园绿地、居住区公园、广场的步行距离不大于300m，得3分；

2 到达中型多功能运动场地的步行距离不大于500m，得2分。

6.2.5 合理设置健身场地和空间，评价总分值为10分，并按下列规则分别评分并累计：

1 室外健身场地面积不少于总用地面积的 0.5%，得 3 分；

2 设置宽度不少于 1.25m 的专用健身慢行道，健身慢行道长度不少于用地红线周长的 1/4 且不少于 100m，得 2 分；

3 室内健身空间的面积不少于地上建筑面积的 0.3%且不少于 $60m^2$，得 3 分；

4 楼梯间具有天然采光和良好的视野，且距离主入口的距离不大于 15m，得 2 分。

Ⅲ 智慧运行

6.2.6 设置分类、分级用能自动远传计量系统，且设置能源管理系统实现对建筑能耗的监测、数据分析和管理，评价分值为 8 分。

6.2.7 设置 PM_{10}、$PM_{2.5}$、CO_2 浓度的空气质量监测系统，且具有存储至少一年的监测数据和实时显示等功能，评价分值为 5 分。

6.2.8 设置用水远传计量系统、水质在线监测系统，评价总分值为 7 分，并按下列规则分别评分并累计：

1 设置用水量远传计量系统，能分类、分级记录、统计分析各种用水情况，得 3 分；

2 利用计量数据进行管网漏损自动检测、分析与整改，管道漏损率低于 5%，得 2 分；

3 设置水质在线监测系统，监测生活饮用水、管道直饮水、游泳池水、非传统水源、空调冷却水的水质指标，记录并保存水质监测结果，且能随时供用户查询，得 2 分。

6.2.9 具有智能化服务系统，评价总分值为 9 分，并按下列规则分别评分并累计：

1 具有家电控制、照明控制、安全报警、环境监测、建筑设备控制、工作生活服务等至少 3 种类型的服务功能，得 3 分；

2 具有远程监控的功能，得 3 分；

3 具有接入智慧城市(城区、社区)的功能，得 3 分。

Ⅳ 物业管理

6.2.10 制定完善的节能、节水、节材、绿化的操作规程、应急预案，实施能源资源管理激励机制，且有效实施，评价总分值为 5 分，并按下列规则分别评分并累计：

1 相关设施具有完善的操作规程和应急预案，得 2 分；

2 物业管理机构的工作考核体系中包含节能和节水绩效考核激励机制，得 3 分。

6.2.11 建筑平均日用水量满足现行国家标准《民用建筑节水设计标准》GB 50555 中节水用水定额的要求，评价总分值为 5 分，并按下列规则评分：

1 平均日用水量大于节水用水定额的平均值、不大于上限值，得 2 分。

2 平均日用水量大于节水用水定额下限值、不大于平均值，得 3 分。

3 平均日用水量不大于节水用水定额下限值，得 5 分。

6.2.12 定期对建筑运营效果进行评估，并根据结果进行运行优化，评价总分值为 12 分，并按下列规则分别评分并累计：

1 制定绿色建筑运营效果评估的技术方案和计划，得 3 分；

2 定期检查、调适公共设施设备，具有检查、调试、运行、标定的记录，且记录完整，得 3 分；

3 定期开展节能诊断评估，并根据评估结果制定优化方案并实施，得 4 分；

4 定期对各类用水水质进行检测、公示，得 2 分。

6.2.13 建立绿色教育宣传和实践机制，编制绿色设施使用手册，形成良好的绿色氛围，并定期开展使用者满意度调查，评价总分值为 8 分，并按下列规则分别评分并累计：

1 每年组织不少于 2 次的绿色建筑技术宣传、绿色生活引导、灾害应急演练等绿色教育宣传和实践活动，并有活动记录，得 2 分；

2 具有绿色生活展示、体验或交流分享的平台，并向使用者提供绿色设施使用手册，得 3 分；

3 每年开展 1 次针对建筑绿色性能的使用者满意度调查，且根据调查结果制定改进措施并实施、公示，得 3 分。

7 资 源 节 约

7.1 控制项

7.1.1 应结合场地自然条件和建筑功能需求，对建筑的体形、平面布局、空间尺度、围护结构等进行节能设计，且应符合国家有关节能设计的要求。

7.1.2 应采取措施降低部分负荷、部分空间使用下的供暖、空调系统能耗，并应符合下列规定：

1 应区分房间的朝向细分供暖、空调区域，并应对系统进行分区控制；

2 空调冷源的部分负荷性能系数(*IPLV*)、电冷源综合制冷性能系数(*SCOP*)应符合现行国家标准《公共建筑节能设计标准》GB 50189 的规定。

7.1.3 应根据建筑空间功能设置分区温度，合理降低室内过渡区空间的温度设定标准。

7.1.4 主要功能房间的照明功率密度值不应高于现行国家标准《建筑照明设计标准》GB 50034 规定的现行值；公共区域的照明系统应采用分区、定时、感应等节能控制；采光区域的照明控制应独立于其他区域的照明控制。

7.1.5 冷热源、输配系统和照明等各部分能耗应进行独立分项计量。

7.1.6 垂直电梯应采取群控、变频调速或能量反馈等节能措施；自动扶梯应采用变频感应启动等节能控制措施。

7.1.7 应制定水资源利用方案，统筹利用各种水资源，并应符合下列规定：

1 应按使用用途、付费或管理单元，分别设置用水计量装置；

2 用水点处水压大于 0．2MPa 的配水支管应设置减压设施，并应满足给水配件最低工作压力的要求；

3 用水器具和设备应满足节水产品的要求。

7.1.8 不应采用建筑形体和布置严重不规则的建筑结构。

7.1.9 建筑造型要素应简约，应无大量装饰性构件，并应符合下列规定：

1 住宅建筑的装饰性构件造价占建筑总造价的比例不应大于 2%；

2 公共建筑的装饰性构件造价占建筑总造价的比例不应大于 1%。

7.1.10 选用的建筑材料应符合下列规定：

1 500km 以内生产的建筑材料重量占建筑材料总重量的比例应大于 60%；

2 现浇混凝土应采用预拌混凝土，建筑砂浆应采用预拌砂浆。

7.2 评分项

Ⅰ 节地与土地利用

7.2.1 节约集约利用土地，评价总分值为 20 分，并按下列规则评分：

1 对于住宅建筑，根据其所在居住街坊人均住宅用地指标按表 7.2.1-1 的规则评分。

表 7.2.1-1 居住街坊人均住宅用地指标评分规则

建筑气候区划	人均住宅用地指标 A(m²)					得分
	平均 3 层及以下	平均 4～6 层	平均 7～9 层	平均 10～18 层	平均 19 层及以上	
Ⅰ、Ⅶ	$33<A\leqslant36$	$29<A\leqslant32$	$21<A\leqslant22$	$17<A\leqslant19$	$12<A\leqslant13$	15
	$A\leqslant33$	$A\leqslant29$	$A\leqslant21$	$A\leqslant17$	$A\leqslant12$	20
Ⅱ、Ⅵ	$33<A\leqslant36$	$27<A\leqslant30$	$20<A\leqslant21$	$16<A\leqslant17$	$12<A\leqslant13$	15
	$A\leqslant33$	$A\leqslant27$	$A\leqslant20$	$A\leqslant16$	$A\leqslant12$	20
Ⅲ、Ⅳ、Ⅴ	$33<A\leqslant36$	$24<A\leqslant27$	$19<A\leqslant20$	$15<A\leqslant16$	$11<A\leqslant12$	15
	$A\leqslant33$	$A\leqslant24$	$A\leqslant19$	$A\leqslant15$	$A\leqslant11$	20

2 对于公共建筑，根据不同功能建筑的容积率(R)按表 7.2.1-2 的规则评分。

表 7.2.1-2　公共建筑容积率(R)评分规则

行政办公、商务办公、商业金融、旅馆饭店、交通枢纽等	教育、文化、体育、医疗卫生、社会福利等	得分
$1.0 \leq R < 1.5$	$0.5 \leq R < 0.8$	8
$1.5 \leq R < 2.5$	$R \geq 2.0$	12
$2.5 \leq R < 3.5$	$0.8 \leq R < 1.5$	16
$R \geq 3.5$	$1.5 \leq R < 2.0$	20

7.2.2 合理开发利用地下空间，评价总分值为 12 分，根据地下空间开发利用指标，按表 7.2.2 的规则评分。

表 7.2.2　地下空间开发利用指标评分规则

建筑类型	地下空间开发利用指标		得分
住宅建筑	地下建筑面积与地上建筑面积的比率 R_r 地下一层建筑面积与总用地面积的比率 R_p	$5\% \leq R_r < 20\%$	5
		$R_r \geq 20\%$	7
		$R_r \geq 35\%$ 且 $R_p < 60\%$	12
公共建筑	地下建筑面积与总用地面积之比 R_{p1} 地下一层建筑面积与总用地面积的比率 R_p	$R_{p1} \geq 0.5$	5
		$R_{p1} \geq 0.7$ 且 $R_p < 70\%$	7
		$R_{p1} \geq 1.0$ 且 $R_p < 60\%$	12

7.2.3 采用机械式停车设施、地下停车库或地面停车楼等方式，评价总分值为 8 分，并按下列规则评分：

1 住宅建筑地面停车位数量与住宅总套数的比率小于 10%，得 8 分。

2 公共建筑地面停车占地面积与其总建设用地面积的比率小于 8%，得 8 分。

Ⅱ 节能与能源利用

7.2.4 优化建筑围护结构的热工性能，评价总分值为 15 分，并按下列规则评分：

1 围护结构热工性能比国家现行相关建筑节能设计标准规定的提高幅度达到 5%，得 5 分；达到 10%，得 10 分；达到 15%，得 15 分。

2 建筑供暖空调负荷降低 5%，得 5 分；降低 10%，得 10 分；降低 15%，得 15 分。

7.2.5 供暖空调系统的冷、热源机组能效均优于现行国家标准《公共建筑节能设计标准》GB 50189 的规定以及现行有关国家标准能效限定值的要求，评价总分值为 10 分，按表 7.2.5 的规则评分。

表 7.2.5　冷、热源机组能效提升幅度评分规则

<table>
<tr><th colspan="2">机组类型</th><th>能效指标</th><th>参照指标</th><th colspan="2">评分要求</th></tr>
<tr><td colspan="2">电机驱动的蒸汽压缩循环冷水(热泵)机组</td><td>制冷性能系数(COP)</td><td rowspan="3">现行国家标准《公共建设节能设计标准》GB 50189</td><td>提高 6%</td><td>提高 12%</td></tr>
<tr><td colspan="2">直燃型溴化锂吸收式冷(温)水机组</td><td>制冷、供热性能系数(COP)</td><td>提高 6%</td><td>提高 12%</td></tr>
<tr><td colspan="2">单元式空气调节机、风管送风式和屋顶式空调机组</td><td>能效比(EER)</td><td>提高 6%</td><td>提高 12%</td></tr>
<tr><td colspan="2">多联式空调(热泵)机组</td><td>制冷综合性能系数[IPLV(C)]</td><td rowspan="3">现行国家标准《公共建设节能设计标准》GB 50189</td><td>提高 8%</td><td>提高 16%</td></tr>
<tr><td rowspan="2">锅炉</td><td>燃煤</td><td>热效率</td><td>提高 3 个百分点</td><td>提高 6 个百分点</td></tr>
<tr><td>燃油燃气</td><td>热效率</td><td>提高 2 个百分点</td><td>提高 4 个百分点</td></tr>
<tr><td colspan="2">房间空气调节器</td><td>能效比(EER)、能源消耗效率</td><td rowspan="3">现行有关国家标准</td><td rowspan="3">节能评价值</td><td rowspan="3">1 级能效等级限值</td></tr>
<tr><td colspan="2">家用燃气热水炉</td><td>热效率值(η)</td></tr>
<tr><td colspan="2">蒸汽型溴化锂吸收式冷水机组</td><td>制冷、供热性能系数(COP)</td></tr>
<tr><td colspan="4">得分</td><td>5 分</td><td>10 分</td></tr>
</table>

7.2.6 采取有效措施降低供暖空调系统的末端系统及输配系统的能耗，评价总分值为 5 分，并按以下规则分别评分并累计：

1 通风空调系统风机的单位风量耗功率比现行国家标准《公共建筑节能设计标准》GB 50189 的规定低 20%，得 2 分；

2 集中供暖系统热水循环泵的耗电输热比、空调冷热水系统循环水泵的耗电输冷(热)比比现行国家标准《民用建筑供暖通风与空气调节设计规范》GB 50736 规定值低 20%，得 3 分。

7.2.7 采用节能型电气设备及节能控制措施，评价总分值为 10 分，并按下列规则分别评分并累计：

1 主要功能房间的照明功率密度值达到现行国家标准《建筑照明设计标准》GB 50034 规定的目标值，得 5 分；

2 采光区域的人工照明随天然光照度变化自动调节，得 2 分；

3 照明产品、三相配电变压器、水泵、风机等设备满足国家现行有关标准的节能评价值的要求，得 3 分。

7.2.8 采取措施降低建筑能耗，评价总分值为 10 分。建筑能耗相比国家现行有关建筑节能标准降低 10%，得 5 分；降低 20%，得 10 分。

7.2.9 结合当地气候和自然资源条件合理利用可再生能源，评价总分值为 10

分，按表7.2.9的规则评分。

表7.2.9　可再生能源利用评分规则

可再生能源利用类型和指标		得分
由可再生能源提供的生活用热水比例 R_{hw}	$20\% \leqslant R_{hw} < 35\%$	2
	$35\% \leqslant R_{hw} < 50\%$	4
	$50\% \leqslant R_{hw} < 65\%$	6
	$65\% \leqslant R_{hw} < 80\%$	8
	$R_{hw} \geqslant 80\%$	10
由可再生能源提供的空调用冷量和热量比例 R_{ch}	$20\% \leqslant R_{ch} < 35\%$	2
	$35\% \leqslant R_{ch} < 50\%$	4
	$50\% \leqslant R_{ch} < 65\%$	6
	$65\% \leqslant R_{ch} < 80\%$	8
	$R_{ch} \geqslant 80\%$	10
由可再生能源提供电量比例 R_e	$0.5\% \leqslant R_e < 1.0\%$	2
	$1.0\% \leqslant R_e < 2.0\%$	4
	$2.0\% \leqslant R_e < 3.0\%$	6
	$3.0\% \leqslant R_e < 4.0\%$	8
	$R_e \geqslant 4.0\%$	10

Ⅲ 节水与水资源利用

7.2.10 使用较高用水效率等级的卫生器具，评价总分值为15分，并按下列规则评分：

1 全部卫生器具的用水效率等级达到2级，得8分。

2 50%以上卫生器具的用水效率等级达到1级且其他达到2级，得12分。

3 全部卫生器具的用水效率等级达到1级，得15分。

7.2.11 绿化灌溉及空调冷却水系统采用节水设备或技术，评价总分值为12分，并按下列规则分别评分并累计：

1 绿化灌溉采用节水设备或技术，并按下列规则评分：

1)采用节水灌溉系统，得4分。

2)在采用节水灌溉系统的基础上，设置土壤湿度感应器、雨天自动关闭装置等节水控制措施，或种植无须永久灌溉植物，得6分。

2 空调冷却水系统采用节水设备或技术，并按下列规则评分：

1）循环冷却水系统采取设置水处理措施、加大集水盘、设置平衡管或平衡水箱等方式，避免冷却水泵停泵时冷却水溢出，得3分。

2）采用无蒸发耗水量的冷却技术，得6分。

7.2.12 结合雨水综合利用设施营造室外景观水体，室外景观水体利用雨水的补水量大于水体蒸发量的60%，且采用保障水体水质的生态水处理技术，评价总分值为8分，并按下列规则分别评分并累计：

1 对进入室外景观水体的雨水，利用生态设施削减径流污染，得4分；

2 利用水生动、植物保障室外景观水体水质，得4分。

7.2.13 使用非传统水源，评价总分值为15分，并按下列规则分别评分并累计：

1 绿化灌溉、车库及道路冲洗、洗车用水采用非传统水源的用水量占其总用水量的比例不低于40%，得3分；不低于60%，得5分；

2 冲厕采用非传统水源的用水量占其总用水量的比例不低于30%，得3分；不低于50%，得5分；

3 冷却水补水采用非传统水源的用水量占其总用水量的比例不低于20%，得3分；不低于40%，得5分。

Ⅳ 节材与绿色建材

7.2.14 建筑所有区域实施土建工程与装修工程一体化设计及施工，评价分值为8分。

7.2.15 合理选用建筑结构材料与构件，评价总分值为10分，并按下列规则评分：

1 混凝土结构，按下列规则分别评分并累计：

1）400MPa级及以上强度等级钢筋应用比例达到85%，得5分；

2）混凝土竖向承重结构采用强度等级不小于C50混凝土用量占竖向承重结构中混凝土总量的比例达到50%，得5分。

2 钢结构，按下列规则分别评分并累计：

1）Q345及以上高强钢材用量占钢材总量的比例达到50%，得3分；达到70%，得4分；

2）螺栓连接等非现场焊接节点占现场全部连接、拼接节点的数量比例达到50%，得4分；

3）采用施工时免支撑的楼屋面板，得2分。

3 混合结构：对其混凝土结构部分、钢结构部分，分别按本条第1款、第2款进行评价，得分取各项得分的平均值。

7.2.16 建筑装修选用工业化内装部品，评价总分值为8分。建筑装修选用工业化内装部品占同类部品用量比例达到50%以上的部品种类，达到1种，得3分；

达到3种，得5分；达到3种以上，得8分。

7.2.17 选用可再循环材料、可再利用材料及利废建材，评价总分值为12分，并按下列规则分别评分并累计：

1 可再循环材料和可再利用材料用量比例，按下列规则评分：

1)住宅建筑达到6%或公共建筑达到10%，得3分。

2)住宅建筑达到10%或公共建筑达到15%，得6分。

2 利废建材选用及其用量比例，按下列规则评分：

1)采用一种利废建材，其占同类建材的用量比例不低于50%，得3分。

2)选用两种及以上的利废建材，每一种占同类建材的用量比例均不低于30%，得6分。

7.2.18 选用绿色建材，评价总分值为12分。绿色建材应用比例不低于30%，得4分；不低于50%，得8分；不低于70%，得12分。

8 环境宜居

8.1 控制项

8.1.1 建筑规划布局应满足日照标准，且不得降低周边建筑的日照标准。

8.1.2 室外热环境应满足国家现行有关标准的要求。

8.1.3 配建的绿地应符合所在地城乡规划的要求，应合理选择绿化方式，植物种植应适应当地气候和土壤，且应无毒害、易维护，种植区域覆土深度和排水能力应满足植物生长需求，并应采用复层绿化方式。

8.1.4 场地的竖向设计应有利于雨水的收集或排放，应有效组织雨水的下渗、滞蓄或再利用；对大于10hm^{2}的场地应进行雨水控制利用专项设计。

8.1.5 建筑内外均应设置便于识别和使用的标识系统。

8.1.6 场地内不应有排放超标的污染源。

8.1.7 生活垃圾应分类收集，垃圾容器和收集点的设置应合理并应与周围景观协调。

8.2 评分项

Ⅰ 场地生态与景观

8.2.1 充分保护或修复场地生态环境，合理布局建筑及景观，评价总分值为10分，并按下列规则评分：

1 保护场地内原有的自然水域、湿地、植被等，保持场地内的生态系统与场地外生态系统的连贯性，得10分。

2 采取净地表层土回收利用等生态补偿措施，得 10 分。

3 根据场地实际状况，采取其他生态恢复或补偿措施，得 10 分。

8.2.2 规划场地地表和屋面雨水径流，对场地雨水实施外排总量控制，评价总分值为 10 分。场地年径流总量控制率达到 55%，得 5 分；达到 70%，得 10 分。

8.2.3 充分利用场地空间设置绿化用地，评价总分值为 16 分，并按下列规则评分：

1 住宅建筑按下列规则分别评分并累计：

1) 绿地率达到规划指标 105%及以上，得 10 分；

2) 住宅建筑所在居住街坊内人均集中绿地面积，按表 8.2.3 的规则评分，最高得 6 分。

表 8.2.3 住宅建筑人均集中绿地面积评分规则

人均集中绿地面积 A_g(m^2/人)		得分
新区建设	旧区改造	
0.50	0.35	2
$0.50<A_g<0.60$	$0.35<A_g<0.45$	4
$A_g \geqslant 0.60$	$A_g \geqslant 0.45$	6

2 公共建筑按下列规则分别评分并累计：

1) 公共建筑绿地率达到规划指标 105%及以上，得 10 分；

2) 绿地向公众开放，得 6 分。

8.2.4 室外吸烟区位置布局合理，评价总分值为 9 分，并按下列规则分别评分并累计：

1 室外吸烟区布置在建筑主出入口的主导风的下风向，与所有建筑出入口、新风进气口和可开启窗扇的距离不少于 8m，且距离儿童和老人活动场地不少于 8m，得 5 分；

2 室外吸烟区与绿植结合布置，并合理配置座椅和带烟头收集的垃圾桶，从建筑主出入口至室外吸烟区的导向标识完整、定位标识醒目，吸烟区设置吸烟有害健康的警示标识，得 4 分。

8.2.5 利用场地空间设置绿色雨水基础设施，评价总分值为 15 分，并按下列规则分别评分并累计：

1 下凹式绿地、雨水花园等有调蓄雨水功能的绿地和水体的面积之和占绿地面积的比例达到 40%，得 3 分；达到 60%，得 5 分；

2 衔接和引导不少于 80%的屋面雨水进入地面生态设施，得 3 分；

3 衔接和引导不少于 80%的道路雨水进入地面生态设施，得 4 分；

4 硬质铺装地面中透水铺装面积的比例达到 50%，得 3 分。

Ⅱ 室外物理环境

8.2.6 场地内的环境噪声优于现行国家标准《声环境质量标准》GB 3096 的要求，评价总分值为 10 分，并按下列规则评分：

1 环境噪声值大于 2 类声环境功能区标准限值，且小于或等于 3 类声环境功能区标准限值，得 5 分。

2 环境噪声值小于或等于 2 类声环境功能区标准限值，得 10 分。

8.2.7 建筑及照明设计避免产生光污染，评价总分值为 10 分，并按下列规则分别评分并累计：

1 玻璃幕墙的可见光反射比及反射光对周边环境的影响符合《玻璃幕墙光热性能》GB/T 18091 的规定，得 5 分；

2 室外夜景照明光污染的限制符合现行国家标准《室外照明干扰光限制规范》GB/T 35626 和现行行业标准《城市夜景照明设计规范》JGJ/T 163 的规定，得 5 分。

8.2.8 场地内风环境有利于室外行走、活动舒适和建筑的自然通风，评价总分值为 10 分，并按下列规则分别评分并累计：

1 在冬季典型风速和风向条件下，按下列规则分别评分并累计：

1) 建筑物周围人行区距地高 1.5m 处风速小于 5m/s，户外休息区、儿童娱乐区风速小于 2m/s，且室外风速放大系数小于 2，得 3 分；

2) 除迎风第一排建筑外，建筑迎风面与背风面表面风压差不大于 5Pa，得 2 分。

2 过渡季、夏季典型风速和风向条件下，按下列规则分别评分并累计：

1) 场地内人活动区不出现涡旋或无风区，得 3 分；

2) 50%以上可开启外窗室内外表面的风压差大于 0.5Pa，得 2 分。

8.2.9 采取措施降低热岛强度，评价总分值为 10 分，按下列规则分别评分并累计：

1 场地中处于建筑阴影区外的步道、游憩场、庭院、广场等室外活动场地设有乔木、花架等遮阴措施的面积比例，住宅建筑达到 30%，公共建筑达到 10%，得 2 分；住宅建筑达到 50%，公共建筑达到 20%，得 3 分；

2 场地中处于建筑阴影区外的机动车道，路面太阳辐射反射系数不小于 0.4 或设有遮阴面积较大的行道树的路段长度超过 70%，得 3 分；

3 屋顶的绿化面积、太阳能板水平投影面积以及太阳辐射反射系数不小于 0.4 的屋面面积合计达到 75%，得 4 分。

9 提高与创新

9.1 一般规定

9.1.1 绿色建筑评价时，应按本章规定对提高与创新项进行评价。

9.1.2 提高与创新项得分为加分项得分之和，当得分大于 100 分时，应取为 100 分。

9.2 加分项

9.2.1 采取措施进一步降低建筑供暖空调系统的能耗，评价总分值为 30 分。建筑供暖空调系统能耗相比国家现行有关建筑节能标准降低 40%，得 10 分；每再降低 10%，再得 5 分，最高得 30 分。

9.2.2 采用适宜地区特色的建筑风貌设计，因地制宜传承地域建筑文化，评价分值为 20 分。

9.2.3 合理选用废弃场地进行建设，或充分利用尚可使用的旧建筑，评价分值为 8 分。

9.2.4 场地绿容率不低于 3.0，评价总分值为 5 分，并按下列规则评分：

1 场地绿容率计算值不低于 3.0，得 3 分。

2 场地绿容率实测值不低于 3.0，得 5 分。

9.2.5 采用符合工业化建造要求的结构体系与建筑构件，评价分值为 10 分，并按下列规则评分：

1 主体结构采用钢结构、木结构，得 10 分。

2 主体结构采用装配式混凝土结构，地上部分预制构件应用混凝土体积占混凝土总体积的比例达到 35%，得 5 分；达到 50%，得 10 分。

9.2.6 应用建筑信息模型(BIM)技术，评价总分值为 15 分。在建筑的规划设计、施工建造和运行维护阶段中的一个阶段应用，得 5 分；两个阶段应用，得 10 分；三个阶段应用，得 15 分。

9.2.7 进行建筑碳排放计算分析，采取措施降低单位建筑面积碳排放强度，评价分值为 12 分。

9.2.8 按照绿色施工的要求进行施工和管理，评价总分值为 20 分，并按下列规则分别评分并累计：

1 获得绿色施工优良等级或绿色施工示范工程认定，得 8 分；

2 采取措施减少预拌混凝土损耗，损耗率降低至 1.0%，得 4 分；

3 采取措施减少现场加工钢筋损耗，损耗率降低至 1.5%，得 4 分；

4 现浇混凝土构件采用铝模等免墙面粉刷的模板体系，得 4 分。

9.2.9 采用建设工程质量潜在缺陷保险产品，评价总分值为 20 分，并按下列规则分别评分并累计：

1 保险承保范围包括地基基础工程、主体结构工程、屋面防水工程和其他土建工程的质量问题，得 10 分；

2 保险承保范围包括装修工程、电气管线、上下水管线的安装工程，供热、供冷系统工程的质量问题，得 10 分。

9.2.10 采取节约资源、保护生态环境、保障安全健康、智慧友好运行、传承历史文化等其他创新，并有明显效益，评价总分值为 40 分。每采取一项，得 10 分，最高得 40 分。

本标准用词说明

1 为便于在执行本标准条文时区别对待，对要求严格程度不同的用词说明如下：

1) 表示很严格，非这样做不可的：
正面词采用“必须”，反面词采用“严禁”。

2) 表示严格，在正常情况下均应这样做的：
正面词采用“应”，反面词采用“不应”或“不得”。

3) 表示允许稍有选择，在条件许可时首先应这样做的：
正面词采用“宜”，反面词采用“不宜”。

4) 表示有选择，在一定条件下可以这样做的，采用“可”。

2 条文中指明应按其他有关标准执行的写法为：“应符合……的规定”或“应按……执行”。